Anthroposophie –
die Mitte des Menschen

Rudolf Steiner

Themen aus dem Gesamtwerk 20

Rudolf Steiner (1861 – 1925) studierte Natur- und Ingenieurwissenschaften an der Technischen Universität Wien. Er promovierte in Philosophie an der Universität Rostock, war Herausgeber der naturwissenschaftlichen Schriften Goethes und ist Begründer der Anthroposophie und der Waldorfpädagogik, der biologisch-dynamischen Landwirtschaft und der anthroposophisch erweiterten Medizin und Heilpädagogik, des organischen Funktionalismus in der Architektur und der Bewegungskunst Eurythmie. Seine Hauptwerke sind: *Die Philosophie der Freiheit; Theosophie. Einführung in übersinnliche Welterkenntnis und Menschenbestimmung; Wie erlangt man Erkenntnisse der höheren Welten?* und *Die Geheimwissenschaft im Umriss.* Diese bilden zusammen mit den übrigen Schriften und den Aufsatzbänden das geschriebene Werk von überschaubarem Umfang, rund 40 Bände.

Daneben ist die Fülle der nachgeschriebenen Vorträge außerordentlich, in der Gesamtausgabe mehr als 250 Bände. Diese Vorträge waren alle frei gehalten und nicht zum Druck bestimmt. Ihre Herausgabe erfolgt nach von Rudolf Steiner nicht durchgesehenen Nachschriften. Sie enthalten jedoch den Ausbau und die Entfaltung der in den Schriften entwickelten Grundkonzeptionen nach den verschiedensten Richtungen und Lebensbereichen. Sie stellen in ihrer thematischen Mannigfaltigkeit auch heute noch eine nicht bewältigte Aufgabe dar.

So ist das Motiv dieser Taschenbuchreihe: unter den in unserer Zeit aktuellen Gesichtspunkten den Zugang zu verschiedenen im Vortragswerk verstreuten und nicht zusammenhängend ausgearbeiteten Themenkomplexen zu eröffnen und damit zugleich den Ansatz der anthroposophischen Erkenntnismethode an bestimmten Problemkreisen zu verdeutlichen; die jeweilige Zusammenstellung von Vorträgen beansprucht dabei inhaltlich keine Vollständigkeit.

Rudolf Steiner

Anthroposophie – die Mitte des Menschen

Zehn Vorträge
ausgewählt und herausgegeben
von Nothart Rohlfs

Verlag Freies Geistesleben

Das vorliegende Werk basiert auf der deutschen Originalausgabe, die im Rudolf Steiner Verlag, Dornach/Schweiz, innerhalb der Rudolf Steiner Gesamtausgabe (GA) erschienen ist. Als Herausgeber zeichnet die Rudolf Steiner Nachlassverwaltung, zu der das Rudolf Steiner Archiv und der Rudolf Steiner Verlag gehören. Damit die Tätigkeit des Rudolf Steiner Archivs und somit die Herausgabe von Rudolf Steiners Werk gewährleistet bleiben kann, ist das Archiv, das keine staatlichen oder anderen Beiträge erhält, ganz auf Spendengelder angewiesen. Zu diesem Zweck besteht ein Förderverein.

Weitere Informationen:
Rudolf Steiner Archiv, Postfach 135, CH-4143 Dornach
oder:
www.rudolf-steiner.com

ISBN 978-3-7725-2120-1

1. Auflage 2011

Verlag Freies Geistesleben,
Landhausstr. 82, 70190 Stuttgart
Internet: www.geistesleben.com

Einbandentwurf: Patricia Hagel, unter Verwendung
eines Fotos von iStockphoto

Gesamtherstellung: C. H. Beck, Nördlingen
Printed in Germany

Inhalt

Radikal reflektieren

Ungewohnte Perspektiven einnehmen

Vorwort des Herausgebers

Die erste Erfahrung, die Sie als Leserin oder Leser – unvertraut mit dem Steinerschen Gedankengut – möglicherweise mit diesem machen werden, könnte sein: Rudolf Steiner strengt an. Wer spricht, wer formuliert heute schon so!? Diese Sätze zu begreifen, macht Arbeit. Und das erschwerend zum Inhalt, der vielleicht quer zum allermeisten steht, was Sie bisher gedacht und für selbstverständlich gehalten haben. Es kostet Mühe, diese Erfahrung zu ertragen, bei ihr zu bleiben, sie im Verhältnis zu sich selbst und den auslösenden Gedankengängen zu betrachten und die begonnene Lektüre nicht einfach abzubrechen.

Es könnte auch sein, dass Sie eine ganz andere Erfahrung machen werden, nämlich ungefähr die folgende: Was ich hier lese und erfahre, erscheint mir irgendwie bekannt, bekannt und selbstverständlich. Es ist fast so, als habe ich genau das immer schon geglaubt. Es kommt mir wie etwas vor, mit dem ich bereits zutiefst verbunden bin.

Beide Erfahrungen, als erste Reaktion auf die anfängliche Lektüre von Texten oder Vorträgen Rudolf Steiners, führen, wenn sie bedacht und selbstkritisch gehandhabt werden, in eine Art inneren Dialog mit dem Autor, welcher das Interesse für die Erkenntnisart der Anthroposophie eröffnen kann.

Wie das?

Rudolf Steiner wird heute vielfach auf zweierlei Weise begegnet. Entweder man wendet sich nach oberflächlicher Kenntnisnahme von ihm ab, lässt sich auf seine Gedanken nicht weiter ein, weil das Gefühl auftritt, die von ihm gefällten Aussagen seien kompletter Nonsens, man müsse sich bei ihm auf Anschauungen einlassen, die durch nichts zu beweisen sind und in den wildesten Spekulationen ihren Ursprung haben.

Oder man saugt sich voll mit «Anthroposophie», mit Inhalten also, zu denen man eine starke Affinität verspürt, die man aber zunächst weder annähernd versteht noch beurteilen kann. Man beginnt vielleicht, aus halb verstandenen Inhalten Schritte der eigenen Lebensgestaltung zu begründen und abzuleiten. Man baut das eigene Leben regelrecht um auf der Grundlage eines stark empfundenen Glaubens. Endlich etwas, dem sich die eigenen inneren Kräfte, die in der Welt an etwas Wahres und Gutes glauben möchten, mit ganzer Energie hingeben können!

Beide Haltungen können Folgen der oben erwähnten Leseerfahrungen sein. Beide werden, sobald sie den Charakter von festen Positionen annehmen, unproduktiv für eine inspirierende Begegnung mit dem Gegenüber, durch das sie angeregt wurden.

Verfällt jedoch die erste Erfahrung nicht unreflektiert in eine sich verhärtende Haltung der Ablehnung und Kritik, sondern wird sie *auch* begriffen als die eigene seelische Antwort auf eine Begegnung mit vollkommen ungewohnten Gedankengängen, so kann sie die Grundlage bilden für die konstruktive Fortsetzung dieser Begegnung. Sie verharrt dann nicht in dem Gefühl der Verrücktheit und Absurdität des Gegenübers (Rudolf Steiners), sondern wird angesichts der völlig fremden Gedankengänge auf die Voraussetzungen und Grenzen der eigenen als sicher geltenden Erkenntnis aufmerksam. Und damit beginnt ein Weg jenseits konventioneller Gewissheiten und schneller Urteile.

Gleiches gilt für die polare zweite Erfahrung. Fällt diese nicht unbemerkt der eigenen überwältigenden Gefühlsregung anheim und wird zu unreflektiertem Bekennertum, so ermöglicht auch sie eine bereichernde Fortführung des Begonnenen.

Die erste Erfahrung macht Hürden bewusst, Grenzen und Herausforderungen. Werden diese nicht als Schuldzuschreibungen dem Autor angelastet, so wecken sie Fragen: Was macht die Lektüre so schwierig? Was strengt an? Will ich es einfach haben, mundgerecht serviert? Scheue ich davor zurück, mich gedanklich anzustrengen? Sind die eigenen zeitgenössischen Erkenntnisgrundlagen, die ich mir zu eigen mache und die zu so gänzlich andersartigen Ergebnissen führen als denjenigen Steiners, wirklich so unumstößlich gesichert, wie ich annehme? Aber auch: Wie kann der Autor behaupten, er könne über Angelegenheiten, die weder den Sinnen noch mathematischem Denken zugänglich sind, Aussagen machen, die gediegenen wissenschaftlichen Kriterien genügen? Was sind die methodischen Grundlagen, auf deren Boden solche Aussagen getroffen werden? Wie können diese Aussagen konstruktiv aufgefasst werden, ohne entweder an sie zu glauben oder sie zu verwerfen?

Wird die Herausforderung angenommen, die sich in diesem Fall bei der Lektüre Steiners einstellt, so wird der Lesende dem Autor nichts durchgehen lassen, was auf Treu und Glauben hin angenommen werden muss. Er wird seine Aussagen prüfen, ohne allerdings dabei von Annahmen ausgehen zu dürfen, die von vornherein bestreiten, was Steiner zu entwickeln versucht. Es wird hilfreich sein, Steiners Aussagen wie Hypothesen oder Lebensweisheiten zu nehmen, mit denen man umgeht und lebt, um ihren möglichen Gehalt zu erfahren, nicht um ein rasches Urteil über sie zu fällen. Und es wird helfen, Geduld zu entwickeln mit sich selbst und dem eigenen Verständnisprozess.

Die zweite Erfahrung bewirkt unmittelbares Vertrauen durch empfundene Glaubwürdigkeit. Sie ermöglicht ein Entgegennehmen des Gebotenen, das von keiner Skepsis behelligt wird. Sie fühlt sich dem, was ihr einleuchtet, spontan zugetan. Wenn diese Erfahrung im Sinne wacher Selbstbeobachtung befragt wird, führt auch sie weiter: Was ist es, das ich als Vertrauen erweckend erlebe? Hat das vor meinem Denken Bestand? Worauf stößt das so vertrauensvoll Hingenommene in mir, dass dabei jenes starke Gefühl einer bereits bestehenden Verbundenheit entsteht? Inwiefern liegt dieses Gefühl in mir begründet, inwiefern in den aufgenommenen Gedankengängen? Was fordern diese von mir, wenn ich mich nicht in ihnen verlieren oder an ihnen berauschen will? Kann ich sie gedanklich ebenso klar erfassen, wie ich sie in ihrer Wahrheit glaube empfinden zu können?

Was geschieht auf diese Weise mit den zwei ursprünglichen Erfahrungen?

Sie werden zu einer Art Erkenntnisinstrumente für den Lesenden.

Dieser folgt nicht reflexhaft den in ihm auftretenden Emotionen angesichts des Gelesenen. Er nimmt sie jedoch wahr und ernst. In der Folge richtet er seine Aufmerksamkeit sowohl auf sein Gegenüber (Steiner) als auch auf sich selbst und auf das sich zwischen beiden bei der Lektüre einstellende Verhältnis. Dieses mag in vielen Fällen entweder als provozierend, herausfordernd und sogar Aggressionen weckend erlebt werden oder als faszinierend und beglückend. Die sich dabei ergebenden Gedanken und Fragen führen über die eigene Anfangserfahrung hinaus und in die Sache hinein – und sie wecken, wie zuvor behauptet, das Interesse für die Erkenntnisart Rudolf Steiners bzw. die der Anthroposophie.

Steiner untertitelt seine *Philosophie der Freiheit* mit den Worten: *Seelische Beobachtungsresultate nach naturwissenschaftlicher Methode.* Der von ihm nach eigenem Selbstverständnis erarbeiteten und praktizierten Erkenntnisweise geht es zunächst und in erster Linie darum, mit der Klarheit, Eindeutigkeit und Nachvollziehbarkeit naturwissenschaftlichen

Vorgehens zu Erkenntnissen auf seelischem und geistigem Gebiet zu gelangen. Eine Methode, die insbesondere auf dem Feld der Selbstbeobachtung erlernt und erprobt werden kann. Sie bildet den Schlüssel für einen Zugang zu der von Steiner entwickelten Anthroposophie und zum Verständnis eines der Grundanliegen ihres Schöpfers.

Nothart Rohlfs

Einleitung des Herausgebers

Anthroposophie kennenlernen – warum?

Vielleicht nehmen Sie als Leserin oder Leser zum ersten Mal ein Buch über Anthroposophie zur Hand. Möglicherweise hat Ihnen ein Freund die Lektüre empfohlen oder Sie angeregt, sich mit Anthroposophie bekannt zu machen. Vielleicht besuchen Ihre Kinder eine Waldorfschule, und Sie haben sich vorgenommen, bei Gelegenheit etwas von deren Begründer zu lesen. Ihre Bekanntschaft mit den Ergebnissen der anthroposophischen Medizin oder Landwirtschaft kann zu den Anlässen gehören, die Sie zu diesem Buch greifen lassen. Es könnte auch sein, dass Sie eine der vielen Stellungnahmen in den Medien zum 150. Geburtstag Rudolf Steiners im Jahr 2011 zur Kenntnis genommen haben und nun mehr wissen wollen.

Vermutlich sind Sie bisher nur in Gesprächen, durch Vorträge bzw. anhand von Sekundärliteratur mit Anthroposophie in Berührung gekommen. Und nun halten Sie ein Buch mit Vorträgen jenes Mannes in den Händen, der als deren Begründer gilt. Zudem ein Buch, dessen Anliegen es ist, eine Einführung in Anthroposophie zu vermitteln. Was erwarten Sie von einem solchen Buch? Könnte es sich dabei um etwas handeln wie das Folgende?

- Ich will zunächst einmal verstehen, was Anthroposophie überhaupt ist.
- Ich möchte die wesentlichen Gedanken jenes Mannes kennenlernen, auf den die Waldorfpädagogik, die biologisch-

dynamische Landwirtschaft und die anthroposophische Medizin zurückgehen.

- Ich will Aufschluss darüber erhalten, ob Anthroposophie eine Religion, ein lebensreformerischer Ansatz oder eine wissenschaftliche Richtung ist, die nachvollziehbare und verwertbare Ergebnisse liefert.
- Ich will von den Anregungen profitieren, die Anthroposophie für verschiedene Lebensgebiete und Berufsfelder zu geben scheint.
- Was ich bisher aus den Medien über Anthroposophie entnommen habe, wirkt widersprüchlich. Ich will genauer wissen, worum es geht.
- Mich interessiert, worauf die starke praktische Kulturwirksamkeit der Anthroposophie aufbaut.
- In Gesprächen mit Bekannten erlebe ich, dass von Steiner und seinem Werk eine große Faszination ausgeht. Wie kommt das und was steckt dahinter?
- Ich habe verschiedentlich interessante Einzelheiten aufgeschnappt, von denen es hieß, sie kämen aus der Anthroposophie. Dem will ich nachgehen.
- Ich kenne Anthroposophen und besitze ein Bild von Anthroposophie, habe aber keine Ahnung von den Quellen. Die möchte ich jetzt kennenlernen.
- Mir scheint, dass Steiner eine Art spiritueller Disziplin entwickelt hat, die dem zugrunde liegt, was heute allgemein als Anthroposophie bezeichnet wird. Diese Disziplin interessiert mich.
- Anthroposophie scheint über sämtliche Angelegenheiten der Welt irgendetwas zu sagen zu haben. Das macht mich vorsichtig. Auch für totalitäre Weltanschauungen gilt, dass sie sich über alles auslassen. Ich will mir jedoch selbst einen Eindruck verschaffen.

Was ist Anthroposophie und wie lässt sie sich verstehen? In dieser Einführung wird der Versuch unternommen, dieser Frage nachzugehen und mögliche Erwartungen ansatzweise zu beantworten. Die im Anschluss wiedergegebenen Vorträge von Rudolf Steiner beleuchten ganze Lebensgebiete und Themenkomplexe unter Gesichtspunkten, die aus Anthroposophie gewonnen wurden. Sie vermitteln unter sehr verschiedenen Aspekten lebendige Antworten darauf, was Anthroposophie ist. Meine vorangestellte Skizze soll eine anfängliche Übersicht über einige ihrer wesentlichen Schwerpunkte geben.

Mein Anliegen ist es, Ihnen ein allererstes Verständnis von Anthroposophie zu ermöglichen, davon ausgehend, dass Sie dieses anstreben. Dabei will ich Sie von nichts überzeugen, sondern vielmehr versuchen, Ihnen einige wesentliche Züge des Steinerschen Weltbildes nahezubringen. Angesichts des enormen Umfangs des schriftlichen und mündlichen Werkes von Rudolf Steiner muss dieser Versuch äußerst verkürzt und vereinfacht ausfallen. Dies bitte ich Sie zu berücksichtigen, sollte Ihnen die Lektüre der Vorträge den Eindruck vermitteln, dass Steiners Blick auf die Welt doch wesentlich vielschichtiger sei, als es die folgende Skizze ahnen lässt.

Ich wähle hier die Perspektive desjenigen, dem die ganze Art des Steinerschen Denkens und Darstellens unbekannt ist und der von zeitgenössischen Denkarten und Gedankenführungen ausgeht, wenn er sich Steiners Weltbild zu nähern versucht. Denjenigen unter Ihnen, denen Steiners Denken vertraut ist und die sich ihm verbunden fühlen, wird diese Einführung kaum etwas Neues zu sagen haben. Ihnen mögen die ausgewählten Vorträge im Anschluss genügen.

Die Bezeichnung Anthroposophie stammt nicht von Rudolf

Steiner, sie ist älteren Ursprungs. Der Wortbedeutung nach handelt es sich bei diesem Ausdruck um Wissen, Weisheit, Bewusstsein und Erkenntnis vom Menschen. Steiner verwendet die Bezeichnung für die von ihm seit Beginn des 20. Jahrhunderts schrittweise entwickelte Darstellung seelischer und geistiger Aspekte von Mensch und Welt sowie für die praktischen Anregungen, die sich aus seinem Weltverständnis für verschiedenste Lebensfelder und Sachfragen ergeben. Er stellt den Menschen als Erkenntnisfähigen jenseits heute angenommener Erkenntnisgrenzen ins Zentrum der Welt. Zugleich bilden die von ihm gewonnenen Erkenntnisse über Entstehung, Entwicklung und Wesen des Menschen und der Welt den Mittelpunkt seiner Forschungen, die als Anthroposophie bekannt geworden sind.

Anthroposophie kann in umfassender Weise als Bewusstsein des Menschen von dessen eigenem Menschsein verstanden werden. Sie will Erkenntnis vermitteln über den Menschen in seinem Verhältnis zur Welt. Was aber heißt das konkret? Könnten sich nicht auch Teilbereiche der heute geläufigen wissenschaftlichen Fakultäten in diesem Sinne verstehen, zum Beispiel aus Biologie, Chemie, Physik, Medizin und Psychologie, aus Pädagogik und Soziologie?

Ein zentraler Unterschied zwischen den universitären Wissenschaften und der von Steiner begründeten Geisteswissenschaft oder Anthroposophie besteht zunächst im Forschungsgegenstand. Die gängigen Wissenschaften erforschen den physischen Körper des Menschen, dessen Entstehen und Beschaffenheit. Sie untersuchen menschliches Verhalten und Handeln sowie die Beziehungen der Menschen untereinander. Über Existenz und Wirksamkeit von so etwas wie der menschlichen Psyche oder Seele, dem menschlichen Geist oder gar dem menschlichen Ich oder Selbst herrschen bestenfalls Theorien, auf deren

Boden hypothetische Aussagen getroffen werden. Dabei ist die Auffassung vorherrschend, es handle sich bei dem Erwähnten um Funktionen und Folgen der umfassend erforschten physischen Leiblichkeit des Menschen. Die Gesamtheit der heutigen Forschungsergebnisse und Annahmen über den Menschen bildet das maßgebliche Menschenbild, an dem wir uns in unserem Denken über uns selbst mehr oder weniger bewusst orientieren. Es bildet die Grundlage unserer Vorstellungen darüber, was der Mensch sei. Zugleich bildet es die Grundlage für die gegenwärtige Pädagogik, Medizin und die Sozialwissenschaften, um nur drei zentrale Fakultäten zu nennen, deren Menschenverständnis direkte praktische Rückwirkungen auf uns alle hat.

Zahlreiche Antworten auf grundlegende Fragen der menschlichen Existenz werden auf dem Boden dieses Menschenbildes gegeben und als Wahrheiten behandelt:

Wie kommt menschliches Leben zustande? Wie wird aus einer befruchteten Eizelle ein eigenständiges menschliches Individuum? In welchem Verhältnis stehen Gehirn und Bewusstsein? Bis zu welchem Zeitpunkt sind Abtreibungen vertretbar? Welche Realität besitzt das menschliche Ich? Gibt es eine eigenständige «Seele» oder hat der physische Leib des Menschen «seelische» Eigenschaften? Besitzt der Mensch einmalige oder mehrmalige Existenz auf der Erde? «Ist» der Mensch sein Körper oder verkörpert sich ... ja, wer? Hat der Mensch einen freien Willen?

Das von Steiner entwickelte, seinem Selbstverständnis nach geisteswissenschaftlich erforschte Menschenbild ist ein anderes. Einige knappe Gegenüberstellungen mögen dies anfänglich verdeutlichen. Während zum Beispiel die menschlichen Gefühle im Sinne des gängigen Menschenbildes vielfach als Auswirkungen hormoneller leiblicher Vorgänge begriffen werden, haben nach Steinerschem Verständnis eigenständige seelische Geschehnisse parallel stattfindende leibliche Entsprechungen, werden aber nicht durch diese verursacht. Während in landläufigem Sinn der menschliche Körper als eine Maschine betrachtet wird, der durch die Medizin repariert wird, bildet Steiner zufolge der menschliche Leib ein ineinandergreifendes Gefüge dreier selbstständiger «Wesensglieder». Deren jeweilige Funktionen und Wirkungsweisen muss eine Medizin erfassen und beeinflussen können, die mehr leisten will als punktuelle Symptome zu kurieren, um sie womöglich unwissend und ungewollt durch andere Symptome zu ersetzen. Während aus Sicht des herrschenden naturwissenschaftlichen Menschenbildes die menschliche Existenz mit dem Tod ihr Ende findet, verlässt ein «geistiger Wesenskern» des Menschen, so Steiner, dessen «Leiber», um eine nachtodliche Fortsetzung des irdischen Lebens anzutreten, die wiederum einmündet in eine erneute Verkörperung auf der Erde. Nach gängiger Auffassung wäre es schließlich ein völliges Unding anzunehmen, der Mensch habe einen irgendwie bestimmenden Einfluss auf das Erbgut, das ihm in die Wiege gelegt wird. Vielmehr ist er diesem ausgeliefert und kann im besten Fall dessen Folgen erträglich gestalten. Steiners Forschungen zufolge sind Veranlagungen und Erbgut durch den Menschen in seiner vorgeburtlichen Daseinsform willentlich mitgestaltete Folgen früherer irdischer Erfahrungen und Taten.

Prägnantere Gegensätze lassen sich kaum denken.

Annäherung I – Anthroposophie, ein Menschenbild

Es beginnt damit, dass Steiner zufolge der Mensch, sofern er als physisches Wesen mit gewissen seelischen und geistigen Eigenschaften betrachtet wird, nicht angemessen erfasst wird. Seinem ganzen Wesen nach bilde vielmehr der Mensch ein wesentlich komplexeres und vielschichtigeres System, als dies aus Sicht der heute maßgeblichen Wissenschaften der Fall ist.

Steiner spricht zunächst von drei verschiedenen «Leibern» oder «Wesensgliedern» des Menschen. Deren erstes ist der uns hinlänglich bekannte physische Leib. Dieser unterliegt physikalischen und chemischen Gesetzmäßigkeiten. Ein weiterer Leib, der «Lebens-» oder «Ätherleib» ist nicht physischer Natur. Er durchdringt als energetischer oder Kraftleib den physischen Körper und folgt Gesetzen, die man an allem Lebendigem (Pflanze, Tier und Mensch) beobachten kann. Er unterliegt zyklischen Vegetationsvorgängen, die in vergleichbarer Weise auftreten wie die Wachstumsphasen der Pflanze in Keimung, Blatt-, Blüten- sowie Fruchtbildung, Reifung, Verwelken und Absterben. Er durchsetzt den physischen Leib mit Vorgängen der Lebensdynamik, wodurch diesem Prozesse des Werdens und Vergehens, die Fähigkeit zur Fortpflanzung sowie Anlagen zu Krankheit und Gesundheit eingeprägt werden.

Der Lebensleib mit seiner andersartigen Wirkungsweise vermittelt dem mineralisch-physischen Leib das Leben. Sich selbst überlassen, müsste dieser zerfallen, was er nach dem Tod des Menschen auch tut. Zu diesem Zeitpunkt verlässt der Lebensleib den physischen Leib.

Ein dritter Leib, der zu den beiden genannten in einem eigenen Verhältnis steht, ist der von Steiner so bezeichnete «Astral-» oder «Seelenleib». Was wir als unsere seelischen Regungen und Eigenschaften betrachten, sind Steiner zufolge Äußerungen des Seelenleibes. Er gilt als Träger des Bewusstseins sowie sämtlicher Empfindungen, Gefühle, Leidenschaften, Triebe und Willensimpulse. Ohne ihn hätten wir als Menschen kein Bewusstsein, könnten weder Freude, Angst, Lust oder Ärger erleben, wir empfänden weder Hunger, Durst noch geschlechtliche Anziehung. Art und Beschaffenheit dieses Leibes legen den Grund für das

Seelenleben des Menschen. Wie wir den physischen Leib mit Mineralien, Pflanzen und Tieren gemeinsam haben, den Lebensleib mit Pflanzen und Tieren, so den Seelenleib mit den Tieren. Diese drei bilden die dreifach gegliederte leibliche Natur des Menschen.

Sie gehorchen, so Steiner, nicht nur spezifischen Gesetzmäßigkeiten, deren Wirkungsweisen den Gesamtmenschen in mannigfaltigen Verhältnissen durchdringen, sie erlangen auch beim Heranwachsen des Menschen zu verschiedenen Zeitpunkten ihre Selbständigkeit und unterliegen alle drei – nicht nur der physische Leib – einer Art von Geburtsvorgängen. Steiner spricht davon, dass der Lebensleib des Kindes um die Zeit des Zahnwechsels seine Selbständigkeit erlange. Zuvor sei er im Wesentlichen vereinigt mit dem mütterlichen Ätherleib. Die Selbständigkeit des Seelenleibes trete mit der Geschlechtsreife ein, zuvor sei der kindliche Seelenleib in den mütterlichen Astralleib eingebunden.

Derartige sich ändernde leibliche Verhältnisse einmal angenommen, hat das Genannte auch praktische Konsequenzen, was zum Beispiel die Erziehung des Kindes betrifft. Grundlegende menschenkundliche Annahmen wie die angeführten lassen vielleicht ahnen, dass auf ihrem Boden eine eigenständige Pädagogik, Ernährungskunde und Medizin haben entstehen können.

Angesichts des Geschilderten mag die Behauptung verständlich werden, es handle sich beim Untersuchungsobjekt der heutigen Universitätswissenschaften und Steiners Anthroposophie im Hinblick auf den Menschen um verschiedene Gegenstände. Es geht dabei um das zentrale Verständnis von Wesen und Wirklichkeit des Menschen. Während im einen Fall chemische Beschaffenheit, anatomische Struktur und physikalische Funktionsweise des menschlichen Körpers sowie psychische

Eigenarten und Verhaltensweisen das Forschungsobjekt bilden, wird im anderen Fall auf drei verschiedenartige «Leiber» verwiesen, deren Beschaffenheit und Funktionen zu erforschen sind, um den Menschen in leiblicher Hinsicht zu verstehen.

Es lässt sich ausmalen, dass die Betrachtungsweise nicht einfacher wird, sobald «Seele», «Geist», «Selbst» oder «Ich» des Menschen ins Blickfeld rücken.

So ist die «Seele», deren leibliche Unterlage der Seelenleib bildet, Rudolf Steiner zufolge ebenfalls in dreifacher Weise differenziert. Die von ihm so genannten «drei Seelenglieder» sind Träger unterschiedlicher seelischer Funktionen: die «Empfindungsseele» umfasst all jene Abläufe, wo wir als Menschen auf Empfindungseindrücke wie Lust und Unlust, Freude und Schmerz, Wut und Trauer unmittelbar reagieren. Wir befriedigen die Lust, vermeiden die Unlust, äußern unsere Wut und fliehen den Schmerz.

Die «Verstandesseele» ist anderer Art. Bei ihr handelt es sich um Vorgänge, wo an die auftretenden Empfindungseindrücke zum Teil weitreichende gedankliche und Vorstellungsprozesse angeknüpft werden. Diese beziehen sich zwar auf die Empfindungen und stellen sich in den Dienst ihrer Befriedigung, entfalten jedoch ein Eigenleben, das in sich selbst besteht. Auf dem Boden seelischer Eindrücke, an die sich Vorstellungen in diesem Sinne anschließen, werden Erfindungen und Entdeckungen gemacht, verschiedenste Lebensverhältnisse werden organisiert und im Sinne effektiver Bedürfnisbefriedigung zielführend eingerichtet. Die Logik zieht ein, Orientierung an «der Sache» wird maßgeblich. Damit entsteht eine Bewusstseinshaltung, die sich denkend der Welt zuwendet, dieses Denken jedoch mittelbar in den Dienst der Befriedigung der eigenen Bedürfnisse stellt.

Die «Bewusstseinsseele» als das höchstentwickelte Glied der Seele, wie Steiner diese schildert, ermöglicht dem Menschen die

Unabhängigkeit von der Bindung an die eigene Bedürfnisbefriedigung. Sie enthält das Vermögen zur Uneigennützigkeit, zur Selbstreflexion, sie stellt Ziele in den Mittelpunkt, die nicht dem eigenen Nutzen dienen, sondern als übergeordnete Wahrheiten und Ideale erkannt und verfolgt werden. Die Kraft der Bewusstseinsseele führt die Seele über sich selbst hinaus und steckt ihr Ziele, die allgemeiner, übergeordneter Art sind. In Steiners Ausdruck: die Bewusstseinsseele macht den Menschen empfänglich für Geistiges, das jenseits von leibgebundenem Selbstbezug als Ideal oder Wahrheit in ihn einstrahlen kann. Das eigene Selbst, dessen unmittelbare Empfindungen und Bedürfnisse erfahren durch sie eine Relativierung, die den Boden bildet für ein Denken und Handeln, das den Selbstbezug zu überwinden und sich in ein größeres Ganzes einzugliedern vermag.

Das geistige Glied des Menschen, folgen wir Steiner, bildet sein Ich. Dieses ist eng verbunden mit der Bewusstseinsseele. Durch deren Fähigkeit, sich Geistigem zuzuwenden, lebt das Ich in geistigen Bezügen. Das Geistige selbst realisiert sich im Menschen in drei Stufen, dem «Geistselbst», «Lebensgeist» und «Geistesmenschen».

«Der Mensch» aus Sicht Rudolf Steiners, und in dessen Verständnis Gegenstand anthroposophischer menschenkundlicher Forschung, stellt sich als ein dreifach strukturiertes Gesamtsystem dar, mit leiblichen, seelischen und geistigen Anteilen. Diese drei Untersysteme in ihrer jeweiligen Wirkung und Durchdringung, integriert und zueinander ins Verhältnis gesetzt durch die eigentliche Individualität, das «höhere Selbst», bilden gemeinsam den Menschen. Leib, Seele und Geist sind in sich wiederum dreifach untergliedert. Unterschiedliche Funktionen und «Gesetzmäßigkeiten» sind maßgeblich für diese Gliederung.

Zu guter Letzt: Steiner versteht sein gegliedertes Menschenbild nicht als ein System differenzierter Hypothesen über den

Menschen. Er betrachtet und beschreibt es vielmehr als das Resultat geistiger Forschung, welche insbesondere die nichtphysischen Anteile des Menschen mit adäquaten Methoden zu erkennen in der Lage sei. Der Mensch: eine dreifache Leiblichkeit (physischer Leib, Lebensleib, Seelenleib), verkörpert durch den physischen Leib. Ebenso dreifach gegliederte Systeme des Seelischen (Empfindungsseele, Verstandes- und Gemütsseele, Bewusstseinsseele) und des Geistigen (Geistselbst, Lebensgeist, Geistesmensch), miteinander verbunden im Ich: dies alles «geisteswissenschaftliches Forschungsergebnis».

Wie sich der «Forschungsgegenstand Mensch» aus den verschiedenen Blickwinkeln deutlich unterscheidet, so auch dessen Entstehung und Entwicklung im Laufe der Evolution der Erde.

Die Entwicklung des «Menschen zum Menschen» wird im einen Fall als die Entwicklung des Einzellers zum niederen Tier, des niederen Tiers zum Säugetier, und schließlich des Menschenaffen zum Menschen gedacht. Grundlage für die entsprechende Sichtweise bilden Darwins Annahmen von Selektion und Variation, Mechanismen einer «natürlichen Auslese» bzw. einer kontinuierlichen Auswahl der am besten angepassten Lebensformen. Eine in letzter Hinsicht zufällige Entwicklung führt zu dem Ergebnis Mensch.

Steiner betrachtet die Evolution des Menschen aus grundlegend anderer Perspektive. Für ihn besteht ein geistiges «Urbild» des Menschen jenseits von dessen irdisch-biologischer Verkörperung. Dieses geistige Urbild stellt für die schrittweise erfolgende physische Verkörperung des Menschen die maßgebliche Orientierung dar. Zu verstehen ist dies ungefähr so, wie die Idee einer Erfindung deren äußerer Verwirklichung vorangeht und für deren Umsetzung zielführend ist. Menschenaffen und andere «Vorläufer» des Menschen sind, so betrachtet, vergleichbar den ungenügenden

Vorformen einer technischen Erfindung. Die Idee des Erfinders wird erst nach vielen fehlgeschlagenen Versuchen schließlich in höchstmöglicher Präzision verwirklicht. Entsprechend kann die Tierreihe aufgefasst werden als eine Reihe von Versuchsformen, die leitende Idee des Menschen in angemessener Form zu realisieren. Die Mitgeschöpfe des Menschen bilden aus dieser Sicht eine Art verselbständigter und einseitig spezialisierter Abzweigungen des Menschen auf dem Weg zu sich selbst.

Der gleiche Unterschied der Betrachtungsweisen besteht, betrachtet man die Evolution des Menschen im Zusammenhang mit der Evolution der Erde, des Planetensystems, letztlich des Universums. Auch hier gilt: auf der einen Seite Urknall, Zufalls- und Selektions-gesteuerte Entwicklung. Auf der anderen Seite Verwirklichung verkörperter, lebendiger, beseelter Existenzformen des Menschen und der Erde im Sinne und auf der Grundlage geistig orientierender und leitender Ideen bzw. Urbilder, deren Wirklichkeit im Verhältnis zu den verkörperten Lebensformen Leitbildcharakter hat. Konkret bei Steiner: Geistige Vorformen der Erde («alter Saturn», «alte Sonne», «alter Mond») auf dem Weg zum physischen Erdenplaneten, wie wir ihn heute kennen – in einer Art lebendig-schöpferischem Entstehungsprozess und im Wechselverhältnis mit dem ebenfalls zunächst geistigen Entwurf des Menschen, der sich Stufe um Stufe zu dem Menschen entwickelt, der wir heute sind, und den Steiner in dem von ihm geschilderten Menschenbild umfassend zu beschreiben versucht.

Die «Vorfahren der Erde»:
Planetarischer Zustand I, «alter Saturn»: Ein kosmisches Gebilde riesigen Ausmaßes (Umfang entsprechend der heutigen Umlaufbahn des Planeten Saturn), dessen Beschaffenheit dem nahekommt, was wir als «innere Wärme», «inneres Feuer»,

«innere Begeisterung» aus der seelischen Selbstbeobachtung kennen. Im Laufe der Entwicklung des so beschaffenen «Planeten» wandelt sich dessen Wärmedasein im Sinne heutiger Begriffe von rein innerer zu anfänglich äußerer (physikalisch sich äußernder) Wärme. Der «Mensch» auf dem alten Saturn ist mit und in diesem ein in sich differenziertes und sich jenem gegenüber zunehmend differenzierendes Wärmewesen. Auf dem «alten Saturn» wird der physische Leib der Erde und des Menschen veranlagt.

Planetarischer Zustand II, «alte Sonne»: Der Wärmeplanet beginnt zu leuchten. In sich vielfältig differenzierte Lichterscheinungen auf der älteren Wärmegrundlage kennzeichnen die von Steiner dargestellte alte Sonne. Mit und in ihr tritt der Mensch auf als ein (gasartiges) Wärme-Licht-Wesen. Wie auf dem alten Saturn zuletzt Wärme auftritt, vergleichbar der uns heute bekannten physischen Wärme, so treten auf der alten Sonne erste Lebenserscheinungen auf, die im Wärmelicht derselben ihren Ausdruck finden: gleichsam keimendes, erblühendes Licht kontra verglimmendes, verlöschendes Licht. Steiner spricht in verschiedenen Zusammenhängen von der «Lebenssonne». Der Äther- oder Lebensleib wird veranlagt.

Planetarischer Zustand III, «alter Mond»: Zu Wärme und Licht-Luft als Grundsubstanzen von Planet und Mensch kommt «Wasser» hinzu. Aus diesen drei Bestandteilen bildet sich das Leben dieses «Planeten». Die auf deren Grundlage sich weiter differenzierenden Gebilde werden Träger erster seelischer Regungen, so auch der in entsprechender Vorform auftretende Mensch. Gegenseitiges, seelisch bedingtes Anziehen und Abstoßen der Geschöpfe des alten Mondes rufen äußere Bewegung und Veränderung hervor, die den seelischen Bewegungen entsprechen und äußeren Ausdruck verleihen. Gegen Ende dieses Zustandes dominiert eine sich ständig ändernde, in sich bewegliche Formenvielfalt der Mondgeschöpfe, die ihrerseits den sich wandelnden seelischen Regungen unterliegt. Auf dem «alten Mond» wird der Astral- oder Seelenleib angelegt.

Jeder der geschilderten «Planetenzustände» verläuft in unterscheidbaren Phasen. Die jeweils erste Phase bildet eine Art Wiederholung des vorangegangenen Gesamtzustands. Zwischen den «planetarischen Verkörperungen» findet Steiner zufolge jeweils eine Art schlafähnlichen Übergangszustands statt.

Auf den alten Mond schließlich folgt der vierte planetarische Zustand, derjenige der eigentlichen Erde, der von Steiner im Zusammenhang mit der Entwicklung des Menschen ausführlich beschrieben wird (Aspekte dazu im 9. Vortrag dieses Bandes, «Der innere Aspekt der Erdenverkörperung des Erdplaneten»).

Der Mensch durchläuft auf der Erde, so Rudolf Steiner, sogenannte «Kulturepochen» oder «Kulturperioden», die unter anderem dazu dienen, die menschlichen Leibes- und Seelenglieder nach und nach im verkörperten Zusammenhang auf der Erde eigenständig hervorzubringen und zu entwickeln. Nach der entsprechenden Namensgebung befinden wir uns gegenwärtig in der «fünften nachatlantischen Kulturperiode», auch bezeichnet als «Zeitalter der Bewusstseinsseele». Damit wird darauf hingewiesen, dass in dieser Epoche insbesondere die Qualitäten und Eigenschaften der Bewusstseinsseele des Menschen zur Entfaltung kommen.

Im Vergleich zum Entstehungsprozess von Erde und Mensch aus herkömmlich naturwissenschaftlicher Sicht, die ohne gestaltende Akteure auskommt, ist Steiners Weltbild ein reich bevölkertes Universum kosmischer Mit- und Gegenspieler, geistiger Mitgestalter und Gegner göttlicher Intentionen und Ratschlüsse, die an der Entstehung von Mensch und Erde beteiligt sind.

Das Provozierende des groß angelegten spirituellen Deckengemäldes der Steinerschen Götterwelt ist nicht das Gemälde selbst. Es fasziniert, überwältigt oder schreckt ab in seiner inneren Kraft und Gewalt, seinen Dimensionen, seiner Plastizität, Anschaulichkeit und angesichts seiner gedanklichen Implikationen. Das eigentlich Herausfordernde ist die Tatsache, dass «der Doktor», wie er früher von seinen Schülern genannt wurde, mit nüchternen Worten behauptet, er habe mit zwar ungewöhnlichen, doch bei entsprechender Übung allgemein zugänglichen Mitteln erforscht, was er vor seinen Zuhörern bzw. Lesern als Weltbild entwirft. In dieser Behauptung liegt die Schwelle, über die zu treten und mit Steiner mitzugehen sich die gesamte konventionelle Bildungs- und Wissenschaftswelt bis heute standhaft weigert. Warum das so ist, und wozu Steiner mit seinem Wissenschaftsverständnis auffordert, dazu im Anschluss mehr. Hier sei zunächst eine Skizze jener Geister und Widergeister gegeben, deren Werk mit der Hervorbringung von Erde und Mensch erläutert wurde.

Nichts, so Steiner, ist im Kosmos und auf der Erde aus purem Zufall und allein durch sich selbst entstanden. Dass wir mit den Mitteln unseres gegenwärtigen Bewusstseins die gestaltenden Akteure weder sehen noch sonstwie wahrnehmen können, sagt so wenig über deren Existenz aus wie die Ansichten eines Blindgeborenen über die Welt der Farben. Hingegen besagt es einiges über die Erkenntnisgrenzen unseres gewöhnlichen Bewusstseins und eröffnet, jedenfalls für Steiner, die Frage, wie diese Grenzen zu überwinden seien.

Der Mensch ist das Wesen, das Freiheit und Liebe miteinander vereinbaren und beide auf der Erde in ihrer ganzen Tiefe erfahren und realisieren kann. Darin unterscheidet sich der Mensch zugleich von den über ihm stehenden Wesen. Hierarchisch gesprochen steht er als zehnte Gruppe unter neun Gruppen von Wesen, von denen keine wie der Mensch in einem physisch-mineralischen Leib verkörpert ist.

Die neun Wesensgruppen gliedern sich in drei, von Steiner in Anlehnung an die christliche Terminologie so bezeichneten «Hierarchien». Jeder Hierarchie gehören drei Wesensgruppen an. In gewissem Sinn über ihnen allen steht die klassische christliche Trinität aus Vater, Sohn und Heiligem Geist. Aber auch die unterhalb der Trinität befindlichen, neunfach gegliederten Geister sind in der christlichen Tradition bekannt. Gelegentlich findet man sie malerisch wiedergegeben auf alten russischen Ikonen und anderen christlichen Bildwerken. Jede der Hierarchien und jede einzelne Wesensgruppe kennzeichnen sich, zum Teil bis in den Namen hinein, durch spezifische Funktionen sowie dazugehörige Aufgabenfelder. So spricht Steiner von den «Geistern der Persönlichkeit» oder Archai, den «Geistern des Feuers», auch Archangeloi oder Erzengel, und den «Geistern des Zwielichts», Angeloi oder Engel. Die Genannten bilden die drei Wesensgruppen der dritten Hierarchie. Die Geister der zweiten Hierarchie nennt Steiner die «Geister der Form», «Geister der Bewegung», «Geister der Weisheit» (die traditionellen christlichen Bezeichnungen lauten Exusiai, Dynamis, Kyriotetes). Die Wesen der ersten Hierarchie bezeichnet er als die «Geister der Liebe» (Seraphim), «Geister der Harmonie» (Cherubim) sowie «Geister des Willens» (Throne).

In seinen Darstellungen der Entstehung von Erde und Mensch schildert Steiner diese Wesen in ihrem Zusammen- und Gegeneinanderwirken. Durch ihre Taten kommt das zustande, was zuvor als «planetarische Zustände» bezeichnet wurde. Auch der Mensch ist in gewisser Weise ihr Geschöpf.

All diese Wesen – dies gilt auch für die geistige Entität des Christus Jesus – befinden sich in einer stetigen Entwicklung, die mit Möglichkeiten und Chancen, Herausforderungen und Gefährdungen (Versuchungen) einhergeht. Sie sind keine ein für alle Mal in ihrem Sosein gesicherten und unanfechtbaren Gestalten. Und sie alle haben eine Art dem Menschen entfernt vergleichbares Erkenntnisleben (Denken und Wahrnehmen). (Der 7. Vortrag in diesem Band, «Das Bewusstsein der Engel», handelt davon. Ebenfalls zum Thema der 8. Vortrag, «Geistige Hierarchien und das Wesen des Regenbogens».)

Während des Menschen «unterster» Leib der physische Leib ist, besitzen sie je nach Entwicklungsstufe den Äther- oder Lebensleib, den Astral- oder Seelenleib bzw. das Ich als ihr unterstes «Wesensglied». Im Unterschied zum Menschen besitzen sie keine Freiheit. Positiv ausgedrückt heißt das, sie sind gleichsam fest verwurzelt in den geistigen Idealen, denen sie dienen, und kennen darin keine Unsicherheit und keinen Zweifel.

Was Steiner als eine Art göttlichen Kosmos vor seinen Zuhörern in zahlreichen Vorträgen entwirft, ist eine moderne Angelologie, eine Engelkunde. Während Darstellungen der Engel früher fast ausschließlich in einem religiösen, meist konfessionellen Zusammenhang standen, ist dies bei Steiner anders. Auch seine Aussagen über die Ordnungen der Engel, wenn sie auch in Anknüpfung an ältere Darstellungen und deren Begrifflichkeit erfolgen, stellen seinem Selbstverständnis nach Ergebnisse geisteswissenschaftlichen Forschens dar. Diese Tatsache sowie die andere, dass die Wesen der Engel-Hierarchien, ja Christus selbst als in Entwicklung begriffen gedacht werden, machen Steiners Aussagen nicht nur für die herkömmliche Wissenschaft, sondern auch für die Kirchen schwer akzeptabel.

An seine Engel-Darstellungen gleichsam nach unten hin anschließend, finden sich bei Steiner zusätzlich anschauliche Schilderungen sogenannter «Elementarwesen»: Gnome, Undinen, Sylphen und Salamander. Diese bilden eine Art inneren Aspekt der vier klassischen Naturreiche des Irdisch-Mineralischen, des Wässrigen, des Licht- und Luftartigen sowie der Wärme oder des Feuers. Was im älteren christlichen Kontext außerdem als widersetzliche geistige Mächte (Luzifer, Satan, der «Fürst dieser Welt») geschildert wird, findet zum Teil bei Steiner klar umrissene, ja pointiert beschriebene Entsprechungen. Die von ihm dargestellten «Widersacher» führen den Menschen einerseits durch Illusionen über sich selbst in Versuchung (Luzifer). Andererseits leiten sie ihn durch irrtümliche Anschauungen über die Welt in die Irre (Ahriman). Menschliche Defizite wie Illusion, Irrtum und Lüge erscheinen bei Steiner von geistiger Seite betrachtet als die Folgen verführender Äußerungen engelsähnlicher Gegengeister, die den Menschen in seiner Selbsterkenntnis bzw. in der Erkenntnis der Welt von der Wahrheit abbringen.

Ahriman wird dabei als derjenige Geist verstanden, der sozusagen «Herr der Materie» ist und außer dieser nichts erkennt und anerkennt. Er stürzt den erkennenden Menschen in die entsprechenden Irrtümer über die Wirklichkeit der Welt und bindet den handelnden Menschen an ausschließlich irdische Ziele. Er redet ihm gleichsam ein, die Welt bestehe nur aus physischer Materie, alles andere sei Schwärmerei und Schimäre.

Luzifer hingegen führt den Menschen von der Erde weg. Seine Geistigkeit erhebt diesen über irdische Belange und Aufgaben und verführt ihn zu jenseitigem Selbstbezug und Verachtung der Erde.

Annäherung III – Anthroposophie als Lehre von Karma und Reinkarnation

Während von der herrschenden Evolutionstheorie die Entstehung von Mensch und Naturreichen als die Folge dominanter Entwicklungsprinzipien gedacht wird, kennt der christliche Schöpfungsmythos Gottvater als den die Welt hervorbringenden Schöpfer. In beiden Konzepten – dem biologischen Evolutionismus und dem Kreationismus – entspricht der Entstehungsvorgang der Welt gängigen Zeitvorstellungen: aus der Vergangenheit in die Zukunft, sozusagen von hinten nach vorne wirkende Kausalität bzw. Finalität.

In Steiners Denken tritt etwas anderes hinzu. Mehrfach gebraucht er das Bild des Menschen «als Gedanke der Götter». In einer von ihm erläuterten Existenzform vor dem Entstehen der Zeit besteht der Mensch als lebendige Geistwirklichkeit, als «Urbild» oder «Idee». Der Mensch als «Göttergedanke» wird stufenweise in Raum und Zeit verkörpert und verwirklicht. Diese seine Verkörperung erfolgt nach Maßgabe der Gesetze, die für Raum und Zeit gelten, so auch im Sinne der Kausalität, der zufolge frühere Ursachen spätere Wirkungen herbeiführen. Was dabei allerdings als «Ur-Sachen» wirksam wird, das wird so gedacht, dass es gleichsam aus einem jenseits der Zeit befindlichen Bereich, in dem die späteren Geschöpfe der Erde als Göttergedanken oder «Urbilder» leben, stammt und in die raumzeitliche Abfolge und Wirksamkeit einstrahlt. Das Prinzip, dem das angedeutete Entwicklungsgeschehen folgt, ist das der Verkörperung eines Geistigen in leiblicher Substanz. Beide zusammen als Einheit bilden die «Wirklichkeit».

Der Mensch, der sich nach Steinerschem Verständnis im Verlauf der angedeuteten planetarischen Stufenfolge herausgebildet hat, nimmt seine weitere Entwicklung durch den vierten planetarischen Zustand, den der eigentlichen Erde. Auf dieser werden die zuvor durchlaufenen Phasen in gewisser Weise wiederholt: Mensch und Erde treten zunächst erneut als differenzierte Wärmewesen auf, weiter als gasförmige Wesen (Licht und Luft) unter Beibehaltung der Wärme und schließlich als Wesen nebelartiger, später wässriger Konsistenz, Wärme, Licht und Luft in sich einschließend.

Erst im Anschluss an diese Wiederholungen bildet sich der eigentliche Erdzustand heraus mit dem Auftreten mineralischer Substanz. Das Eingliedern des Mineralischen in Erde, Mensch und Natur erfolgt stufenweise in sich steigernden Graden von Dichte und Körperlichkeit. Zugleich bildet der dicht gewordene, mit materieller Substanz erfüllte physische Körper des Menschen die Grundlage für das Auftreten des Ichbewusstseins. Mit den vorhergehenden andersartigen Substanzverhältnissen gehen andere Bewusstseinszustände einher. Der physische Leib bildet die Voraussetzung für die «Inkarnation» der menschlichen Individualität. Mit dem Wort «Inkarnation» oder «Fleischwerdung» wird zugleich angedeutet, dass das sich verkörpernde Ich des Menschen nach Auffassung Steiners mit dessen Tod nicht vergeht, sondern einem Prozess abwechselnder Inkarnationen und Exkarnationen unterliegt. Ich oder Individualität des Menschen, so Steiner, bewegen sich innerhalb eines langen Entwicklungszeitraums von Inkarnation zu Inkarnation, von Verkörperung zu Verkörperung. Zu welchen Zeiten, in welchen Abständen und unter welchen Umständen die Verkörperungen auf der Erde stattfinden, das ergibt sich aus dem Schicksal oder «Karma» des Menschen. Gemäß der Idee des Karma, wie Steiner sie fasst, bilden sämtliche Verhältnisse, in die der Mensch mit seiner Geburt eintritt und die infolgedessen die Ausgangsbedingungen seiner künftigen Biografie darstellen, die Folgen und Auswirkungen von Taten und Erfahrungen früherer Inkarnationen.

Auch das Allermeiste dessen, was dem Menschen im Verlauf seines aktuellen Lebens begegnet, was er zudem an Stärken und Fähigkeiten, an Schwächen und Defiziten mitbringt, steht in engem Zusammenhang mit Geschehnissen zurückliegender Verkörperungen auf der Erde. Zugleich jedoch dürfen derartige Zusammenhänge nicht allzu einfach gedacht werden, sollen sie Steiners Auffassung vom Wirken des Karma entsprechen. In das karmische Geschehen spielen andere Gesetze und Faktoren hinein, die ein menschliches Leben sowie die Zusammenhänge aufeinanderfolgender Leben vielschichtig und kompliziert machen. Am ehesten können diese im Sinne einer bewegten künstlerischen Gestaltung verstanden werden. In den Steinerschen Darstellungen karmischer Verhältnisse lassen sich zwar bestimmte wiederkehrende Gesetzmäßigkeiten erkennen, zum Teil werden solche auch von ihm benannt. Es bedarf jedoch immer der konkreten einzelnen Schilderung, um die individuellen Zusammenhänge angemessen zu erfassen. Starre programmatische Abläufe, die unabhängig vom einzelnen Schicksal verlaufen und womöglich im Vorhinein festgelegt sind, gibt es nach Steiners Verständnis nicht. Die Schicksalsverhältnisse zwischen den einzelnen Inkarnationen sind letztlich so allgemeiner bzw. individueller Natur, wie die einzelnen menschlichen Lebensläufe allgemeine oder individuelle Züge tragen. (Zu einem Aspekt des Themas der 3. Vortrag in diesem Band, «Empfindungen für das Karma gewinnen».) Abschließend sei erwähnt, dass sich das Verständnis der Steinerschen Begriffe von Karma und Reinkarnation insofern von demjenigen aus dem alten indischen Kulturzusammenhang unterscheidet, als es bei Steiner nicht darum geht, das «Rad der Wiedergeburt» und damit das Dasein auf der Erde zu verlassen. Aus seiner Sicht geht es umgekehrt darum, immer neue bereichernde Erfahrungen auf der Erde zu machen und die Erde selbst im

Sinne des so ständig reicher werdenden Weltverständnisses zu gestalten und zu vervollkommnen.

Im Sinne des Steinerschen Anspruchs, die entsprechenden Zusammenhänge mit geistigen Mitteln erforscht zu haben, ist es naheliegend und konsequent, dass auch die Fortexistenz des Menschen in ihren Wandlungen nach dem Tod und vor einer neuen Geburt ein zentrales Thema seiner Forschungen bildet. (Die Vorträge zwei und vier, «Umstülpungen im Wesen des Menschen» sowie «Was hat die Geisteswissenschaft über Leben, Tod und Unsterblichkeit der Menschenseele zu sagen?» handeln davon.) Steiners Grundaussage ist auch hier wieder: Verlauf und Wandlung des menschlichen Lebens nach dem Tod können erforscht und erkannt werden. Sie müssen nicht Glaubenssache bleiben.

Auf der Grundlage der bisherigen Ausführungen zum Welt- und Menschenverständnis Rudolf Steiners mag deutlich geworden sein: ein so spezifisches Menschenbild wie das seine, beinhaltet, ja fordert geradezu eine in vieler Hinsicht andere Medizin, andere Pädagogik, andere Verständniskonzepte von Kunst, Gesellschaft, Religion und Wissenschaft. Ähnliches gilt für das hier nicht weiter erwähnte Verständnis Steiners von Natur und Erde im Hinblick auf Konzept und Praxis von Landwirtschaft, Ökologie, Ernährung. Es überschreitet den Rahmen dieser Einführung, die vielfältigen Anregungen für die Praxis einzelner Lebensfelder und Wissenschaftsbereiche hier anzufügen, die Steiner in seinem schriftlichen und Vortragswerk vermittelt. In zahlreichen Darstellungen seines Gesamtwerks als auch in vielen Werken der Sekundärliteratur werden entsprechende Aspekte ausführlich behandelt. (Zwei Vorträge in diesem Band widmen sich Aspekten des Steinerschen Sozialverständnisses: der 5. Vortrag, «Wie kann die seelische Not der Gegenwart überwunden werden?» sowie der 6. Vortrag, «Grundbedingungen des sozialen Lebens».)

Hier soll abschließend der Steinersche Erkenntnis- und Wissenschaftsansatz betrachtet werden. Dieser bildet den Hintergrund, vor dem Rudolf Steiner die von ihm entwickelte Anthroposophie als «Geisteswissenschaft» bezeichnet und im Verlauf seines Vortragswerks häufig und nachdrücklich von «Untersuchungen», «Mitteln», «Ergebnissen» der «Geistesforschung» spricht.

Annäherung IV – Anthroposophie als teilnehmende Erkenntnis

Was der Mainstream der gegenwärtigen Naturwissenschaft systematisch aus seinen Erkenntnisvollzügen ausklammern muss, um zu Ergebnissen zu gelangen, ohne das kommt die Geisteswissenschaft Steiners nicht aus.

Es geht um den lebendigen inneren Mitvollzug dessen, was erkannt werden soll, um eine auf Einfühlung und Teilnahme gestützte Erkenntnishaltung, um ein ethisch-moralisches Verhältnis des Erkenntnis Suchenden zu seinem Gegenüber. Ohne ein derartiges aktiv gestaltetes Verhältnis und ohne persönlichen Mitvollzug kann die Naturwissenschaft durch die von ihr eingenommene Außenperspektive Lebendiges als Totes und lebende Personen als maschinenähnliche Konstrukte begreifen. Dieser Verzicht ermöglicht es ihr, jene Aspekte des Daseins zu beschreiben, die Mensch und Natur als physischen Wesen eigen sind, außer Acht lassend, inwiefern die von ihr untersuchten Wesen lebendig, beseelt und mit geistigen Fähigkeiten begabt sind.

Jene Erweiterung der Erkenntnismittel durch innere Anteilnahme und Beteiligung, die Rudolf Steiner seinerzeit als möglich und nötig erkennt, erfährt gegenwärtig eine in den Grundzügen verwandte Entsprechung in manchem, was «vor allem in den hermeneutischen Wissenschaften [den Wissenschaften vom menschlichen Verstehen, NR], in den interpersonal und psychodynamisch orientierten Psychotherapieverfahren, aber auch in Goetheanischen oder vergleichbaren Formen von Naturerkenntnis kultiviert wird.»[1]

«Dabei geht es nicht um eine von jeder Subjektivität gereinigte Erkenntnis, sondern um einen inneren Mitvollzug, eine Nachbildung des Wahrgenommenen durch Mimesis, Einfühlung und Verstehen.»[2]

Angesichts maßgeblicher Forschungsergebnisse und Entwicklungen auch auf Seiten der Universitätswissenschaften scheint der alte Grundsatz zunehmend an Aktualität zu gewinnen, dass Leben nur aus Lebendigem, Seelisches nur aus Seelischem und Geistiges nur aus Geistigem entstehen und vom jeweils Entsprechenden auch nur wahrgenommen werden könne. So wird zunehmend von namhafter naturwissenschaftlicher Seite erkannt, dass Leben durch Reduktion auf Chemie und Physik nicht eigentlich erfasst werden kann. Dasselbe gilt für seelische Phänomene, die auf hormonelle Vorgänge zurückgeführt werden sowie für geistige oder Bewusstseinsphänomene, denen weiterhin vielfach eine eigenständige Realität abgesprochen wird und die stattdessen auf neuronale Prozesse reduziert werden.

Zwar ist zum Beispiel die moderne Biologie noch weit davon entfernt, ihre externe Betrachterperspektive aufzugeben. «Noch wird händeringend nach Möglichkeiten gesucht, von den genetischen und molekularen Vorgängen zu einem Verständnis ihrer Bedeutung für die Lebewesen zu gelangen. Doch wird immer deutlicher, dass erst vom lebendigen Organismus in seiner Umwelt aus eine Deutung der biologischen Funktionen möglich wird.»[3]

Wenn nun «Leben nur von Lebendigem, und Personen nur von Personen wahrgenommen werden können, dann bedeutet dies, dass für diese Wahrnehmungen der *Mitvollzug* essenziell ist: im einen Fall die Teilnahme an einer *gemeinsamen Lebensform,* im anderen Fall auch die Teilnahme an einer *gemeinsamen geistigen Welt,* nämlich durch das Vermögen der Intentionalität, vermittels dessen sich Personen gemeinsam auf ein Drittes richten. Dadurch erkennen sie auch einander als geistbegabte, intentionale Lebewesen – eben als Personen. Hier gilt also, dass man nur erkennen kann, womit man in einer gelebten Beziehung steht. Daraus ergeben sich andere, teilnehmende Erkenntnishaltungen ...» [4] In der Folge hört für jene Wissenschaftszweige, die sich um eine derartige Haltung bemühen, der Erkenntnisgegenstand auf, purer *Gegenstand* zu sein, und dies gleich in mehrfacher Hinsicht. Zum einen modifiziert sich das klassische Subjekt-Objekt-Verhältnis ganz erheblich, sobald für die Annäherung an das Objekt, das Entgegen-Stehende gilt, was über Einfühlung und Mitvollzug gesagt wurde. Zum anderen werden dessen lebendige, seelische und geistige Komponenten nicht mehr ohne Weiteres reduziert auf physikalisch-chemische Größen, sondern, wenn schon nicht gleich in tieferem Sinne erkannt, so doch bemerkt und anerkannt als eigenständige konstitutive Größen. Und Steiner ist es nun dezidiert zu tun um die *wissenschaftliche Erkenntnis* dieser Elemente, sprich um die Erkenntnis des Seelischen als ursprünglich und ganz und gar Seelisches, die Erkenntnis des Geistigen als ursprünglich und ganz und gar Geistiges.

Einen Zusammenhang aufgreifend, der für ihn maßgeblich ist, der jedoch dem zeitgenössischen Bewusstsein verloren gegangen ist und ihm daher abseitig erscheinen mag, formuliert Steiner Fragen, die für ihn selbst als Erkenntnis Suchenden zu den zentralen gehören dürften, was Erkenntnis betrifft. Er spricht dabei über eine Erkenntnishaltung, wie sie ihm zufolge in den vorchristlichen Mysterienschulen der Römer, Griechen und anderer Völker selbstverständlich war, den wissenschaftlichen und philosophischen Erkenntnisbemühungen seiner eigenen Zeit jedoch bereits verloren gegangen ist.

«Was heute als Anschauung über Erkenntnis existiert, was als Beantwortung einer tief philosophischen Frage überall gegeben wird, ist gerade das Gegenteil von dem, was der Grundnerv der ganzen Gesinnung und Anschauung in den Mysterien war. Heute fragt der Mensch im kantischen oder schopenhauerischen Sinne:[5] Wo liegen die Grenzen der Erkenntnis? Was kann der Mensch erkennen? Wir brauchen nur ein Zeitungsblatt in die Hand zu nehmen und werden immer auf die Antwort stoßen: Da und dort liegen die Grenzen des Erkennens und darüber kann der Mensch nicht hinaus. Das ist genau im Gegensatz zu dem, was in den Mysterien gewollt wurde. Gewiss, man sagte sich, der Mensch kann nicht dieses oder jenes Problem lösen, kann nicht da oder dort hineinschauen. Aber nie hätte man im Sinne einer kantischen oder schopenhauerischen Erkenntnistheorie gesagt, dies oder das kann man nicht erkennen; sondern man hätte gesagt, man muss daran appellieren, dass der Mensch entwicklungsfähig ist, dass Kräfte in ihm liegen, die schlummern, die hervorgeholt werden müssen; und wenn sie hervorgeholt werden, dann steigt der Mensch zu einem höheren Erkenntnisvermögen auf. Die kantische Frage: Wo liegen die Grenzen der Erkenntnis? hätte für die alte Mysterienanschauung keinen Sinn gehabt, sondern allein die Frage: Wie macht man es, um das, was im gewöhnlichen Leben die Grenzen des Erkennens sind, zu überschreiten? Wie sucht man tiefere Kräfte aus der Menschennatur herauszuentwickeln, um das zu schauen, was man mit den gewöhnlichen Kräften nicht schauen kann?»[6]

Die hier zum Ausdruck kommende Haltung in Bezug auf Erkenntnis könnte man mit einem modernen Begriff als ressourcenorientiert bezeichnen. Diese Erkenntnishaltung postuliert nicht unverrückbare Erkenntnisgrenzen, indem sie die einmal gewonnenen Erkenntnisse festschreibt und absolut setzt. Sie bewahrt vielmehr grundsätzliche Offenheit und Bereitschaft, bislang Unerkanntes der Erkenntnis zugänglich zu machen. Und sie fragt nach Möglichkeiten und Wegen, die aus der Vergangenheit stammenden Erkenntnisgrenzen durch Erweiterung der Mittel zu überschreiten. Diese Haltung erhält sich eine prinzipielle Offenheit, was die Erkennbarkeit der Welt betrifft, ohne zugleich in Naivität zu verfallen. Keineswegs behauptet sie nämlich, mit den einmal entwickelten Erkenntnismitteln seien sämtliche offenen Fragen zu beantworten und Erkenntnisse zu gewinnen. Sie vermeidet einerseits Absolutheitsansprüche, was die aktuellen Erkenntnismittel betrifft, baut aber andererseits auf deren Ausbaufähigkeit und Verwandelbarkeit.

Wie sieht bei Rudolf Steiner konkret aus, was hier charakterisiert wurde? Während die moderne Wissenschaft ihren Objekten gegenüber auf distanziertem Beobachterposten verharrt und seelisch-moralische Qualitäten wie interessierte Anteilnahme, liebevolle Zuwendung, verständnisvolle Einfühlung u.a. ausschließt, bilden diese bei dem von Steiner erweiterten Wissenschaftsverständnis eine entscheidende Voraussetzung. Eine nennenswerte Erkenntnis ist, so Steiner, in Bezug auf die von ihm untersuchten Sachverhalte unmöglich, wenn die zugrunde liegende Erkenntnisstimmung von seelischer Distanz und Kälte geprägt wird. Im Gegenteil bilden eine gewisse seelische Innigkeit und Anteilnahme geradezu die Voraussetzungen, unter denen Erkenntnis lebendiger, seelischer und geistiger Phänomene überhaupt nur stattfinden kann.

Die moralischen Bedingungen erweiterter Erkenntnis werden von Steiner in einer Stufenfolge von Übungen insbesondere in seinem Werk *Wie erlangt man Erkenntnisse der höheren Welten?*

dargestellt. Es handelt sich dabei unter anderem um seelische Qualitäten wie Gelassenheit, Gedankenklarheit, Unvoreingenommenheit, Verehrung von Wahrheit und Erkenntnis, innere Ruhe, die Fähigkeit, Wesentliches von Unwesentlichem zu unterscheiden, die Selbstreflexion eigenen Tuns und Handelns, Geduld sowie beschauliches Nachdenken (Meditation).

Wird das menschliche Erkenntnisleben mit derartigen seelischen Eigenschaften systematisch durchsetzt und bereichert, so hat dies weitreichende Folgen. Diese bestehen wesentlich in einer Befähigung zu subtilerer Wahrnehmung und feinerer Ideenbildung, als sie dem gewöhnlichen Bewusstsein möglich sind. Die Erkenntnisform wandelt sich und wird tendenziell eine andere:

«Das Subjekt der Erkenntnis ist der Möglichkeit nach, was das Objekt ist, und erkennt, indem es selbst wird, was das Erkannte ist.»[7]

Eine solche Art der Höherqualifizierung des Erkenntnisvermögens, von Steiner als «Schulung höherer Erkenntnisfähigkeiten» beschrieben, bildet nach seiner Aussage die Grundlage sämtlicher anthroposophischer Darstellungen von Mensch und Erde, Engelwelt und Wiederverkörperung, Wesen und Existenzform der Verstorbenen, Schicksalsbildung zwischen Tod und nächster Geburt.

Der entsprechende «Schulungsweg» wird von Steiner in Vorträgen und Schriften ausführlich dargestellt und entwickelt. (Siehe dazu die Vorträge «Wie können Erkenntnisse des Überphysischen gewonnen werden?» und «Erkenntnisarten des Nichtsinnlichen und ihre Schulung», in diesem Band.) Im Zuge der Ausbildung entsprechender Qualitäten wird das anfänglich gegebene Erkenntnisvermögen umgestaltet und erweitert. Es findet eine Art Kultivierung der zunächst durch Bildung und Sozialisierung gegebenen Erkenntnismittel statt. Diese

Kultivierung bringt bei entsprechender Übung mit sich, dass sich dem Übenden drei neue Erkenntnisstufen erschließen. Steiner nennt sie Imagination, Inspiration und Intuition. Alle drei zeichnen sich dadurch aus, dass der jeweilige Erkenntnisvollzug nur bei vollem, klarem Bewusstsein stattfinden kann. Alle drei gewähren, so Rudolf Steiner, Zugang zu Bereichen der Wirklichkeit, die den herkömmlichen Erkenntnismitteln verschlossen sind.

Zum Verständnis: Im Zusammenhang mit Steiners Menschenbild wurde von Lebensleib, Seelenleib sowie von dem Ich des Menschen als dessen identitätsstiftendem geistigem Wesensanteil gesprochen. Steiner zufolge bilden die zugrunde liegenden Qualitäten des Lebendigen (Ätherischen), des Seelischen (Astralischen) sowie des Geistigen drei eigenständige Grundbausteine der Welt neben dem Physisch-Mineralischen. Diese vier Grundbestandteile der Welt stehen in mannigfaltigen Wechselverhältnissen untereinander und können, so Steiner, mithilfe entsprechend geschulter Erkenntnismittel alle auch unter dem Aspekt beobachtet werden, wie sie sich auf den drei benachbarten Feldern äußern. Eine auf der physischen Ebene stattfindende Handlung kann daraufhin untersucht werden, wie sie sich in ätherischer, seelischer und geistiger Hinsicht ausnimmt. Eine seelische Regung kann unter dem Gesichtspunkt betrachtet werden, welche Symptome sie im physischen Leib, im Lebensleib und in geistiger Hinsicht hervorbringt. Die gegenwärtig maßgeblichen Wissenschaften studieren die Welt, so betrachtet, unter dem Gesichtspunkt, wie sich Geistiges, Seelisches und Leben in physischer Hinsicht manifestieren und auswirken. Zugleich gehen sie bis heute im Wesentlichen von der Annahme aus, die Steiner für überholt hält, diese drei seien nichts anderes als Folgeerscheinungen und Funktionen der physischen Grundlage.

Nach Steiners Verständnis bilden Imagination, Inspiration und Intuition erweiterte Erkenntnisarten, welche es möglich machen, die Welt unter dem Aspekt ihrer Äußerungen im Lebendigen (Imagination), Seelisch-Astralischen (Inspiration) und Geistigen (Intuition) zu erschließen.

Am Rande sei vermerkt, dass die landläufige Verwendung der Begriffe Inspiration, Intuition, intuitiv usw. nur entfernt dem entspricht, was Steiner meint, wenn er von Erkenntnisvorgängen spricht, die sich auf überphysische Dimensionen beziehen.

Mit seinem Erkenntnisbegriff geht Steiner über ein Wissenschaftsverständnis hinaus, das sämtliche Tatsachen der Welt auf ihren physischen Kontext reduziert und in diesem zu erfassen bestrebt ist. Ein Verständnis von Wissenschaft, das darüber hinaus weitgehend von der Annahme ausgeht, die Wirklichkeit der Welt sei in diesem Rahmen hinreichend erfasst. Alles andere erschließe sich, wenn überhaupt, auf der Grundlage von Glaubenssystemen und sei in wissenschaftlichem Sinne nicht erkennbar. Dieses Grundaxiom teilt Steiner in keiner Weise. Dass er nachdrücklich einen naturwissenschaftlich geprägten Wissenschaftsbegriff für seine Forschungen in Anspruch nimmt, liegt ausschließlich in Grundqualitäten methodischer Art begründet und bezieht sich nicht auf inhaltliche Annahmen, die gegenwärtiger Wissenschaft oft unausgesprochen zugrunde liegen, wenn sie zum Beispiel von einer Vorrangstellung des Physisch-Materiellen gegenüber Leben, Seele, Bewusstsein und Geist ausgeht. Oder auch, wenn sie davon spricht, physische Materie bilde den Ausgangspunkt jeglicher Entstehung von Lebensformen, von seelischen, geistigen und Bewusstseinsphänomenen. Steiners Bezug ist gänzlich methodischer Art. Er beansprucht für die Vorgehensweise seiner Forschung dieselben Qualitäten, welche als die herausragenden Errungenschaften der neuzeitlichen Naturwissenschaften bezeichnet werden können wie Klarheit und Logik hinsichtlich Gedankenführung und Vorgehen, Nachvollziehbarkeit des beschrittenen Weges und Überprüfbarkeit der gefundenen Ergebnisse.

Nothart Rohlfs

Wie können Erkenntnisse des Überphysischen gewonnen werden?

Helsinki, 12. April 1912

Wer in unserer Gegenwart von Okkultismus spricht, muss gewärtig sein, dass sehr vieles von dem, was er zu sagen hat, aufgenommen wird als nicht nur etwa eine Summe von gewagten Hypothesen, sondern vielleicht sogar als Träumerei, als Phantasterei. Und wenn in einer Seele, welche im Bildungsleben und vielleicht im wissenschaftlichen Leben der Gegenwart steht, sich Widerspruch regt zunächst gegen mancherlei von dem, was in der Betrachtung dieses Abends zu sagen sein wird, so bitte ich in Bezug darauf die Versicherung entgegenzunehmen, dass zu denen, die einen solchen Widerspruch, wie er sich regt in den Herzen der Gegenwart, voll verstehen können und begreiflich finden können, ganz gewiss ich selber gehöre. Vorerst möchte ich auf das hinweisen, was gemeint ist, wenn heute gesprochen werden soll von Okkultismus und von jenen Forschungsmethoden, welche zu den Ergebnissen des Okkultismus führen und die man zusammenfassen kann in dem Wort Initiation. Denn im Grunde genommen ist unter Initiation nichts anderes zu verstehen als die Summe aller derjenigen Verrichtungen, welche der Mensch zu vollbringen hat, wenn er zu den Ergebnissen des Okkultismus kommen will. Nun meine ich unter Okkultismus hier nicht all das Verschiedene, das unter diesem Namen in der Gegenwart da oder dort verbreitet wird, sondern ich meine jene ganz bestimmten, sich im Grunde den wissenschaftlichen Denkweisen und logischen Forderungen der Gegenwart fügenden Ergebnisse einer Art von Geisteswissenschaft. Ich meine alles das, was sich unter diesem Namen und unter dem eben erwähnten Gesichtspunkt hereinstellen will an Erkenntnissen in das Gegenwartsleben, an solchen Erkenntnissen, welche Dinge betrachten, von denen es unzweifelhaft gelten muss, dass gewöhnliche Wissenschaft, gewöhnliches Erkennen zu ihnen nicht führen kann. Was von diesem Gesichtspunkte aus heute in der Literatur seinen Einzug hält, ist nur allzu leicht geeignet, recht sehr den Widerspruch mancher unserer Zeitgenossen hervorzurufen, so hervorzurufen, dass man dagegen sagt: Was ist das alles, was da auftritt und Erkenntnisse bieten will über ein übersinnliches Leben, über übersinnliche Tatsachen, was ist das alles, wenn man es vergleicht mit den auf so strenger, gewissenhafter Forschung beruhenden Ergebnissen der gegenwärtigen Wissenschaft! – Die Erkenntnisse, die da auftreten und die ich meine, sind vor allen Dingen diejenigen, welche hinausführen über das mit den Sinnen Wahrnehmbare und das durch den gewöhnlichen, an das Instrument des Gehirns gebundenen Verstand Erkennbare, was hinausführt über das innerhalb von Geburt und Tod Erlebbare, was hinausführt in diejenigen Regionen, welche der Mensch betritt, wenn er durch die Pforte des Todes schreitet. Und die Ergebnisse, zu denen diese Geisteswissenschaft oder, sagen wir auch, dieser Okkultismus kommt, sie sprechen so von einer Entwickelung des eigentlichen geistigen Wesenskernes im Menschen, dass, wenn der Mensch durch die Pforte des Todes schreitet, dieser geistig-seelische Wesenskern übergeht in eine übersinnliche, in eine geistige Welt, dass er aus dem Leben, das er geführt hat zwischen Geburt und Tod innerhalb des physischen Leibes, gewisse Kräfte mitnimmt, aus denen er sich in Verbindung mit anderen rein übersinnlichen Kräften und Mächten in einer Zwischenzeit, die da verläuft zwischen dem Tod und einer neuen Geburt, die Fähigkeiten, die Kräfte aneignet, durch die er als geistig-seelischer Wesenskern sich verbindet mit dem, was als physisches Erbstück gegeben wird innerhalb der physischen Vererbung, was also abstammt von Vater und Mutter und von den Vorfahren überhaupt, was sich also mit diesen rein physischen Substanzen und Kräften verbindet und erst den ganzen Menschen gibt.

Sie erkennen daraus, dass die Ergebnisse dieser Forschung sprechen müssen von einer solchen Entwickelung des geistig-seelischen Wesenskernes des Menschen, die durch wiederholte Erdenleben führt, die da spricht von Wiederverkörperung, von wiederholten Erdenleben und die auch spricht davon, dass das, was wir an inneren Fähigkeiten erleben, die in einem Leben aus unserer Seele hervorsprießen, ja was wir sogar erleben an Schicksalsschlägen, dass das in einer gewissen Weise die Ergebnisse sind von dem, was wir uns in früheren Erdenleben zubereitet haben, und dass wiederum dasjenige, was wir in diesem Erdenleben durchleben, erfahren, an Fähigkeiten uns aneignen, hindurchgeführt wird durch die Pforte des Todes und verarbeitet wird in einer übersinnlichen, rein geistigen Welt, um, wenn es reif verarbeitet ist in dieser geistigen Welt, neuerdings einzutreten in ein neues Erdendasein auf die geschilderte Weise. Schon diese Erkenntnis ist etwas, was den Menschen der Gegenwart abenteuerlich berühren kann. Dazu kommen dann die Dinge, welche auf Grundlage dieser Geisteswissenschaft das übersinnlich zu dem sinnlichen Wesen des Menschen Hinzugehörige seiner Natur erklären wollen, diejenigen Dinge, die erklären wollen, dass der Mensch außer jenem physischen Leib, den wir mit unseren äußeren Sinnen wahrnehmen, noch einen übersinnlichen Träger hat, den man auch in einer gewissen Weise mit den Mitteln der Geisteswissenschaft durchschauen kann und den man eben als geistig-seelischen Wesenskern erkennt, der die charakterisierten Schicksale durch die wiederholten Erdenleben durchmacht. Ja, sogar das findet man in der Literatur dieser Geisteswissenschaft, dass auf frühere Zustände unseres Menschenlebens in längst verflossenen Epochen des Erdendaseins hingewiesen wird, dass sogar in einer auf Geisteswissenschaft fußenden Weise hingewiesen wird auf Zustände im Kosmos, die sich zugetragen haben, als die Erde noch nicht als der gegenwärtige Planet vorhanden war – dass also hingewiesen wird auf Zustände, die sich vor unserem Erdenleben abgespielt haben. Auf die Entwickelung also des kosmischen Lebens selber, auf die Umgestaltung unserer Erde und anderer Himmelskörper wird hingewiesen. Von den Methoden dieser Wissenschaft aus muss man auf der einen Seite zugeben, dass, falls sich über diese Dinge irgendwie etwas erkennen lässt, diese Erkenntnisse zu demjenigen gehören, was am aller-, allertiefsten das Leben des Menschen berühren muss, weil es zusammenhängt mit dem, was der Mensch eigentlich seiner tiefsten Natur und Wesenheit nach ist. Und auf der andern Seite wiederum muss darauf hingewiesen werden, dass gerade vom Standpunkt unserer gegenwärtigen, sagen wir, Naturerkenntnisse aus eine berechtigte Skepsis gegen die Möglichkeit eines Wissens auf diesem Gebiete sich erhebt.

Die nächste Frage, die gegenüber solchen Forschungsergebnissen aufgeworfen werden kann, ist eben die, die uns am heutigen Abend beschäftigen soll. Sie ist ja keine andere als die allzu berechtigte: Auf welchen Wegen kommen denn diejenigen, die solche Angaben machen, die solche Behauptungen tun, zu ihren Ergebnissen? Wie machen sie es? Denn dass man mit der gegenwärtigen Wissenschaft über diese Dinge nichts wissen kann, dass man mit denjenigen Methoden, welche wahrhaftig niemand mehr als gerade der gewissenhafte Geisteswissenschafter bewundern kann, trotz ihrer Gewissenhaftigkeit und Sicherheit, trotz ihrer inneren Logik nicht in jene Gebiete eindringen kann, darüber braucht ja nicht weiter gesprochen zu werden. Wenn aber diese Frage aufgeworfen wird, so kann sich für die menschliche

Seele sogleich eine andere ergeben. Angesichts einer gewissen Tatsache kann sich die Frage ergeben: Da es nun doch einmal unzweifelhaft ist, dass in jedem Menschenherzen, in jeder Menschenbrust eine tiefe Sehnsucht ist nach einem Wissen von solchen Dingen, wie kommt es denn, dass der Mensch gerade durch die gewissenhafteste Forschungsmethode abgeschlossen erscheint von der Welt, in die er da hineinblicken möchte? Wenn man sich diese Frage unbefangen vorlegt, dann kommt man sehr bald zu dem Ergebnis, dass der Mensch ja eigentlich nur eine gewisse Art von Tatsachen verstehen kann, denen er in einer ganz bestimmten Weise gegenübersteht. Im Grunde genommen kann der Mensch nur das verstehen, wovon er weiß, wie es entsteht, wie es wird. Er kann nur das verstehen, an dessen Schöpfung er in einer gewissen Weise erkennend sich beteiligen kann. Nur das kann der Mensch verstehen, bei dessen Schöpfung er in einer gewissen Art anwesend zu sein vermag. Wenn der Mensch aber den Blick auf das richtet, was ihn in der Natur umgibt, auf das Wesen aller Naturreiche, dann muss er sich sagen: Ja, so wie sie sind, so wie sie fertig vor mich hingestellt sind, so kann ich sie mit meinen Sinnen überblicken, so kann ich sie dadurch erkennen, dass ich etwa ihre Gesetze erforsche durch Kombinationen meines Verstandes; aber in dem Augenblick, wo ich das Werden, wo ich die Entstehung ergreifen will, da versagt im Grunde genommen der Blick, der in die Dinge eindringen will. – Als fertige, als geschaffene Dinge treten den Menschen die Wesenheiten und Tatsachen der Naturreiche entgegen, und es scheint, als ob er zunächst nicht teilnehmen könnte an der Schöpfung des Geschaffenen.

Wenn der Mensch wiederum in sein Inneres blickt, überblickt das, was in seinem Seelenleben als Gedanken, Vorstellungen, Gefühle, Willensimpulse lebt, dann hat er damit eine mehr oder weniger reiche Innenwelt gegeben, eine Welt, deren Realität er wahrhaftig viel mehr noch erlebt als die Realität der äußeren Dinge, ja als die Realität dessen, was von ihm selber der Außenwelt angehört. Denn wer könnte es leugnen, dass mehr als die Realität der physischen und physiologischen Vorgänge, die in unserem Organismus ablaufen, für uns Realität, Wirklichkeit unsere Schmerzen und Leiden, unsere Triebe und Begierden, unsere Gedanken und Ideale haben, kurz, dasjenige, was vom Aufwachen bis zum Einschlafen innerhalb unseres Seelenlebens auf- und abwogt. Aber auch dann, wenn wir noch so sehr versuchen, Einblick zu halten in unser Seelenleben – wir sehen, wie sich dieses Seelenleben an der Außenwelt entzündet, wie das oder jenes uns ergreift, wie das oder jenes uns mit Sorgen, mit Freude erfüllt; aber an der eigentlichen Entstehung, an dem schöpferischen Prozess können wir auch da nicht teilnehmen. Und gerade wenn wir bedenken, wie uns eine Sache nur verständlich wird, wenn wir an dem schöpferischen Prozess teilnehmen, dann wird uns erklärlich, was uns durch die beiden angedeuteten Betrachtungsweisen versagt ist. Wir brauchen ja nur einen Blick auf das zu werfen, was unsere Phantasie hervorbringt, was wir schaffen durch das, was sozusagen in unserer eigenen inneren Macht steht, was wir formen nach unseren Gedanken und Idealen; wir brauchen uns auch nur an das zu erinnern, was dem Menschen heute schon zu durchschauen möglich ist durch seine Technik; an die Art und Weise, wie er die Naturkräfte kombiniert und wie ihm das, was er da empfindet als Teilnahme an dem Aufbauen, an dem Schaffen, an dem Werden, das Gefühl der befriedigten Einsicht hervorruft und wie er sich unbefriedigt fühlt, wie er sich wie vor einem Tor stehend fühlt, durch das er nicht eingelassen wird, wenn er die Dinge um sich herum und an sich erblickt, an deren Schaffungsprozess er nicht einmal Anteil haben kann.

Nun fragt es sich, ob es nicht doch möglich ist, in dasjenige, was wir eigentlich als die Werdeprozesse des Daseins empfinden, in die wir selbst hineingestellt sind, irgendwo einen Einlass zu finden, an dem Schöpferischen teilzunehmen? Es gibt ein Gebiet, bei dem wir unmittelbar wissen können, dass wir in einer gewissen Art an dem Schöpferischen teilnehmen, aber bei dem wir ebenso gut wissen, dass wir erkennend, beobachtend mit unserem gewöhnlichen Bewusstsein in den Schöpfungsprozess nicht hineinschauen können! Dasjenige, was hier gemeint ist, offenbart sich dem Menschen an jedem Tage, wenn er nur ein wenig nachdenkt über die sonderbaren Erscheinungen in der Abwechslung von Schlafen und Wachen. Diese Erscheinungen sind für den, der tiefer eindringen will in das Wesen des Lebens, von einer ungeheuren Bedeutung. Sie rufen dasjenige hervor, was wir ein Mysterium des Lebens nennen können; und wenn es dem gewöhnlichen Bewusstsein nicht auffällt, dass etwas so unendlich Bedeutungsvolles vorliegt in diesem Wechsel von Schlafen und Wachen, so rührt das wohl nur davon her, dass alles Gewohnte auf den Menschen die Stärke des Eindrucks verliert. Weil der Mensch einfach gewohnt ist, Schlafen und Wachen wechseln zu sehen innerhalb von vierundzwanzig Stunden, so empfindet er nicht mehr das ganz Bedeutungsvolle, das Große und Gewaltige, in das uns gerade diese alltägliche Erscheinung hineinweist. Wenn wir charakterisieren wollen, worin der Unterschied von Schlafen und Wachen liegt, so ist diese Charakteristik zunächst eine Trivialität, eine Selbstverständlichkeit, denn jeder Mensch weiß, dass sein Schlafzustand so eintritt, dass jene Erfüllung seiner Seele, die vom Aufwachen bis zum Einschlafen da ist, die sich zeigt in den auf- und abwogenden Gefühlen, Empfindungen, Trieben, Begierden und Leidenschaften, Vorstellungen und Idealen, schwindet, dass diese ganze Welt hinuntertaucht in das Dunkel, in die Finsternis des Unbewussten. Jeder Mensch ist aber auch überzeugt davon, dass an seiner Wesenheit auch in dem Zwischenzustand zwischen Einschlafen und Aufwachen fortgearbeitet wird, dass etwas geschieht, etwas geschieht, bei dem er nur nicht mit seinem Bewusstsein dabei sein kann. Das also, was man so über die Wechselzustände von Schlafen und Wachen sagen kann, ist gewiss eine Selbstverständlichkeit; aber wenn wir uns diese Selbstverständlichkeit denken, so werden wir gewahr, dass der Grund, warum sich hier unserem Wissen, unserer Erkenntnis ein Riegel vorschiebt, eigentlich nicht besonders ferne liegt. Wir müssen uns sagen, wenn wir diesen Wechsel von Wachen und Schlafen ins Auge fassen, dass im Grunde genommen unser ganzes bewusstes Tagesleben, unser ganzes Wachleben etwas sein muss wie ein Zerstörungsprozess, wie ein Auflösungsprozess von tieferen Vorgängen, die in unserem Organismus stattfinden. Ich kann hier nicht – denn das würde zu weit führen – eingehen auf die physischen, chemischen, physiologischen Prozesse, welche sich innerhalb der Erscheinung der Ermüdung abspielen; darauf kommt es jetzt nicht an. Das aber ist es, was jedem vor Augen treten kann: dass die Ermüdung etwas ist wie ein Abnützungs-, wie ein Zerstörungsprozess tieferer Kräfte, die in unserem Organismus arbeiten. Daraus kann sich uns ergeben, dass eigentlich unser waches Tagleben die Merkwürdigkeit an sich hat, dass es nicht an unserem Aufbau, nicht an unserer Schöpfung teilnimmt, sondern im Grunde genommen in seinem Ergebnis die Ermüdung zeigt, dass es uns im Grunde genommen fortwährend aufzehrt, auflöst. Tatsächlich ist das wache Tagleben ein Auflösungs-, ein Zerstörungsprozess, und jedem unbefangenen Beobachter drängt es sich eigentlich auf, dass der Schlaf der entgegengesetzte Prozess ist: ein schöpferischer Prozess, der das wieder herstellt, wieder in Ordnung bringt, wieder schafft, was der Wachprozess ertötet, verwelken lässt.

Nun ist es natürlich, dass wir gerade von diesem schöpferischen Prozess in uns, der während des Schlafes sich abspielt, nichts wissen können. Es ist ein schöpferischer Prozess, der an uns selber stattfindet, von dem wir aber doch nichts wissen können, weil wir unmittelbar, bevor dieser schöpferische Prozess eintreten muss, das Bewusstsein verlieren, wir also mit unserem Wissen nicht eindringen können, wenn ein schöpferischer Prozess an uns selber geschieht. Daraus ergibt sich aber unmittelbar, dass wir das, was in der Natur, in den Vorgängen der Welt ein Schöpferisches ist, ergreifen könnten, wenn es uns gelänge, unser Bewusstsein über den Zustand hinaus zu erhalten, bei dem es eben betäubt wird. In dem Augenblick, in dem der Mensch sein Schöpferisches in sich entwickelt, wird ihm sein Bewusstsein betäubt; er kommt in einen Zustand des Schlafes, der Bewusstlosigkeit. Und wir sehen daraus, dass die menschliche Wesenheit, so wie sie nun einmal gegenwärtig ist, so eingerichtet ist, dass dann, wenn der Mensch eindringen sollte in eine schöpferische Tätigkeit, die noch dazu an ihm selber stattfindet, er betäubt wird, sein Bewusstsein hinschwindet, dass er nicht Zeuge sein kann von dem schöpferischen Prozess. Wir haben also in derjenigen Tätigkeit innerhalb unseres Organismus, die sich als eine schöpferische erweist, etwas an uns selbst, in das wir nicht eindringen können, weil unser Bewusstsein davor betäubt wird, weil unserem Bewusstsein dieser Prozess eine Außenwelt bleibt. Es gibt keinen anderen Weg, zu einer Erkenntnis über die Dinge zu kommen, die hinter der Sinneswelt liegen, als wenn wir in die Lage kommen, über unser Bewusstsein hinauszukommen, einzudringen in einen schöpferischen Prozess, wie er sich an uns selber abspielt, oder wenigstens in einen ähnlichen Prozess.

Wo gibt es etwas in der Welt, das uns lehren kann, dass wir über uns selbst, über unser gewöhnliches Bewusstsein hinauskommen und eindringen können in ein uns Fremdes und dennoch nicht betäubt werden, nicht in eine Art Schlafzustand verfallen? Im weiten Umkreis unseres gewöhnlichen Bewusstseins gibt es zwei Dinge, denen gegenüber der Mensch sich allerdings eingestehen muss, dass er durch sie aus seinem gewöhnlichen Bewusstsein, aus seinem Alltagsbewusstsein herausgeführt wird und dennoch nicht etwa so betäubt oder in Schlaf übergeführt wird, wie das an jedem Abend der Fall ist. Und diese beiden Dinge, die uns innerhalb des gewöhnlichen Bewusstseins wie eine Art Muster sein können für ein Herausdringen des Bewusstseins aus sich selbst und ein Eindringen desselben in ein Fremdes, diese beiden Dinge liegen auf moralischem Gebiet. An zwei moralischen Erlebnissen, die das ganze Menschenleben durchziehen, kann die menschliche Seele sich Musterbegriffe schaffen für die Art und Weise, wie es, ohne dass unser Bewusstsein betäubt wird, den Weg aus sich selber heraus machen kann. Und diese zwei Dinge sind erstens das Mitleid und zweitens das Gewissen. Und wenn wir studieren, wie im moralischen Leben das Mitleid, das Gewissen zu dem Bewusstsein sich verhalten, dann bekommen wir zunächst eine Idee, wie es sein könnte, dass dieses Bewusstsein aus sich heraus kommt. Wenn wir Mitleid, Liebe, Mitgefühl mit einer fremden Seele entwickeln, dann erleben wir in uns selber je nach unserer Fähigkeit nicht dasjenige, was uns berührt – denn das wäre nicht das Erlebnis von Mitleid und Liebe –, sondern wir erleben die Freuden, die Leiden, die Schmerzen und lustvollen Dinge der anderen Seele. Wir stecken tatsächlich in einem solchen Augenblicke, wo wir mitleidsvoll in der andern Seele aufzugehen vermögen, wir leben tatsächlich – eine unbefangene Betrachtung kann das lehren – außerhalb unseres gewöhnlichen Bewusstseins, wir stecken in der andern Seele drin. Ein tiefes Geheimnis des Lebens steht dabei eigentlich vor unserer Seele. Das ist umso tiefer, als wir bei diesem Hinüberleben in ein Anderes, wenn wir moralisch empfinden, eben nicht betäubt werden, nicht unser Bewusstsein dahinschwindet. Und es ist geradezu ein Gradmesser für die Moralität eines Menschen, wie weit er imstande ist, sein Bewusstsein voll aufrechtzuerhalten, wenn er nicht seine eigenen Leiden und Freuden erleben soll, sondern die Leiden und Freuden einer fremden Seele. Und ein moralischer Defekt ist es eben, wenn das Bewusstsein sich betäubt fühlt an den Leiden und Freuden der fremden Seele, denn dann ist es in einer ähnlichen Lage wie der eigenen schöpferischen Tätigkeit gegenüber, die im Schlaf sich vollzieht. Es schläft gleichsam das Bewusstsein ein gegenüber fremdem Leid und fremder Freude.

Und ein zweites Erlebnis, auch auf moralischem Gebiete, das uns hinausführt über unser gewöhnliches Bewusstsein, ist das Gewissen; das Gewissen, von dem wir, wenn wir es unbefangen betrachten, sagen können: Was wir auch immer aus unseren Trieben und Begierden, aus der Leidenschaft unseres Daseins heraus, aus den Anforderungen der alltäglichen Sympathie und Antipathie, die wir haben, was wir da auch lieben oder verabscheuen, tun oder lassen wollen – von außen spricht vielleicht Erziehung, spricht sozialer Zusammenhang, aber niemals spricht von außen das, was wir das Gewissen nennen. Das Gewissen kommt uns aus einer Welt – das fühlen, das erleben wir –, aus der gesprochen wird in unsere Wahrnehmungswelt herein; denn alles, was wir wahrnehmen können, wird korrigiert, wenn es zu Impulsen des Handelns wird, durch die übersinnlichen Forderungen des Gewissens. Dass unserer Seele also etwas gesagt werden kann, was nicht innerhalb des gewöhnlichen Bewusstseins liegt, dafür ist auf moralischem Gebiet ein Zeugnis das Gewissen. Und wiederum ist es so, dass ein moralischer Defekt vorliegt, wenn unsere Seele, wo das Gewissen sprechen sollte, in eine Art von Schlafzustand kommt, die Stimme des Gewissens nicht hört, nur auf das hört, was innerhalb der Sinneswelt zu den Impulsen des Handelns aus Sympathie oder Antipathie sprechen kann. Können wir lernen, aus unserem Bewusstsein herauszugehen ohne Betäubung, so können wir an dem Gewissen schon innerhalb des gewöhnlichen Bewusstseins eine Erscheinung beobachten, durch welche zur Seele so gesprochen wird, dass sie nicht angewiesen ist, irgendetwas wahrzunehmen, sich die Impulse geben zu lassen durch irgendetwas, das von der Außenwelt auf sie wirkt. Daraus aber ist einzusehen: Wenn die Möglichkeit vorliegt, in Bezug auf andere, fremde Wesenheiten, auf anderes, außerhalb unseres Wissens, unseres Bewusstseins Liegendes in ähnlicher Art einzugehen, wie wir auf moralischem Gebiet auf fremde Wesenheiten durch Mitleid und Liebe eingehen, wenn wir uns also durch das Gewissen sozusagen Wahrheiten sagen lassen, die nicht aus der Sinneswelt kommen – wenn es möglich ist, so in fremde Wesenheiten einzudringen und uns Wahrheiten in die Seele hereinsprechen zu lassen nach jenem Muster, wie das Gewissen spricht, dann ist eine Aussicht vorhanden, in eine andere Welt als diejenige, die uns für unser Wachbewusstsein vom Aufwachen bis zum Einschlafen gegeben ist, einzudringen. Dies aber ist eben möglich, und die Möglichkeit ergibt sich in praktischer Weise durch jene Methoden, die wir die Methoden der Initiation nennen. Diese Methoden der Initiation bestehen darin, dass wir unser Seelenleben, insoweit es Vorstellen, Fühlen, Wollen ist, in einer etwas anderen Weise betätigt sein lassen, als wir das für das äußere Wissen und für die äußere Erkenntnis der Welt gewöhnt sind.

Warum verschaffen wir uns im gewöhnlichen Leben Vorstellungen, Begriffe, Ideen? Niemand wird leugnen, dass namentlich für den Menschen der Gegenwart der Zweck, warum er sich Vorstellungen, Begriffe und Ideen schafft, der ist, durch diese Vorstellungen, Begriffe und Ideen, ja sogar durch seine Empfindungen und Gefühle sich eine gewisse Erkenntnis von dem zu verschaffen, was in der Außenwelt um ihn herum ist. Wir nennen ja heute das Wahrheit, was an unseren Begriffen und Ideen mit irgendeiner Außenwelt, mit einer Erscheinung der Außenwelt zusammenstimmt, was gleichsam diese Erscheinung der Außenwelt abbildet. Für alles äußere Leben, für alle äußere Kultur ist selbstverständlich diese Betätigung unseres Seelenlebens die einzig richtige. Vollständig ändern muss sich diese Betätigung unseres Seelenlebens, wenn wir in die übersinnlichen Geheimnisse des Daseins eindringen wollen, mit anderen Worten, wenn wir – es sei das verpönte Wort gebraucht – in die okkulten Geheimnisse eindringen wollen; dann müssen wir bei den Begriffen, bei Ideen, bei Vorstellungsbildern, ja auch bei Empfindungen, Gefühlen und Willensimpulsen ganz absehen können von dem, was sie in der Außenwelt bedeuten. Wir müssen zunächst nicht fragen: Was bedeuten sie in Bezug auf ihren Wahrheitswert für das oder jenes in der Außenwelt? Wir müssen alles das, was so Inhalt unseres Seelenlebens werden kann, lediglich betrachten als ein inneres pädagogisches Selbsterziehungsmittel unseres Seelenlebens. Wir müssen Begriffe, Ideen, ja auch Empfindungen und Gefühle in unserer Seele so wirken lassen, dass wir diese Seele abgeschlossen halten von alledem, was wir aus der Außenwelt aufnehmen können, ja sogar, was wir schon im Laufe des Lebens an Erfahrungen, an Erlebnissen aufgenommen und im Gedächtnis angehäuft haben. Wenn wir absehen können durch eine energische Willensbetätigung von allen Eindrücken, die uns die äußere Sinneswelt geben kann, von allen Kombinationen, die unser Verstand machen kann, wenn wir auch absehen können von allen Bekümmernissen und Sorgen, von allen Freuden und sonstigen Dingen, die in unserem Gedächtnis angehäuft sind, wenn wir die Seele leer machen können, so wie sie sich selber leer macht, wenn durch die Ermüdung abends der Schlafzustand eintritt, wenn wir aber dann das völlig Entgegengesetzte erreichen können als beim Schlaf; wenn wir in der Lage sind, unter völliger Aufrechterhaltung des Bewusstseins dieses Bewusstsein nun hinzulenken auf irgendwelche fruchtbaren, namentlich sinnbildlichen Vorstellungen, auf solche, die möglichst vieldeutig sind – denn man hat nicht nach ihrem Wahrheitswert zu fragen, sondern nach dem Erziehungswert für die Seele –; dann, wenn man diese Seele durch einen energischen Willensentschluss auf einen Inhalt hin konzentriert, entweder ein Vorstellungsbild oder einen Empfindungsimpuls, den man in den Mittelpunkt des Seelenlebens stellt, und wenn man nun die seelische Tätigkeit, die gereinigt ist von allem anderen, auf dieses selbst gewählte Bild hinwendet und immer länger und länger es dahinbringt, mit starker Willenskonzentration das gesamte jetzt wachgehaltene Seelenleben auf einen solchen selbst gewählten Inhalt zu konzentrieren –, dann wird man merken, dass nicht von diesem Inhalt, wohl aber von den aufgewandten, energisch zusammengehaltenen Seelenkräften etwas wie ausstrahlt in unserem Seelenleben und wir in die Lage kommen, innerlich etwas zu erleben, was wir sonst nicht erleben können, wovon wir dann das unmittelbare Erlebnis, die unmittelbare Erfahrung bekommen: Du erlebst jetzt etwas, was so real, so wichtig, so wesentlich ist für das Dasein wie die Dinge, die du durch deine Augen siehst, durch deine Ohren hörst – was auch so wirklich ist, was du aber niemals durch eine äußere Sinnesbetätigung und durch den Verstand hättest erleben können. – Kurz, jetzt erst fängt man an zu wissen, was eigentlich das ist: übersinnliches Erleben; jetzt weiß man sich erst in seinem geistig-seelischen Kern darinnen; jetzt fängt man an zu begreifen, dass man ein Leben führen kann in einer inneren seelischen Wesenheit, unabhängig von der Körperlichkeit. Das ganze Bewusstsein wird dadurch umgeändert.

Ich bemerke ausdrücklich, dass das, was zu einer solchen inneren Betätigung führt, ja viel Ähnlichkeit hat und doch wieder das Entgegengesetzte ist von dem trivialen Prozess, der etwa hervorgerufen wird, wenn man auf einen glänzenden Gegenstand die äußere Aufmerksamkeit wendet und sich in eine Art Hypnose versetzt. Das, was da so hervorgerufen wird von einem

Seelenzustand, der sonst nicht da ist, das wird durch die scharfe Konzentration auf einen Gegenstand hervorgerufen, der weghält die übrige seelische Betätigung. Insoferne stimmt das, was durch die geschilderte Konzentration auf einen inneren, frei gewählten Inhalt erzielt wird, mit einer solchen Betätigung der Seele überein, weil es auch Konzentration ist; aber es ist das Gegenteil insofern, als unser Bewusstsein dadurch ausgelöscht wird, dass wir uns durch einen glänzenden Gegenstand in eine Art Hypnose versetzen, unser Bewusstsein aber immer erhalten bleibt, wenn wir durch einen energischen Willen einen inneren – und nur inneren – Vorstellungsinhalt in den Mittelpunkt unseres Seelenlebens rücken. Solch eine Methode, die eigene Seele heranzuziehen, man nennt sie mit einem technischen Ausdruck innerhalb der Geisteswissenschaft Meditation. Das ist die wirkliche Meditation. Und ich bemerke ausdrücklich, dass diese Meditation in der Praxis etwas weitaus Schwierigeres ist als das, was man zunächst glauben könnte, wenn sie so einfach geschildert wird. Denn mit wenigen Experimenten auf diesem Gebiete ist es nicht abgetan, sondern man muss versuchen, in immer wieder und wieder gebildeten Vorstellungen, Bildern, Vorstellungen, die dem moralischen, dem intellektuellen Leben entnommen sind, namentlich sinnbildlichen Vorstellungen, man muss immer wieder und wiederum versuchen, eine solche Konzentration, solche Meditation vorzunehmen, bis der entscheidende Augenblick auftritt, der einfach in dem inneren Wissen liegt: Du hast in dir einen geistig-seelischen Wesenskern, der in einer übersinnlichen Realität lebt und der sich zu seiner Wahrnehmung in dieser übersinnlichen Realität nicht der äußeren Sinnesorgane und des an das Gehirn gebundenen Verstandes bedient.

Nun werden Sie aus all den Vorgängen, die da geschildert worden sind, eines entnehmen können: dass wir da ja eigentlich immer innerhalb unser selbst bleiben, dass wir eigentlich im

Grunde genommen uns von aller Außenwelt abgewendet haben und auf unser Inneres zurückgegangen sind. Was wir da also zunächst erfahren können, ist eigentlich nur und kann nur sein Innenerfahrung, aber diese Innenerfahrung bringt zunächst praktisch zu einem ganz bestimmten Punkt. Der Mensch, der nämlich in dieser Weise seine Konzentration, seine Meditation vornimmt, der sieht alsbald, und zwar sieht er das wirklich, sein Blickfeld ausgefüllt mit Realitäten, Realitäten, die wir zunächst meinetwillen Visionen nennen können. In Form von Bildern erscheint allerlei, was sich nicht vergleichen lässt mit früher Erlebtem; in Bezug auf gewisse Äußerlichkeiten lässt es sich vergleichen, aber namentlich in Bezug auf die Art und Weise, wie es sich zusammenstellt und wirkt, ist es eine durchaus neue Erfahrung, ist es nicht kombiniert aus Früherem. Wir können dieses durchaus Neue nach dem gewöhnlichen Wortgebrauch, den man hat, eben Vision nennen. Es gleicht auch aufs Haar, möchte man sagen, Traumbildern; nur ist es, wenn man es mit den gewöhnlichen Traumbildern vergleicht, von einer ungeheuer weiter gehenden Intensität und von einer sich aufdrängenden, man möchte sagen, aufdringlichen Realität.

Hier kommt für denjenigen, der also die Methoden durchläuft, um in die übersinnliche Welt einen Einblick zu gewinnen, eine Klippe, die man eine Gefahr nennen kann. Es kommt die Gefahr, dass er nun diese visionäre Welt von vornherein als etwas Reales hinnimmt, als etwas, was sich vor ihn hinstellt, wie sich die gewöhnliche äußere Sinnenwelt vor ihn hingestellt hat, und dass er sozusagen denselben Sinn, den er mit dem Wort verbindet, «diese Welt ist real», wenn er von der Sinnenwelt spricht, mit dem Wahrnehmen dieser visionären Welt verbindet. Diese Klippe, die da vorliegt, wird um so größer, wenn nicht wirklich alle diejenigen Vorsichtsmaßregeln ergriffen werden bei einer solchen okkulten Schulung, wie sie hier geschildert wird, die natürlich heute nicht alle besprochen werden können, die Sie aber auseinandergesetzt finden können in meinem Buch: *Wie erlangt man Erkenntnisse der höheren Welten?* Wenn aber diese Vorsichtsmaßregeln ergriffen werden, dann verliert der Mensch gegenüber der Welt, der er dann gegenübersteht, keinen Augenblick das Gefühl, dass er es selbst ist, der diese Welt hervorruft. Und das ist das ungeheuer Wichtige, dass wir niemals unser Bewusstsein betäuben lassen bis zu der Impression, dass wir eine fremde Welt vor uns haben. Sie sieht aufs Haar wie eine fremde Welt aus, sie breitet sich aus wie eine räumliche Welt, sie zeigt uns Vorgänge, die zeitlich sind wie die Vorgänge der äußeren Sinneswelt; sie täuscht uns ganz wie eben ein in die ungeheuerste Lebhaftigkeit gesteigerter Traum zunächst eine Realität vor. – Personen, welche durch die gemeinten Vorsichtsmaßregeln nicht dahin kommen, einzusehen, dass sie nun in dieser visionären Welt nur ihre von sich selbst aus geschaffene Welt haben, die kommen selbstverständlich in die Träumerei, in die Phantastik hinein. Denn dadurch unterscheidet sich der, lassen Sie mich das Wort gebrauchen, wirklich hellsichtige Mensch von dem Phantasten und Visionär, dass der Phantast und Visionär glaubt, die Visionen, die er zunächst vor sich hat, seien objektiv hervorgerufen; derjenige aber, der zur wirklichen Hellsichtigkeit vordringt, der weiß in jedem Augenblick, und muss es wissen – muss es wissen durch eine intensive Selbsterziehung –, dass er, trotzdem er eigentlich eine weite Raumeswelt um sich herum wahrnimmt, nur eine selbstgeschaffene Welt vor sich hat. In keinem Augenblick – und die Dinge wirken außerordentlich suggestiv – darf das Bewusstsein schwinden, man habe es doch nur mit seiner eigenen Schöpfung zu tun. Und dieses Bewusstsein muss nun wiederum ein Gegenstand der Meditation und Konzentration selbst werden. Der Mensch muss nun wieder lang und intensiv seinen Willen energisch anstrengen, immer wieder und wiederum sich darauf zu konzentrieren, dass die Welt, die er jetzt sozusagen erobert hat, seine eigene Schöpfung ist, dass sie von ihm selbst hervorgerufen ist. Dann tritt – das kann ja natürlich nur als praktisches Erlebnis geschildert werden – etwas Eigentümliches in unser Bewusstsein herein. Dann erkennen wir nämlich, dass wir auch jetzt in dieser Tätigkeit etwas getan haben, ganz bewusst getan haben, was wir sonst im normalen Bewusstsein auch tun.

Es ist heute gesagt worden, dass wir im normalen Bewusstsein eigentlich einen Zerstörungsprozess an uns selber bewirken. Das weiß der Mensch im gewöhnlichen Bewusstsein nicht, wenigstens achtet er nicht darauf. Wenn er in der geschilderten Weise unter voller Aufrechterhaltung seines Bewusstseins bis dahin kommt, eine solche Welt sich vorzuzaubern, und dabei eben den Gedanken, der gerade charakterisiert worden ist, festhält, dann tritt er auch in ein volles Wissen davon ein, dass er mit alledem, was er da als ein, man nennt es mit dem technischen Ausdruck imaginatives Wissen sich erobert hat, auch einen Zerstörungsprozess hervorruft. Er merkt, dass es immer bis zu dem Punkt kommt, wo die imaginative Welt an uns zehren kann, wo wir bis zur Nervenschwäche, bis zur Krankheit kommen würden, wenn wir ausließen das volle, nur bei einem energischen Willen mögliche Bewusstsein: Da steckst du überall selber drinnen. – Die Kraft, die in diesem Bewusstsein liegt – da steckst du selber drinnen –, die wird uns nie zu dem Punkt kommen lassen, wo wir die Grenze überschreiten würden, jenseits welcher der wirkliche Zerstörungsprozess begänne. Wir sind dadurch, dass wir es nicht bis zum Zerstörungsprozess kommen lassen, sondern ihn dadurch zurückhalten, dass wir das energische Bewusstsein aufrechterhalten: Wir sind selbst die Schöpfer der imaginativen Welt – wir sind dadurch in der Lage, an einem schöpferischen Prozess teilzunehmen. – Dadurch treten wir in der Tat in eine schöpferische Welt ein, und wir lernen erkennen, lernen bewusst etwas verfolgen, was in ähnlicher Weise geschieht, wenn wir nach Eintritt des Schlafes an uns selbst schöpferische Tätigkeiten vollführen, die wir im normalen Bewusstsein nicht wahrnehmen können. Wir lernen dadurch, dass wir auf diese Weise von einem schöpferischen Prozess Zeuge werden, etwas verstehen von einem Werden, von einem Werden in uns selber.

Aber das ist noch mit etwas anderem verbunden – es können nur diese Stadien der Initiation geschildert werden –, damit verbunden, dass nach und nach der ganze Vorgang uns zwingt, auf etwas zu verzichten, auf das der gewöhnliche Hellseher gar nicht gern verzichtet. Der gewöhnliche Hellseher ist so froh, wenn er nun in der Welt seiner Visionen leben kann, er tut sich so etwas zugute mit diesen seinen Erfahrungen einer höheren Welt, und sie wirken so suggestiv, dass sie leicht als eine Realität genommen werden können. Dann kann er sehr leicht hineinkommen in das Nervenzerrüttende. Wenn aber der geschilderte Willensentschluss mit dem vollen Bewusstsein: Das machst du alles selber! – beibehalten wird, wenn nie das Bewusstsein einschläft, ja, dann tritt das ein, was manchem leidtut: dass diese Kraft, die in dem genannten Willensentschluss liegt, sich zerstörend hermacht über die ganze imaginative Welt, dass diese durcheinandergetrieben wird, dass vieles von dem, was gerade diesen gewöhnlichen Hellseher am wertvollsten dünkt, ausgelöscht wird. Es tritt, mit anderen Worten, das Folgende ein: Während wir in dem Auftreten des imaginativen Bewusstseins ein Element haben, das wirklich die Kräfte darstellt, die einen schöpferischen Prozess bilden – denn wir lassen es nicht weiter kommen als bis zu der Grenze, wo die Zerstörung eintreten würde –, während wir da wirklich nach dem Muster des gewöhnlichen Bewusstseins im Mitleid und in der Liebe aus unserem Bewusstsein herausgehen, in einen schöpferischen Prozess hineingehen, so kommen wir, wenn wir nun durch den geschilderten Willensentschluss selbst zerstörend, selbst ordnend, aber auch zusammenstellend eingreifen in unsere visionäre Welt, dazu, eine Tätigkeit in uns zu entwickeln, die nirgends in der Außenwelt wahrnehmbar ist und die sich doch sehr bald für die Beobachtung herausstellt als die schöpferische Tätigkeit, die in uns stattfindet und die dem gewöhnlichen Bewusstsein entzogen ist, jene schöpferische Tätigkeit, die unseren geistig-seelischen Wesenskern darstellt, wie er schafft an unserem eigenen Organismus, wie er seine Kräfte wiederum herausholt aus der geistigen Umgebung, wie er drinnensteht in dem geistigen Kosmos. Wir lernen auf der nächsten Stufe, die man technisch die Inspiration nennt, unsern geistig-seelischen Wesenskern erkennen, wie er drinnensteht in den schöpferischen Kräften des Kosmos selber. Während die Imagination als die erste Stufe der Initiation uns nur eigentlich in uns selbst hineinführt und noch dazu so, dass uns eine Welt vorgezaubert wird, die aber nur eine visionäre Welt ist, treten wir durch den Prozess der Inspiration auf eine höhere Stufe. Es fällt wie ein Blitz hinein in die ganze visionäre Welt etwas, was so wirkt, wie wenn es durchaus aus dem geistigen Kosmos käme – es kommt auch daher, das zeigt die Beobachtung selber –, was aber doch so zu uns spricht, wie wir das im gewöhnlichen, normalen Bewusstsein nur an dem Gewissen erkennen. An dem Gewissen haben wir einen Vergleich mit der Art und Weise, wie in der Inspiration zu dem imaginativen Bewusstsein gesprochen wird; dann aber tritt diese Imagination in die Inspiration über, und wir gelangen dadurch in eine wirkliche geistige, in eine wirkliche übersinnliche Welt hinein.

Und jetzt werden wir imstande, dadurch, dass wir durch unsere eigene Entwickelung den Punkt erreicht haben, wo wir hinter die sinnlichen Ereignisse schauen können, zum Beispiel das wunderbare Geheimnis des menschlichen Werdens und auch des menschlichen Todes zu begreifen. Denn jetzt wird uns vergehen, zu glauben, dass das, was in der Seele eines Menschen herein sich lebt, wenn wir diesen Menschen durch die Geburt ins Dasein treten sehen, wenn wir erleben, wie aus den unbestimmten Gesichtszügen und ungeschickten Bewegungen des Kindes sich allmählich bestimmte und geschickte entwickeln – es wird uns unmöglich, zu sagen, alles, was in dem Kinde aus dem Mittelpunkt der Seele heraustritt, die Physiognomie des Leibes plastisch macht, so weit, dass auch noch die feineren Windungen des Gehirns gebaut werden schon nach der Geburt, alles, was uns so entgegentritt, das wäre nur ein Ergebnis der Vererbung. Jetzt sehen wir vielmehr zurück auf den geistig-seelischen Wesenskern, der aus einer ganz anderen Welt kommt, der sich mit dem zusammenfügt, was von Vater und Mutter genommen wird, und jetzt sprechen wir nicht nur von Erbstücken, sondern von dem, was sich aus der geistigen Welt heraus mit dem verbindet, was von Vater und Mutter, von den Vorfahren überhaupt vererbt ist. Eine reale Anschauung wird das, was sonst nur Glaube ist: dass der geistig-seelische Wesenskern aus der geistigen Welt kommt und das Physisch-Leibliche selber plastisch gestaltet. Und weiter: Wenn wir dann das Leben verfolgen, verfolgen mit der durch die Initiation gewonnenen Erkenntnis, dann sehen wir, wie der geistig-seelische Wesenskern die Erfahrungen und Erlebnisse des Daseins zwischen dem Tod und einer neuen Geburt immer mehr und mehr gegen sein Inneres hin richtet, abzieht von der äußeren Welt. Wir begreifen es, wie durch dieses Zurückgehen des Wesenskernes von dem Äußeren das Gesicht sich runzelt, und wir bekommen den unmittelbaren Eindruck: Während, nachdem wir den Höhepunkt des Lebens überschritten haben, unser äußerliches Körperhaftes zu welken beginnt, sogar unser Gehirn zu welken beginnt, so dass das, was die Seele in sich hat, nicht mehr zum Ausdruck kommen kann und es scheint, als ob die Seele selber verkümmerte –, sehen wir, wie das, was nicht mehr sich äußern kann, sich in sein Inneres zurückzieht, seine Kräfte zusammennimmt, wie gerade das, was wir erlebt, erfahren, erlitten, ersiegt haben, sich zusammenfindet in der Seele und dann am stärksten ist, seine stärkste innere Kraft hat, wenn der Leib uns entlässt; seine stärkste innere Kraft, welche dann, wenn der Vorgang weiterverfolgt wird, sich vereinigt mit den Kräften, die in einer übersinnlichen Welt das Urbild zu einer neuen Verkörperung, zu einem neuen Leibe in einem neuen Leben zusammenfügen. Es wird so die Evolution des geistig-seelischen Wesenskernes, sein Schaffen an der äußeren Leiblichkeit eine unmittelbare Tatsache durch das Hineinschauen in die geistige Welt. Und wenn wir dann dasjenige, was am Anfang des Lebens steht, das allmähliche plastische Herausgestalten des Leibes, mit dem vergleichen, was am Ende steht, mit dem In-sich-Zurückziehen der Lebenserfahrungen durch die Seele, mit dem Losreißen der seelischen Kräfte vom Leibe und mit dem Hindurchtreten durch die Pforte des Todes: dann wird das für eine übersinnliche Betrachtung so, wie wenn wir vergleichen Anfangs- und Endprozess, sagen wir bei der Pflanze, wo wir den Endprozess so haben, dass das, was als Keim gebildet wird, wiederum den Anfangspunkt bildet für die nächste werdende Pflanze. Während wir aber da Anfang und Ende so verknüpft sehen, dass im Wesentlichen immer das Gleiche erscheint, sehen wir durch eine in der Initiation gewonnene übersinnliche Erkenntnis, dass dasjenige, was die Seele im Leben erfahren hat, hineinverwoben wird in den geistig-seelischen Wesenskern, und der Mensch, wenn er nun nach der Zwischenzeit zwischen dem Tod und einer neuen Geburt, die eine lange Zeit ist, zurückkehrt, formt sich den neuen Leib. Aber jetzt formt sich dieser geistig-seelische Wesenskern seinen neuen Leib, sein neues Dasein so, dass er die Wirkungen darstellt dessen, was als Ursachen in früheren Leben erlebt worden ist.

So werden durch jene Methoden, die durch die Initiation gewonnen werden und die ihr Vorbild gewissermaßen in dem erlebten Mitgefühl und dem Gewissen des normalen Bewusstseins haben, die Vorgänge der übersinnlichen Welt, die mit dem Menschen zusammenhängen, unmittelbare Erkenntnis. Initiation wird dadurch zum Weg, in die übersinnlichen Welten hinaufzusteigen.

Wenn Sie sich nun tiefer auf das einlassen, was nur skizzenhaft hier geschildert werden konnte, wenn Sie es verfolgen in meiner Schrift *Wie erlangt man Erkenntnisse der höheren Welten?*, dann werden Sie finden, dass diese Initiation, wie sie gegenwärtig geschildert wird, eine ganz bestimmte Eigentümlichkeit hat. Sie richtet sich nämlich durchaus in ihrem ganzen Verlauf und in der Art und Weise, wie sie die Ereignisse darstellt, nach den Anforderungen der gegenwärtigen Menschheitserziehung, den gegenwärtigen Forderungen von Logik, von gesundem Menschenverstand und von Wissenschaft; so dass immer mehr und mehr diese Vorgänge der Initiation von den Menschen erkannt werden können als das, was den Weg darstellt, auf dem der Mensch, und zwar jeder Mensch, Erkenntnisse der übersinnlichen Welt erlangen kann. In völlig freien, nur durch das Wachrufen seiner Seele, seiner inneren Seelenkräfte bewirkten Vorgängen lebt er sich selber hinauf in jene übersinnlichen Vorgänge, die ihm Aufschluss darüber geben, welches der Weg seines geistig-seelischen Wesenskernes durch die Welt ist, Aufschlüsse, die nicht etwa bloß einer Welt angehören, die uns nichts anzugehen braucht, sondern einer Welt, aus der wir fortdauernd Kraft und Zuversicht für das gewöhnliche Leben schöpfen müssen. Dies, dass die Initiation mit den Mitteln unserer gegenwärtigen Logik, unserer gegenwärtigen wissenschaftlichen Anforderungen rechnet, das ist allerdings eine neue Errungenschaft, möchte man sagen, des Initiationsprozesses. Sie sehen ja, dass die Menschen allmählich dahin gelangen werden, auf diese Weise nach dem Muster wissenschaftlichen Denkens Erkenntnisse zu gewinnen, die in das religiöse Gefühl eindringen, welche dem religiösen Gefühl Befriedigung durch das Wissen geben. Damit ist aber ein Umschwung gegeben durch das ganz sichtbar eintretende Eindringen des Initiationsprozesses in die Kultur der Gegenwart und Zukunft. Es ist ein Umschwung gegeben in der Entwickelung der Menschheit, den wir bezeichnen können als den Umschwung, der eintreten wird von dem Glauben zum Wissen von übersinnlichen Dingen.

Der Glaube ist aber – und man wird leichter verstehen, dass dieser Umschwung eintreten kann, wenn man dies berücksichtigt –, der Glaube, wie er aufgetreten ist, er ist, wenn man die Dinge namentlich mit den Mitteln der Initiation studiert, so, dass er überall, wo er aufgetreten ist, auch nicht etwas Ausgedachtes ist, wie eine neuere, im Wesenlosen wurzelnde Aufklärung annehmen will, sondern jeder Glaube führt ursprünglich zurück auf Ergebnisse, die initiierte Menschen gewonnen haben, auf Erlebnisse der Initiation. Nur gibt es eben diesen gewissen Unterschied zwischen neuerer Initiation, die hier gemeint ist und die immer mehr und mehr die Initiation der Menschheit überhaupt werden wird, und der Initiation in den alten Zeiten.

In den alten Zeiten war es strenge Regel, und es ist heute noch für viele Initiationen, die in der Welt sind, strenge Regel, dass der, der den geschilderten Weg sucht, eine Art von Führer hat, den man in gewissen Kreisen eben den geistigen Führer, den Guru nennt. Was ist die Aufgabe dieses Guru? Nun, wir haben gesehen, dass man im Verlaufe jener inneren Entwickelung, die geschildert worden ist, vor gewisse Gefahren kommt, Gefahren, vor denen man gewarnt werden soll. Zunächst ist die Aufgabe gewesen in denjenigen Initiationen, die noch aus den alten Zeiten sich herübergeerbt haben, dass der Guru ein Warner ist. Das kann er auch noch heute sein, wenn er einfach die Person ist, die man als eine Art von Lehrer aufsucht wie in der äußeren Wissenschaft und zu der man Vertrauen hat. Aber es ist außerordentlich naheliegend, dass das, was der alte Guru sein musste, der neue sein will, was er aber nimmer sein darf und immer weniger wird sein dürfen, je mehr sich die Initiation dem fortschreitenden Entwickelungsprozess der Menschheit anpassen wird. Im Grunde genommen fing die Initiation überall so an, wie geschildert worden ist. Dem Menschen wurden – nur dass er seinen persönlichen Führer hatte – die einzelnen Regeln gegeben: jetzt sollst du dich auf das, dann auf jenes konzentrieren, jetzt sollst du diese, dann jene Übung machen; dann wurde unter strenger Führerschaft der Zustand herbeigeführt, in welchem die Welt der Imagination eintrat. Während nun – es liegt das in der Natur des modernen Menschen – der moderne Mensch dahin kommen muss, durch seinen eigenen energischen Willensentschluss das in sich zu haben, was geschildert worden ist: die Imagination in die Inspiration hinaufzuführen, wurde von dem alten Guru die Aufgabe übernommen, den Schüler aus der Imagination in die Inspiration hinaufzuführen durch gewisse Einflüsse, denen dann der Mensch eben leichter zugänglich ist, wenn er bis zu einer solchen Stufe der Initiation gebracht ist, so dass das, was hier geschildert worden ist als im Menschen selber sitzend, dann als ein Impuls ausgeübt wird von dem Guru auf den Schüler. Es wird gleichsam von dem Guru in den Schüler hinüber verpflanzt etwas, wodurch Ordnung hineinkommt in sein imaginatives, in sein visionäres Leben. Damit aber hat der Guru den Schüler vollständig in der Hand; dadurch ist der Schüler in gewisser Beziehung ein Werkzeug in den Händen des Guru. Und Sie verstehen, dass dadurch verknüpft war mit allen alten Initiationen, von denen im Grunde genommen auch alle religiösen Bekenntnisse ausgegangen sind, die strenge Forderung, dass der Guru, dass der Initiator über jede Unmoralität, über jede Möglichkeit, einen unrichtigen Einfluss auf den Schüler auszuüben, erhaben war, dass er in seiner ganzen Gesinnung über die Möglichkeit des Betruges erhaben sein musste und dass nur dann etwas herauskommen konnte, wenn er diese Eigenschaft hatte; dass er seinen Einfluss nur dahin wandte, die von ihm selbst gewonnenen Erkenntnis-Bilder der höheren Welt auf den Schüler zu übertragen, so dass er dem Schüler den Weg erleichterte.

Ich glaube, es wird für Sie nicht vieler Beweise bedürfen, wenn Sie unbefangen den Gang des modernen Bewusstseins einsehen wollen, dass die Menschheit auch in Bezug auf die höheren, übersinnlichen Erkenntnisse sich immer mehr und mehr unabhängig machen wird von dem persönlichen Einfluss. Das liegt einfach in der fortlaufenden Entwickelung der Menschheit. Die Gurus, die ihre Schüler so um sich versammelten wie eben Religions- oder Sektenstifter, werden immer mehr und mehr aus dem Menschheitsentwickelungsprozess verschwinden; an ihre Stelle werden für diejenigen, die die Initiation suchen, die Menschen des Vertrauens treten, des Vertrauens, das man gewinnt, wie man auch das Vertrauen zu einem anderen Lehrer gewinnt. Aber es muss sozusagen der selbst gewählte Lehrer, der nicht von irgendeiner Seite her festgesetzte Guru sein. Sektenstifterei in der Weise der alten Adepten, das ist nicht etwas, was die Menschheitsnöte überwinden wird. Und es ist sogar gut, wenn in Bezug auf diese übersinnliche Entwickelung die Menschen nicht sehr leichtgläubig, sondern sehr schwergläubig sind, wenn sie sich nicht einmal und zweimal, sondern vielmal fragen, wem sie ihr Vertrauen entgegenbringen sollen, und wenn sie viel, viel Misstrauen aufzubringen vermögen, wenn von außen her ihnen irgendetwas wie ein Prophet, wie ein Sektenstifter, wenn ein Adept ihnen wie ein großer Lehrer aufgedrängt werden soll. Das wird gerade auf dem Gebiet, das hier gemeint ist, immer eine gefährliche Klippe sein, wenn geistige Strömungen, die Okkultismus in die Welt bringen wollen, vor allen Dingen sich auf große Lehrer berufen, auf diejenigen, die von außen her den Menschen aufgedrängt werden sollen, die nicht aus dem selbstverständlichen Vertrauen, aus innerem Vertrauen, das aus der Begegnung mit dem Lehrer hervorgeht und das sich im Schüler selbst bildet, hervorgeht. Wir haben ja in gewisser Beziehung ein klassisches Beispiel erlebt, das gerade hier erwähnt zu werden nicht unnötig ist. Wir haben das Beispiel erlebt, dass in den letzten Jahrzehnten eine Persönlichkeit aufgetreten ist, die in die Menschheit große bedeutsame Erkenntnisse gebracht hat; nicht solche, die von der äußeren Aufklärung anerkannt werden, aber solche, die sich durch ihre innere Gediegenheit als etwas entpuppt haben, was tief gerade in die übersinnlichen Geheimnisse hineinführt. So etwas ist ja enthalten in den Büchern der in gewissen Kreisen berühmten H.P. Blavatsky.[1] Was in diesen Büchern steht, das ist auch für denjenigen, der in diesen Dingen bewandert ist, zuweilen etwas außerordentlich Großes, Bedeutungsvolles, was mehr in die Geheimnisse des Daseins hineinführt als irgendetwas anderes. Aber leider stand am Ausgangspunkt der okkulten Bewegung, die damit eingeleitet worden ist, etwas, was dieser okkulten Bewegung geschadet hat, was ich zwar hier nicht als eine Unrichtigkeit hinstellen will – im Gegenteil, es hat geschadet, trotzdem es seine Richtigkeit hatte: H.P. Blavatsky hat sich auf Lehrer berufen, die der Welt nicht bekanntgeworden sind, auf ihre Gurus. Wer eine Einsicht hat in die Fähigkeiten der H.P. Blavatsky, weiß, dass sie durch diese nicht in der Lage war, selbständig zu den Dingen zu kommen. Zu diesen hohen Erkenntnissen hätte H.P. Blavatsky durch ihre Fähigkeiten niemals kommen können. Sie empfehlen sich durch sich selbst, soweit sie wahr sind, und sie können nachgeprüft werden. Daher schadete es nichts, dass H.P. Blavatsky hinweisen musste auf Überlieferungen, auf Schulungen, die von Gurus ausgingen und zu denen sie selber niemals hätte kommen können. Ihrer Bewegung hat es selbstverständlich geschadet, dass nicht auf die innere Wahrheit des Okkultismus, sondern auf äußere Autorität hin die Dinge angenommen worden sind. So gutwillig es mancher hinnehmen wird, die Zeit ist vorüber, ob berechtigt oder unberechtigt, die Notwendigkeit der Zeit lehrt es, dass das vorüber ist als Möglichkeit, dass auf Autorität von Gurus hin die Dinge einfach aufgenommen werden. Aufgenommen werden müssen die Dinge auf die Autorität des gesunden Menschenverstandes hin. Und so darf Ihnen das, was gewonnen werden kann auf dem Wege, der geschildert worden ist etwa in solchen Schriften wie in meiner *Theosophie*, so entgegentreten, dass es zwar nur in der heute beschriebenen Art erforscht werden konnte, dass es aber, wenn es als Ergebnis nun da ist, geprüft werden kann, verglichen werden kann mit den Tatsachen des Lebens und auf keine Autorität hin bloß angenommen zu werden braucht. So wird die Initiation nur als eine richtige aufzufassen sein, wenn bei ihr heute berücksichtigt wird, dass sie sich anpasst dem modernen Kulturprozess, dass sie Mittel und Wege beschreitet, die jedem Menschen zugänglich sind.

Gewiss, es wird noch lange dauern, dass Menschen von diesem oder jenem Bildungsgrade, auch von dieser oder jener wissenschaftlichen Höhe noch Rat brauchen von einem okkulten Lehrer, dass ihnen die Initiation erleichtert werden muss durch einen solchen, der sie schon empfangen hat, in den schon eingedrungen sind die Inspirationen einer höheren Welt, denn er allein kann in den Einzelheiten die richtigen Ratschläge geben. Aber das Verhältnis kann nur ein solches sein zwischen Schüler und Lehrer, wie es auch sonst in unserer heutigen Kulturwelt ist zwischen dem, der etwas lernen will, und dem, der etwas lehren kann. Alles Geheimnisvolltun mit Adeptentum, alles Hintreten vor die Welt mit der Anforderung: Glaubt an irgendwelche neue Propheten oder Religionsstifter –, all das wird zurückgewiesen werden von dem modernen Kulturgeist, von dem modernen wissenschaftlichen Geist und empfiehlt sich schon durch die einzige Tatsache nicht, dass es dem modernen Kulturgeist widerspricht. Was man auch sagen mag von Lehrern, die auftreten sollen: das Einzige, was verbürgen wird in der Zukunft, dass einer Lehrer sein kann, wird nur das Vertrauen in seine Leistungen sein, in die Art und Weise, wie er sich gibt, wie er ist. Das Vertrauen muss es sein, durch das derjenige, der Rat haben will, hingelenkt werden kann zu dem Lehrer. Sonst, wenn diese Vorsicht nicht geübt wird, gerade auf okkultem Gebiet, wo Initiation gesucht wird, dann wird die Gefahr nicht von der Welt weichen, die immer da sein muss durch das Bedenkliche des geschilderten Gebietes: die Gefahr, die einfach in der Tatsache besteht, dass auf diesem Gebiete unmittelbar neben dem gewissenhaften Initiierten, der auf gewissenhafte Weise seinen Weg gesucht hat in die übersinnlichen Welten und die Ergebnisse der Welt vermittelt, sich hinstellt der Scharlatan. Scharlatanerie ist das, was sich so leicht hinstellen kann neben die gewissenhaften, vom Wahrheitsgeist diktierten Ergebnisse des Okkultismus oder der Initiation. Und weil in unserer Zeit ebenso groß ist die Leichtgläubigkeit, die Sensationslust gegenüber Mitteilungen aus der übersinnlichen Welt, die aus der Initiation heraus stammen, wie auf der anderen Seite die Zweifelsucht – weil es fast ebenso viele Menschen gibt, die gleich mit ihrem Glauben bei der Hand sind auf die Autorität dieses oder jenes hin, wie es Menschen gibt, die alles ableugnen, was auch mit den strengsten Methoden übersinnlicher Forschung gewonnen ist, muss heute allgemein verbreitet werden ein zu den okkulten Tatsachen führender Forschungsweg, wie er heute eben geschildert worden ist als Initiation. Und dieser Initiationsweg ist ein solcher, der von jedem Menschen betreten werden kann, dessen Ergebnisse aber sich dem gesunden Menschenverstand ebenso aufdrängen können wie andere Ergebnisse der Wissenschaft, die auch hingenommen werden vom unbefangenen Menschenverstand, ohne dass man sie vielleicht in jeder Lage prüfen kann. Man weiß von den Tatsachen, die in unserer Klinik zum Beispiel oder anderswo gewonnen werden, dass sie jeder untersuchen kann, wenn er sich die dazu notwendige Methode aneignet; man kann aber doch nicht alles nachprüfen, man nimmt das hin, was sich dem Menschenverstand als geeignet erweist, was sich ihm als wahr ergibt. So und nicht anders kann es auch sein mit den Ergebnissen der Initiation. Nicht ein jeder wird in der Lage sein, immer nachzuprüfen, aber diejenigen, die forschen, werden ihre Ergebnisse immer mehr und mehr mitteilen der Welt, und es wird sie der gesunde Menschenverstand hinnehmen, wie er hinnimmt die Ergebnisse anderer Wissenschaften. Der eine Unterschied besteht allerdings, dass die Ergebnisse der Initiation die Wahrheiten enthalten, die ein jeder Mensch braucht, um Kraft und Sicherheit in den Leiden und Freuden des Lebens zu haben, Kraft und Sicherheit zu haben in seiner Arbeit, in seinem Wirken, damit er sich nicht verliert, wenn ihm das Leben hart zusetzt, sondern er den Mittelpunkt zu ergreifen vermag, der ihn sicher den Weg zu seinen Idealen führt. Kraft aber auch können ihm die Resultate seiner Forschung geben, wenn es sich darum handelt, dass das Leben uns niederdrückt und wir Trost brauchen gegenüber dem Niederdrückenden der Welt, in der Krankheit und Tod herrschen, durch den Aufblick in die Tatsachen der geistigen, der übersinnlichen Welt, der wir angehören und aus der wir auch für diese Sinneswelt die echten, die aufrechterhaltenden Kräfte gewinnen. Denn das wird von den Ergebnissen der Initiation und des Okkultismus in die Gesinnung eindringen, was man etwa zusammenfassen könnte in die Worte, die in

Empfindungsnuancen, in Gefühlsnuancen geben möchten, was über Initiation gesagt worden ist, in die Worte:

Es sprechen zu den Menschensinnen
die Dinge in den Raumesweiten.
Sie wandeln sich im Zeitenlaufe.
Erkennend dringt die Menschenseele,
von Raumesweiten unbegrenzt
und ungestört durch Zeitenlauf,
ins Reich der Ewigkeiten.

Umstülpungen im Wesen des Menschen Inneres wird Äußeres – Äußeres wird Inneres

Dornach, 21. Oktober 1921

Wir wollen heute einiges über den Zusammenhang des Menschen in leiblicher, seelischer und geistiger Beziehung mit der Welt betrachten. Wir haben ja gesehen,[2] wie in einer gewissen Weise das, was der Mensch an dem ganzen Universum, an dem ganzen Kosmos zwischen dem Tod und einer neuen Geburt erlebt, im Erdenleben dann in sein Inneres hereinzieht. Wir haben gesehen, wie das, was der Mensch vor der Geburt oder vor der Empfängnis, sagen wir, wie äußere Erlebnisse hat, wie das dann in der Wirkung sich auslebt in seinen Organen, in seinem Inneren, in seinem organischen Inneren. Wir wollen heute einmal nach der anderen Seite hin den Menschen betrachten in seinem Verhältnisse zur Welt, und zwar so, wie das, was der Mensch zwischen Geburt und Tod erlebt, dann mit ihm durch die Pforte des Todes geht und zu Erlebnissen eines erneuten Lebens zwischen dem Tod und einer neuen Geburt wird.

Wir müssen ja am Menschen unterscheiden, was er zunächst während des Erdenlebens als sein inneres Leben hat, und das, was sich als eine Art von Außenleben von ihm absondert. Inneres Leben – wir können, ja zunächst hinweisen auf die Gefühle, auf den inneren Empfindungsgehalt, den der Mensch durchmacht zwischen der Geburt und dem Tode. Das ist sein eigentliches Innenleben. Was der Mensch fühlt, fühlt gegenüber den Eindrücken, welche die äußere Welt auf ihn macht, fühlt gegenüber seinem eigenen inneren Erleben, fühlt auch an Zubilligung oder an Vorwürfen gegenüber seinen Willensäußerungen, gegenüber seinen Handlungen, das alles ist etwas, was der Mensch während des Erdenlebens mehr oder weniger mit sich selber abmacht, wohinein er den anderen zwar blicken lassen kann, aber das Wesentliche an alledem ist doch die Art, wie der Mensch das mit sich selber abmacht.

Was der Mensch in der Wahrnehmung erlebt, das ist, wie wir schon durch die Betrachtungen der letzten Zeit wissen, nicht eigentliches wirkliches Erleben, das ist Scheinwelt, die sich um uns herum ausbreitet. Das ist die Welt, welche im Grunde genommen weder innerlich noch äußerlich ist, an der wir teilnehmen, und die wir ja nur dadurch, dass wir uns Gedanken über sie bilden, dass wir an ihr Gefühle entwickeln, dass sie uns anregt, das oder jenes zu tun, zu unserer Innenwelt machen. Wie wir uns zu ihr verhalten, das ist ja im Wesentlichen das Ergebnis unserer Fähigkeiten, die wir uns durch die Geburt ins Dasein mitbringen. Wie wir uns also zur Außenwelt verhalten, auch der Ort, an dem wir stehen, das Volk, in das wir hineingeboren sind und so weiter, das alles ist durch die vorhergehenden Erden- und Geistesleben bedingt. Das weist uns also eher zurück, als dass es uns vorwärts weisen könnte.

Aber etwas anderes, was uns mit der Außenwelt verbindet, müssen wir betrachten: Was in unserem Wollen wurzelt und übergeht in unsere Handlungen, das wird ein Stück Außenwelt. Alles, was durch unser Handeln geschieht, verändert die Außenwelt. Das Geringste, was wir machen, gibt ja der Außenwelt irgendetwas, was diese Außenwelt verändert.

Nun aber können wir sagen: Diese Außenwelt, die wir da selber bereiten durch unser Handeln, diese Außenwelt, die wurzelt in unserem Wollen. Sie ist also zu uns in einem Verhältnisse wie die Ereignisse während des Schlafes. In die Tiefen unserer Willenswelt sehen wir ja mit unserem Bewusstsein, mit dem gewöhnlichen Bewusstsein, ebenso wenig hinein wie in die Zustände während des Schlafes. Was da eigentlich vorgeht in der Willenswelt, das also bleibt außerhalb des Bewusstseins. Ich habe es oft ausgesprochen: Wenn wir nur einen Arm bewegen, wenn wir eine Hand bewegen – der ganze Willensvorgang, jene Kraftentfaltung, die in dem sich bewegenden Arm, in der sich bewegenden Hand wirken, sie entziehen sich dem Bewusstsein. Aber wir sehen auf unsere bewegte Hand. Wir sehen die Veränderung, die wir hervorbringen. Wenn wir nur einen Gegenstand von einem Orte an einen anderen legen, so nehmen wir durch unsere Wahrnehmungen die Veränderung in uns auf. Wir können also sagen: Durch unsere Wahrnehmungswelt wissen wir von unseren eigenen Willensäußerungen. Es fließt gewissermaßen unser Wollen und seine Wirkungen in unsere Wahrnehmungswelt hinein.

Erinnern wir uns an das, was wir in der letzten Zeit an uns herangebracht haben. Wir haben gesagt: Da ist zunächst der physische Leib des Menschen (siehe Zeichnung, hell); da ist dann der Ätherleib des Menschen (rot). Zwischen beiden ist die webende Gedankenwelt, insofern sie eingegliedert ist in unseren Organismus. Zwischen dem Ätherleib und dem astralischen Leib (grün) befindet sich die Gefühlswelt, und zwischen dem astralischen Leib und der Ich-Hülle (blau) befindet sich die Willenswelt.

Diese Willenswelt, sie kann ja eigentlich im gewöhnlichen Bewusstsein von dem Ich nicht unterschieden werden. Sie verbindet sich ganz und gar mit dem Ich. Aber alles das, was im Ich vorgeht, wenn das Ich will, handelt, alles das kommt nicht unmittelbar in das gewöhnliche Bewusstsein herein. Das ist eben, wie gesagt, unter dem gewöhnlichen Bewusstsein wie die Ereignisse des Schlafzustandes.

Im physischen Leib haben wir die Sinnesorgane, und die Sinnesorgane, sie haben die Wahrnehmungen. Durch diese Wahrnehmungen nehmen wir auch unsere Willensäußerungen wahr. Im physischen Leibe also sind Augen und Ohren, und was sich da aus Ich und Willenswelt entwickelt, das wird eigentlich durch die Sinne wahrgenommen. Also das, was das äußerste ist im Menschen, die Wahrnehmung, sie verbindet sich mit demjenigen, was der Mensch da erlebt durch seinen Willen und durch das Ich (großer Pfeil).

Nehmen Sie nur dieses, wenn wir durch unser Ich ein paar Schritte machen: was da im Willen lebt, wie in den Untergründen des menschlichen Organismus etwas vorgeht, was unsere Beine vorwärtstreibt, das alles entzieht sich dem Bewusstsein. Aber wir sehen, indem wir ein Stückchen vorwärtsgegangen sind, eine andere Umgebung oder wenigstens die Umgebung in einem anderen Anblicke. In diesem anderen Anblicke haben wir in der Sinneswahrnehmung gegeben, was uns im gewöhnlichen Bewusstsein die Vorstellung vermittelt, ein Bild gibt von dem, was sonst eigentlich unten in den Tiefen eines wachenden Schlafes ist. Indem wir unser Ich zum Willen aufraffen, die Willensimpulse in Handlungen umsetzen, erleben wir also diese Handlungen – gleichgültig ob sie durch Gehen oder durch Greifen oder durch Schreiten, durch irgendeine Arbeit bewirkt werden –, alle diese Dinge erleben wir durch das Wahrnehmen. Wir gehören eigentlich mit unserem Willen unserer äußeren Wahrnehmungswelt an. Halten wir das nur durchaus fest: Wir gehören mit unserem Willen unserer äußeren Wahrnehmungswelt an. Wir kommen, indem wir das entwickeln, was wir da an Willensäußerungen, an unseren Willensoffenbarungen beobachten, wir kommen da nicht in unser eigentliches Inneres hinein. Wir absolvieren damit, obwohl der Wille aus unserem tiefsten Inneren strömt, für unser Bewusstsein eigentlich einen äußeren Vorgang, oder besser gesagt eine Summe von äußeren Vorgängen im Leibe.

Nehmen wir jetzt dagegen das Innere. Da haben wir zunächst die webende Gedankenwelt. Diese webende Gedankenwelt, wie sie nach außen wirkt, kann uns eigentlich in diesem Zusammenhange nicht interessieren. Nach außen lebt diese Gedankenwelt so, dass sie einen gewissen logischen, gesetzmäßigen Zusammenhang in die Wahrnehmungen hineinbringt. Wir klassifizieren die Natur. Wir sehen Pflanzen, die einander ähnlich sind, bringen sie in eine Klasse; wir sehen Tiere, die einander ähnlich sind, bringen sie in eine Klasse. Wir suchen sonstige Naturgesetze. Alles, was wir auf diese Weise ausgestalten, gehört eigentlich nicht zu unserem eigentlichen Innenleben. Es ist das, was als Wissenschaft allen Menschen gemeinsam ist. Es gehört nicht zu unserem Innenleben.

Aber wir können nicht ohne Weiteres sagen, dass alles Gedankenmäßige nicht zu unserem Innenleben gehört. Sie brauchen sich ja nur vorzustellen, wie, wenn Sie durch äußere Wahrnehmungen, sagen wir, eine herrliche Gegend einmal in sich aufgenommen haben, sich Gedanken über diese herrliche Gegend gemacht haben, wie Sie dies jederzeit, wenn auch verblasst, aus der Erinnerung wiederum hervorrufen können. So bildet das, was sich da als Gedanke anlehnt an das Äußere, einen Teil Ihrer Innenwelt. Ebenso ist es mit anderem, was aus der Außenwelt herein erlebt wird, was sich in Gedanken verwandelt, was einen Teil der Innenwelt bildet.

Diese Gedanken, die durchsetzen ja zunächst den Ätherleib. Sie verbinden sich aber auch weiterhin mit dem Gefühle bis zum Astralleib hin. Das alles ist etwas, was innerlich vorgeht.

Diese Innenseite des Gedankenlebens, die Gefühlswelt dazu, das ist die eigentliche menschliche Innenwelt. Wir können eigentlich nichts von dem, was wir da an dem inneren Aspekt unserer Gedankenwelt erleben, was wir in unserem Gefühl erleben, in der Außenwelt suchen. Wir müssen immer in unser Inneres hineinschauen, wenn wir das kennenlernen wollen. Ich habe schon vorhin gesagt: Wir können mit Menschen sprechen, wir können andere Menschen willkürlich in uns Einblick gewinnen lassen, aber das Wesentliche davon ist doch eben: Innenleben. – Und wir können jetzt genau unterscheiden, was in gewissem Sinne Außenleben ist, indem der Mensch sein Inneres in die Außenwelt fortwährend hineinträgt, und was Innenwelt ist.

Wenn wir uns von einem Eisenbahnzug in einer Nacht von der Westschweiz nach der Ostschweiz tragen lassen, dann befinden wir uns des Morgens in einer ganz anderen Willensumgebung und nehmen diese Willensumgebung durch unsere Wahrnehmung in uns auf. Unser Inneres haben wir mitgetragen. Es ist dasselbe Innere, das wir an dem einen Orte gehabt haben und das wir an dem nächsten Orte haben, höchstens eben modifiziert durch dasjenige, was wiederum von den Gedanken aus nach innen zu uns bewegt hat, was eben Inneres geworden ist.

Wir können also ganz genau unterscheiden, wenn wir wollen, zwischen dem, was des Menschen eigentliches Inneres ist, seelisch gewoben aus den Gedanken und Gefühlen, leiblich gewoben aus einem Ineinander-Rhythmen von Ätherleib und astralischem Leib – wir können davon unterscheiden, was in gewissem Sinne Außenwelt ist, seelisch gewoben aus Willensinhalt und Wahrnehmungsinhalt, leiblich gewoben aus Ich und physischem Leib. Denn wir nehmen unseren physischen Leib mit, beobachten ihn, er kommt in andere Verhältnisse zur Umgebung. Wir können das Innere und das Äußere unterscheiden in der Weise, wie ich es eben gesagt habe.

Diese Unterscheidung ist aber sehr wichtig, wenn man nun betrachten will das Leben, das der Mensch hindurchträgt durch die Todespforte. Wir können in einer sehr kompendiösen Weise aussprechen, wie sich das, was wir jetzt charakterisiert haben als Inneres und Äußeres, nach dem Tode verhalten wird, denn wir können sagen: Das Äußere wird Inneres. Das Innere wird Äußeres.

Das ist in der Tat die gewaltige Veränderung, die vorgeht durch den Tod hindurch. Das Äußere wird Inneres. Geradeso wie wir jetzt das Innere unserer Seele empfinden – wir können es uns vergegenwärtigen, wie dieses Seelisch-Innere aus Gedanken und Gefühlen durcheinandergewoben ist –, wie wir zu diesem Inneren Ich sagen, so wird nach dem Tode alles, was wir an Wahrnehmungen über unsere Handlungen erlebt haben, unser Inneres. Es ist aber wie in einem Punkt zusammengefasst, möchte ich sagen, oder besser, in eine Sphäre zusammengefasst, was wir nun als Inneres erleben: die Anschauung dessen, was wir hier auf der Erde getan haben. Was wir getan haben – wir tragen wie unsere innere Erinnerung durch den Tod die Bilder unseres gesamten Erdenseins, und das ist dann unser Inneres. Also es ist wie eine völlige Umkehrung: was Äußeres war, was wir nur wahrnehmen konnten durch die Anschauung dessen, was wir tun, das ist dann unser Inneres. So wie wir jetzt in den Empfindungen, in den Gefühlen der äußeren Eindrücke leben, so leben wir dann in unseren Taten. Unsere Taten sind sogar dann unser Inneres. Wer also irgendjemandem etwas Gutes oder etwas Böses getan hat, der ist dann das selber, was er Gutes und was er Böses getan hat. Er ist es wirklich nach dem Tode selber. Man darf sich diese Dinge nicht so abstrakt vorstellen, dass irgendein unbestimmtes Ich durch den Tod durchschlüpft und dann etwas anderes ist, oder ein bisschen anders ist, sondern wir sind das, was wir getan haben, bis auf die Einzelheiten hin selber. Wir sind nach dem Tode jede unserer Taten. Wir sind jedes unserer Erlebnisse und sagen zu alledem Ich.

Dagegen wird das Innere ein Äußeres. Alle Gedanken, Gedanken- und Gefühlswelt wird ein Äußeres. So wie jetzt um uns herum entweder die scheinende Sonne mit den Wolken ist oder in der Nacht der Sternenhimmel mit seinen Bewegungen, so sind nach dem Tod um uns herum als unsere Außenwelt unsere Gedanken und unsere Empfindungen. Also das, was wir intim in uns tragen, das gliedert sich der Außenwelt ein nach dem Tode, das erscheint uns in mächtigen Bildern in der Außenwelt. Wir sehen nach dem Tode einen Himmel, an dem uns, so wie vom jetzigen Himmel die Sonne erglänzt, unser jetziges inneres menschliches Wesen erglänzt.

Wenn ich es im Einzelnen schildern soll, so ist es so: Ich sagte vorhin, unsere Taten fühlen wir wie eine Sphäre, wie unser Inneres. Was wir in der Welt erarbeitet haben, das gehen wir immer wieder und wieder durch; wie wir gegangen sind, so gehen wir wiederum. Wir sind gewissermaßen nach dem Tode etwas, was in immer vergrößerter Weise in einer Sphäre die eigenen Taten

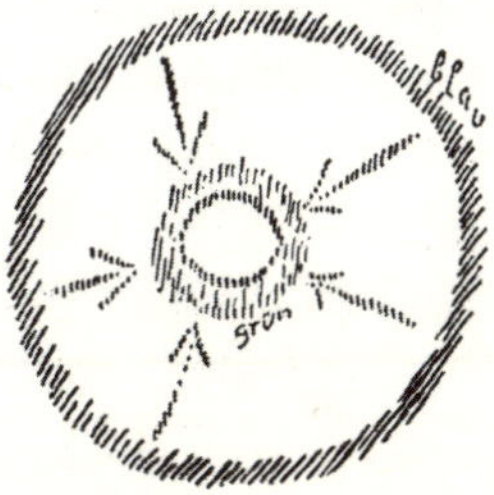

erlebt (siehe Zeichnung, blau). Und wir blicken immer zurück auf die Erde (grün). So wie wir jetzt hinausschauen in den Weltenraum zu den Sternen, zur Sonne, so blicken wir dann zurück zur Erde (Pfeile). Und die Erde ist umgeben von den Bildern unserer vorhergehenden Innenwelt. Nicht etwa als ob wir den bloßen Schein unserer Innenwelt erleben würden, sondern wir erleben von dem Orte aus, den wir verlassen haben, uns nachscheinend, diejenigen Dinge, die früher unsere Innenwelt waren, wie von diesem Orte ausströmende Wolkengebilde, auch Sternengebilde und so weiter. Die frühere peripherische Welt, in der fühlen wir uns drinnen, und die frühere Welt der Erde, auf der wir standen, fühlen wir wie unsere zentrale Außenwelt. Nach der blicken wir hin. Wir selbst sind dann die Umlaufenden, und die in der Mitte befindliche Erde ist dann dasjenige, zu dem wir hinschauen, und das im Abrollen unser ganzes Innenleben in mächtigen Bildern aufrollt. Das Äußere wird Inneres. Das Innere wird Äußeres. Das geschieht bis auf die Einzelheiten hin.

Wenn man dann aus der sich immer mehr ausbreitenden Sphäre hinunterschaut auf die Erde zurück, dann sieht man von der Erde zurückströmend all die Gefühle, Empfindungen auch, die man anderen Menschen entgegengebracht hat. Das, was man außer in Bezug auf Menschen innerlich erlebt hat, das erscheint mehr als Wolkengebilde, aber sternenhaft erscheinen die Empfindungen, die man für Menschen gehabt hat. Die Menschen selber aber, die man im Leben zwischen Geburt und Tod als Gestalten sieht, die Menschen selber, die man auf diese Weise erlebt als Erlebnisse, die bewirkt sind durch die Taten, dies wird eine Welt. Also alle die Menschen, mit denen Sie in Beziehung gestanden haben, werden mit Ihre Innenwelt.

Das ist natürlich durchaus gegenseitig. Jeder Mensch trägt, so wie er jetzt in sich seine Gefühle oder auch sein Herz und seinen Magen trägt, zwischen dem Tod und einer neuen Geburt alles, was sich abgespielt hat äußerlich im Raume und sonst zwischen ihm und den anderen Menschen, mit der Gestalt der anderen Menschen in sich. Von zwei Menschen, die sich gegenseitig nahegestanden haben, trägt der eine, A, das Bild des B, der B das Bild des A als seinen eigenen inneren Gehalt in sich. Das Äußere wird Inneres; das Innere, die Gefühle, die wir erlebt haben, die werden Äußeres, die werden kosmischer Inhalt. Was wir für die

Menschen empfunden haben, was wir alles von den Menschen erhalten haben, das strahlt uns von der Erde nach.

Auf diese Weise wird der Mensch tatsächlich zu einer Art Schöpfer dessen, was nach dem Tode um ihn herum ist. Während des Lebens ist es so: Nicht wahr, wir stehen ja immer an irgendeinem Punkte der Welt – ich meine jetzt nicht nur das gewöhnliche triviale in Basel- oder in Dornach-Stehen, sondern ich meine das überhaupt als irgendeinen Punkt, irgendeinen Standpunkt in der Welt, den wir haben, sowohl in physischer wie in moralischer Beziehung. Von dem aus sehen wir dann die Welt. So dass wir sagen können: Wir stehen an einem bestimmten Punkte und sehen die Welt von diesem Punkte aus perspektivisch. Das ist etwas Subjektives. Jeder andere hat ja seinen anderen Standpunkt.

Nach dem Tode ist es anders. Da haben die Menschen schon ein Gemeinsames. Sie haben nämlich die Sphäre als ein Gemeinsames. Aber jeder hat ein anderes Innenleben gehabt. Daher umstrahlt sich ihm die Erde in einer anderen Weise, mit anderen Wolken, mit anderen Sternengebilden. Es ist so, als wenn alle Menschen an einem einzigen Punkte auf der Erde stehen würden, aber hier für den einen einmal das Bild, für den anderen ein anderes Bild vorhanden sein würde. So etwa kann ich das versinnlichen für die Zustände nach dem Tode.

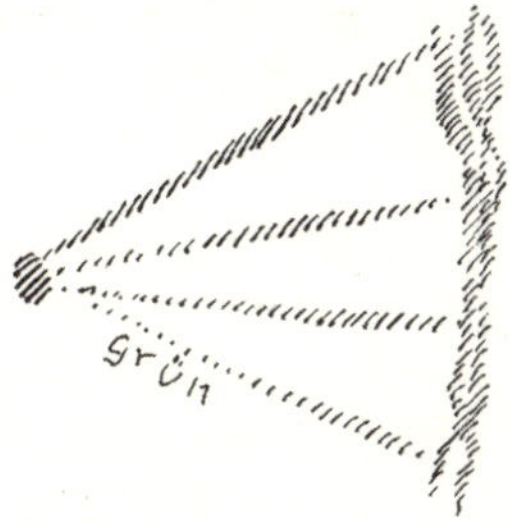

Der Mensch legt ja mit dem Tode seinen physischen Leib ab. Dieser physische Leib wird – ich habe das auch schon im Zusammenhange mit früheren Darstellungen der letzten Wochen hier auseinandergesetzt[3] – von dem Erdenreich selber aufgelöst. Was aber bleibt, das ist jenes Gewebe, das aus unseren Taten entsteht, indem wir unsere Taten, die Offenbarungen unseres Willens, mit unseren Wahrnehmungen verfolgen. Denken Sie sich, alle Wege, die Sie gemacht haben auf der Erde – nehmen wir also an: als Kind, da sind Sie so irgendwie herumgekrochen, dann gegangen, dann haben Sie eine weite Reise gemacht, alles mögliche, nicht wahr –, das alles, das wird dann Innenleben. Aber das ist nur das äußerste Gerüste.

Nun, alles das, was Sie da im Einzelnen getan haben, alles das webt sich zu einem Gewebe zusammen; das dehnt sich aus, das wird Sphäre, das wird Innenleben. Es wird Innenleben, und dass es Innenleben wird, das verbürgt dem Menschen sein Ich während des Erdendaseins. Denn von der Erde hat er sein Ich oder durch die Erde hat er sein Ich. Dass er alles das, was er auf der Erde tut, nach dem Tode zusammengewebt erhält in einem solchen Wahrnehmungs-Erinnerungsbilde, das bewirkt, dass er sein Ich eben durch den Tod trägt. Dagegen die eigentlichen inneren

Erlebnisse, sie werden ja kurze Zeit nach dem Tode nacherlebt, indem sich der Ätherleib erst etwas später löst. Der Ätherleib löst sich aber in den Weltenraum hinaus auf, und das gibt die Grundlage dafür ab, dass alles das, was aus Gedanke und Gefühl so vom Ätherleib aus, aber auch mit dem astralischen Einschlag, gewoben ist, dass das wird zu jenem Wolkengebilde oder auch, wie ich angedeutet habe, Sternengebilde, das die Erde umgibt. Was da von uns abfällt nach zwei Richtungen hin, zur Erde und in den Luftraum gewissermaßen hinaus, das konstituiert unser Inneres und unser Äußeres, indem wir durchgehen durch das Leben zwischen dem Tod und einer neuen Geburt.

Stellen Sie sich einmal recht lebendig vor, was Sie also für eine Umwelt zwischen dem Tode und einer neuen Geburt haben. Sie haben Ihr Tun, insofern es dem Willen entströmt, als Ihr Innenleben. Sie haben Ihr Gefühls-, Ihr Gedankenleben als den Kosmos, als die Außenwelt. Nur sehen Sie nicht in den Weltenraum hinaus, sondern vom Weltenraume herein auf die Erde, die Ihnen zurückstrahlt diese Ihre inneren Gedankenaspekte. Wenn wir hier zwischen Geburt und Tod leben, haben wir auf der einen Seite das Sonnenleben. Die Sonne steht draußen. Wir stehen auf der Erde. Wir schauen die Sonne an. Nach dem Tode verschwindet die Sonne sofort. Wir sind sie nämlich selber, und was wir selber sind, das sehen wir nicht. Wir gehen einfach in das Sonnenleben über, und das, was ich vorhin beschrieben habe, ist eben der Übergang in das Sonnenleben. Dieses, dass unsere Taten wir selber werden, das hängt damit zusammen, dass wir in das Sonnenleben übergehen. Und indem wir uns von der Erde entfernen, wird eben dasjenige, was wir durch die Erde erlebt haben, das wird jetzt das, auf das wir hinschauen. Hier stehen wir auf der Erde, schauen zur Sonne hin. Wir sehen unter uns die Erde. Das ist wegen der eigentümlichen materiellen Beschaffenheit der Erde. Die Sonne hat keine materielle Beschaffenheit.

Was die Physiker darüber aussagen, ich habe ja öfter gesagt, ist nur eitel Phantasterei.[4] Wenn wir gewissermaßen selber in der Sonne sind und zurückschauen, so haben wir hinter uns die ganze geistige Welt, die Hierarchienwelt. Also wie wir hier auf der Erde auf feste Materie schauen, indem wir unter uns hinunterschauen, so haben wir dann zwischen dem Tod und neuer Geburt hinter uns die Hierarchienwelt. Also wir sind Sonne und sehen die wahre Sonne, die ja geistig ist. Die Erde könnten wir Himmel nennen. Nur ist das jetzt eben der Himmel, den die Menschen bereiten aus dem, was sie innerlich leben. Das wird ja auch die Zukunft sein, das wird auch das Jupiterdasein sein. Ich habe das ja anschaulich auseinandergesetzt.[5] All das, was da die Menschen um die Erde herum weben durch ihre Gefühle, durch ihre Gedanken, das wird bleiben. Verschwinden wird das, was heute als materielle Erde da ist, denn das geht unter. Heute kann der Mensch zwischen dem Tod und einer neuen Geburt sehen, was er da innerlich webt. Nachher, wenn die Erde ihrem Untergang entgegengeht, dann wird das Realität, dann wird das selber eine neue Erde; dann schmilzt die alte Erde weg, und all das, was die Menschen innerlich durchlebt haben, das wird die Zukunft der Erde.

So vollzieht sich die wirkliche Metamorphose. Wir haben ja nur ein äußerliches Abstruses, wenn wir sagen, die Erde geht über in den Jupiter. Wir durchschauen den Vorgang nur, wenn wir wissen: Das, was äußerliche Erdenmaterie ist, schmilzt in den Weltenraum ab, zerstäubt; das, was sich da herumwebt aus unseren Gefühlen, das wird die zukünftige Erde, das dichtet sich immer mehr und mehr, das wird eigentlich der Jupiterplanet.

Nicht wahr, wie wir heute, sagen wir, durch die Geologie hineingraben in die untere Schichte der Erde und zuweilen diese oder jene Schichten aufgraben, die sich vor sehr, sehr langen Zeiten gebildet haben, so wird man in der Zukunft, im Jupiterdasein, einmal erforschen können die einzelnen Schichten, die sich da ergeben haben. Man wird dann also auch allerlei Schichten finden aus den übereinandergeschichteten menschlichen Gefühlen und Gedanken. Man wird zum Beispiel einmal als Jupitergeologe da eine Schichte nach der anderen weggraben und nun, wie der Erdengeologe sagt: Da ist das Rotliegende, das sind die Tertiärschichten – so wird der Jupitergeologe einmal sagen: Ah ja, das ist eine Schichte, die weist uns zurück in eine Zeit, 20. Jahrhundert wurde es von der Erdenzeit genannt, Anfang des 20. Jahrhunderts, das ist die Schichte, die gebildet ist durch all die Schieber, die im 20. Jahrhundert ihre Gefühle und Gedanken fast über die ganze Erde hin entwickelt haben. – Wie wir also jetzt von Silur sprechen, so wird man in der Zukunft sprechen können von der «Schieberschicht». Natürlich wird man auch von anderen Schichten sprechen können. Aber das sind durchaus Realitäten.

Es ist dem Menschen nicht gestattet, das, was er in seinem Inneren erlebt, vergehen zu lassen. Das wird Welt, das ist Werdewelt. Das wird Welt. Und nur das, was in der Zukunft Welt ist, sieht eben der Mensch jetzt schon durch sein Bewusstsein zwischen dem Tod und einer neuen Geburt.

Wenn wir hier auf der Erde stehen, verfolgen wir unter den mancherlei Dingen, die in unserer Umgebung sind, ja auch den Mond. Er stellt sich in ganz besonderer Weise in unsere Umgebung hinein. Er gibt uns das Sonnenlicht wieder zurück. Wir erblicken gewissermaßen nur insofern seine Oberfläche, als das Sonnenlicht ihm ein Kleid webt. So dass uns eigentlich, auch wenn der Mond scheint, die Sonne scheint; nur auf einem Umwege erscheinen uns dann die Sonnenstrahlen. Er ist gewissermaßen doch als Erdentrabant in einem ganz besonderen Verhältnisse zu uns.

Wenn wir in dem Leben zwischen Tod und einer neuen Geburt sind, so haben wir also zunächst unsere Innenwelt, die Wirkung all unserer Taten, insofern sie im Willen wurzeln, als Innenweltsphäre, den zentralen Kern, umgeben von unseren Gefühlen und Gedanken, die in den Weltenraum hinausstrahlen. Aber so etwas wie der Mond ist auch da. Ich möchte sagen, wir sehen dann den Mond von der anderen Seite. Dieses Leben in der Sphäre hat es ja mit anderen perspektivischen Gesetzen zu tun als unser Leben hier auf der Erde, und manches von diesen perspektivischen Gesetzen ist natürlich schwer zu sagen, weil eben die Erdengesetze so andere sind. Wir sind nämlich zwischen dem Tod und einer neuen Geburt in einem gewissen Sinne nicht außerhalb des Mondes, sondern innerhalb des Mondes. Wir stehen immer mit dem Inneren des Mondes in einem gewissen Zusammenhang. Wir sind gewissermaßen im Inneren des Mondes. Wie wir hier auf der Erde immerfort dieses zurückgeworfene Sonnenlicht sehen, so sehen wir zwischen dem Tod und neuer Geburt fortwährend das Innere des Mondes (siehe Zeichnung).

Nun, wie gesagt, die Perspektive ist da eine andere. Es ist Ihnen vielleicht am verständlichsten, wenn ich die Sache in der folgenden Weise klar mache: Nehmen Sie an, das wäre die Erde (siehe Zeichnung Seite 89, Innenkreis); da herum kreist der Mond (Punkt und dunkler äußerer Kreis innen). Nun kommt ja für die Verhältnisse, die wir dann zu erörtern haben für den Anblick nach dem Tode, nicht etwa diese Kugel hier in Betracht, sondern es kommt in Betracht die ganze Mondensphäre. Diese ganze Sphäre, in der er herumkreist, die kommt in Betracht (schraffierte Fläche), und sie nehmen wir eigentlich von innen wahr. Zunächst entfernen wir uns in der Sphäre von der Erde. Da sind wir natürlich lange Zeit so im Umkreise, dass wir uns innerhalb der Mondensphäre befinden. Zunächst, nicht wahr, sind wir ja innerhalb der Mondensphäre, da und da und so weiter, immer in der Mondensphäre drinnen. Nun kommen wir aber auch außerhalb der Mondensphäre. Da können wir sie jetzt nicht von innen aus sehen. Aber wir sehen sie auch von außen nicht, sondern sie hört auf, dann für uns sichtbar zu sein, für uns wahrnehmbar zu sein. Sie bleibt uns aber als Erinnerung.

Und das, was wir da zunächst sehen, was gewissermaßen Anschauung ist an der Innenwand des Mondes, der Mondensphäre – indem wir hinausgehen, sehen wir es: Was wir dann in der Erinnerung behalten, das ist es, was wir behalten als die Wirkungen eines früheren Erdenlebens in dem späteren Erdenleben. Tatsächlich ist es dieser Mond, welcher die Ereignisse des einen Erdenlebens als Wirkungen gegenüber folgenden Erdenleben hinüber bewahrt. Mit dem Monde und seinem ganzen Geheimnis im Kosmos hängt nämlich das Hinüberleben des Inhaltes des einen Erdenlebens in die nächsten Erdenleben zusammen.

Wir haben hier einen Aspekt, indem wir auf der Erde stehen und in den Weltenraum hinausblicken; das ist der Aspekt zwischen der Geburt und dem Tode. Wir haben einen anderen

Aspekt zwischen dem Tod und einer neuen Geburt, indem wir in der Sphäre sind und in den zentralen Kern zurückblicken. Da haben wir eben die Welt, die der unsrigen in einem gewissen Sinne entgegengesetzt ist. Aber durch beide Welten hindurch wird getragen, was gewissermaßen durch den Mond von uns aufbewahrt wird, konzentriert wird und so weiter. Der Mond ist schon in einem gewissen Sinne ein für uns außerordentlich wichtiges Gestirn. Er ist der Vermittler zwischen den einzelnen Erdenleben; natürlich nicht jene Schlacke, die wir hier im Lichtglanze sehen von der Erde aus, sondern in seiner ganzen geheimnisvollen Weltwesenheit ist er das.
Sie sehen, auf diese Weise fügt sich das Leben des einzelnen Menschen mit dem Leben des ganzen Kosmos zusammen. Indem wir hier zwischen Geburt und Tod leben, sehen wir gewissermaßen das, was uns frühere Welten übriggelassen haben, was übriggeblieben ist von Saturn-, Sonnen-, Mondendasein, von früherem Erdendasein. Das alles sehen wir, wenn wir hier sind, umglänzt von den Erscheinungen, die uns als Phänomene umgeben. Das weist uns mehr oder weniger auf die Vergangenheit. All das, was wir im Inneren tragen und was wir selbst auf dieser Erde ausführen, das weist uns auf die Zukunft. Und wir sehen gewissermaßen hereinspiegelnd in die Gegenwart schon diese Zukunft in unseren Erlebnissen zwischen dem Tode und einer neuen Geburt, indem das Innere Äußeres, das Äußere Inneres wird.

Wenn Sie den ganzen Sinn der Darstellungen, die ich in vorigen Wochen hier gegeben habe, nehmen, wie der Mensch sein Leben zwischen dem Tod und einer neuen Geburt hereinträgt in dieses Erdenleben, so war es ja etwas Ähnliches. Ich sagte: Was der Mensch mit dem äußeren Kosmos bis in die Konstellation der Planeten äußerlich erlebt, das tritt wiederum auf in seiner Organisation, das tritt wiederum auf in seinem Inneren, und das, was er als Inneres hatte, das wird sein Äußeres. Jetzt nach dem Tode ist es in einer ähnlichen Weise der Fall: Das, was er von sich ausgehend als Außenwelt begründet, das wird sein Inneres; das, was er innerlich erlebt, erlebt entweder durch seine Umgebung, oder erlebt, wie ich sagte, als befriedigende Gefühle oder als Selbstvorwürfe an seinen Taten, diese innere Welt, die wird seine äußere Welt, seine äußere Welt, die ihm wie sein Firmament jetzt – aber es ist zentral – entgegenblickt hinaus in den Weltenraum.

Man kann ja auch sagen, wenn so etwas nicht missverstanden wird: Des Menschen äußeres Leben wird sein Innenleben, wird sein Sonnenleben, denn er wird ein Bewohner der Sonne; des Menschen Inneres, insofern es auf der Erde erlebt worden ist, wird sein Himmel. Nur ist der Himmel jetzt das, was er unten gewahrt. Die Erde wird Himmel, die Sonne wird Erde in dem Leben zwischen dem Tod und einer neuen Geburt.

Es ist doch schon so: Wenn diese andere Seite der Welt aus wirklicher Anschauung hinzugefügt wird zu derjenigen Weltanschauung, die ja der heutige intellektualistische Erdenmensch als die einzige betrachtet, dann wird erst das vollständige Bild der Welt vor den Menschen hintreten. Dann wird sich der Mensch eben durchaus anders in der Welt fühlen. Dieses andere Weltenbild ist ja eigentlich das, was in der Anthroposophie geschildert wird, was ich immer schildere – im Gegensatze zu dem passiven Weltbild, das sich der Mensch aus der äußeren Beobachtung bildet – als ein aktives Weltbild, als dasjenige Weltbild, an dem man tätigen Anteil nehmen muss. Sie müssen ja, wenn Sie anthroposophische Bücher lesen, Ihre Gedanken in Bewegung bringen. Wenn Sie einem anthroposophischen Vortrage zuhören, müssen Sie Ihre Gedanken in Bewegung bringen. Derjenige, der nur an Heutiges gewohnt ist, der will da nicht mit, der möchte alles in Ruhe gegeben haben, so dass auch seine Gedanken nur ruhige, passive Abbilder davon sind, dass er da in einer gewissen Weise so etwas schlafen kann an der Umgebung.

Der Mensch hat hier im Dasein zwischen der Geburt und dem Tode physischen Leib, Ätherleib, Astralleib und Ich. Das Ich ist es, was wir als das Höchste hier im Erdendasein angeben können. Indem der Mensch nach dem Tode ins Sonnendasein übergeht, ist eigentlich das Ich das Unterste, und er hat als das nächste Gebilde von unten dasjenige, was sich ergibt als Geistselbst, dann Lebensgeist, Geistesmensch, die physisch erst in folgenden Entwickelungsperioden da sein werden, die aber der Mensch in geistiger Beziehung entwickelt zwischen dem Tod und einer neuen Geburt.

Das Geistselbst ist es in der Tat, was als Bild der Erde hinausstrahlt in den Weltenraum. Das Ich lebt in der Sonne, im Sonnendasein, und das Geistselbst strahlt von der Erde, so wie ich es beschrieben habe, zurück. Die anderen Gebilde sind höhere Gebilde, die dann aus dem Kosmos dem Menschen zukommen, die mit seinem eigenen Inneren zunächst nichts zu tun haben. Dieses, was ihm da entgegenstrahlt, das erscheint in einem neuen Leben; dadurch wird es Lebensgeist. Und das, was er als seine Taten hat, wird von einer hohen geistigen Substantialität durchzogen, durchzittert – Geistesmensch. Das ist etwas, was ihm dann vom Kosmos aus hinzugefügt wird, was er gewissermaßen da draußen empfängt. So wie er, wenn er herunterkommt durch die Geburt, seinen physischen, seinen Ätherleib bekommt, so bekommt er seinen Lebensgeist, seinen Geistesmenschen, wenn er durch des Todes Pforte gegangen ist, als dasjenige, mit dem er dann umkleidet wird. Dagegen stammt wirklich von ihm das, was dann Ich ist – ich habe es hier etwas skizziert. Und das, was ihm hinausstrahlt von der Erde, dieses Geistselbst, ist in der Tat zwischen dem Tod und einer neuen Geburt ein fein gewobenes planetarisches Dasein, etwas, was man dann empfindet wie eine umgewandelte Erde, auf die man zurückblickt, die man von Leben zu Leben weiterwebt. So dass dann, wenn die Erde am Ende ihrer Entwickelung angelangt sein wird, der Mensch mit ihr selbst zum Jupiter hinübergehen wird und er gerade durch das, was er da gewoben hat, sein Geistselbst auch auf dem Jupiter physisch wird entwickeln können, denn er hat die Grundlage davon während des Erdendaseins durch sein eigenes Inneres gelegt.

So sind die realen Vorgänge. So vollzieht sich die Entwickelung wirklich. Sie sehen, man braucht nicht äußerlich Worte zusammenzustellen: Erdendasein, Jupiterdasein –, und von außen abstrakt die Dinge zu beschreiben, sondern man kann durchaus, wenn man den Menschen in seiner Ganzheit erfasst, das Übergehen des einen in das andere schildern. Man muss nur seine Begriffe so gestalten können, dass sie selbst solche Anschauungen erfassen können: wie unsere Gefühle und Gedanken, in uns sich verbreitend, selbst von der Erde planetarisch, sternenhaft in den Weltenraum hinausstrahlen, mit dem wir dann selber leben; wie wir die anderen Menschen, mit denen wir in ein Verhältnis gekommen sind, nunmehr in uns tragen.

Kompliziert ist das Menschenleben. Aber es haben eben diejenigen recht wenig vom Richtigen einen Sinn, die da mit ein paar hingepfahlten Begriffen eine Weltanschauung aufbauen möchten. Die lässt sich nur aufbauen aus der Anschauung des Gesamtlebens. Nun ist selbst im kleinsten Käferchen das Leben etwas sehr Kompliziertes, und man sollte sich nur ja nicht vorstellen, dass im ganzen Weltenall, mit dem der Mensch als ein Mikrokosmos zusammenhängt, das Leben so gestaltet ist, dass man es mit ein paar hingepfahlten Begriffen umfassen könnte.

Davon wollen wir dann morgen weiter reden.

Der Aufbau des Menschen:

im Erdenleben	im Leben zwischen Tod und neuer Geburt
Ich	
Astralleib	Geistesmensch
Ätherleib	Lebensgeist
Physischer Leib	Geistselbst
	Ich

Empfindungen für das Karma gewinnen

Stuttgart, 20. Februar 1912

Wenn wir das Leben in Betracht ziehen, wie es sich um uns herum abspielt, wie es sozusagen seine Wogen hereinwirft in unser Inneres, in all das, was wir selber während unseres physischen Erdendaseins zu empfinden und zu leiden haben, oder worüber wir uns zu freuen haben, so können wir mehrere besondere Gruppen oder Arten von Erleben ins Auge fassen.

Wir finden zunächst, wenn wir mehr auf uns selbst schauen, auf dasjenige, was in unseren Fähigkeiten, in unseren Talenten liegt, wir finden, wenn uns dieses oder jenes gelingt, dass wir uns sagen können: Nun, nachdem wir schon einmal dieser oder jener Mensch sind, ist es ganz natürlich und begreiflich, dass uns dieses oder jenes gelingen musste. – Wir können aber auch gewisse Misserfolge, die uns betroffen haben, vielleicht gerade das, was wir als Missgeschick und Unglück bezeichnen müssen, weil es uns nicht gelungen ist, im ganzen Zusammenhang unseres Wesens begreiflich finden.

Vielleicht gelingt es uns nicht immer in solchen Fällen, genau nachzuweisen, wie dieser oder jener Misserfolg, dieses oder jenes, was uns nicht gelungen ist, zusammenhängt mit unserer Unfähigkeit nach dieser oder jener Richtung. Aber wenn wir uns dann im Allgemeinen sagen müssen: Du warst ja in vielen Beziehungen im jetzigen Erdendasein ein leichtsinniges Subjekt, da kannst du begreifen, dass du unter Umständen verdientermaßen diesen oder jenen Misserfolg haben musst –, dann können wir vielleicht nicht ganz unmittelbar den Zusammenhang einsehen zwischen Misserfolg und Unfähigkeit, aber im Allgemeinen doch begreiflich finden, dass, wenn wir leichtsinnig waren, nicht alles am Schnürchen gelingen konnte.

Von dem, was jetzt besprochen worden ist, können Sie sich denken, dass wir gewissermaßen eine Art ursächlichen Zusammenhanges einsehen könnten zwischen dem, was geschehen musste aus unseren Fähigkeiten und unseren Unfähigkeiten heraus. Es gibt aber viele Dinge im Leben, bei denen wir, auch wenn wir noch so genau zu Werke gehen, nicht erreichen, das, was uns gelingt oder misslingt, ohne Weiteres in Zusammenhang zu bringen mit unseren Fähigkeiten oder Unfähigkeiten, bei denen uns gewissermaßen undurchsichtig bleibt, wie wir dieses oder jenes verschuldet haben, oder wie wir es verdient haben. Kurz, wenn wir mehr unser Innenleben ins Auge fassen, werden wir unterscheiden können zwischen zwei Gruppen von Erlebnissen. Die eine Gruppe ist die, bei der wir uns bewusst sind, wie es mit den Ursachen unseres Gelingens und Misslingens bestellt ist; bei der anderen Gruppe werden wir einen solchen Zusammenhang nicht überschauen können. Bei dieser letzteren Gruppe wird es uns mehr oder weniger als Zufall erscheinen, dass gerade dieses uns misslungen, ein anderes uns gelungen ist. Wir wollen uns zunächst merken, dass es im Leben diese letztere Gruppe von Tatsachen und Erfahrungen hinlänglich gibt, und wollen später einmal das Augenmerk auf diese Gruppe lenken.

Wir können dann, entgegen dem, was jetzt besprochen worden ist, unser äußeres Schicksal mehr ins Auge fassen. Da werden wir eigentlich wiederum zwei Gruppen von Tatsachen in Bezug auf unser äußeres Geschick ins Auge fassen müssen. Wir können solche Fälle ins Auge fassen, bei denen wir innerlich einsehen, dass wir in Bezug auf diese Ereignisse, die uns treffen – also nicht, was wir selber unternommen haben –, gewisse Dinge sozusagen selber herbeigeführt haben, schuld sind an solchen Dingen. Aber von einer anderen Gruppe werden wir sehr geneigt sein zu sagen: Wir können den Zusammenhang nicht einsehen mit dem, was wir gewollt, was wir beabsichtigt haben. Es sind diejenigen Ereignisse, bei denen man im gewöhnlichen Leben davon spricht, dass sie wie ein Zufall, der anscheinend mit nichts, was wir selber herbeigeführt haben, zusammenhängt, in unser Leben hereingebrochen sind.

Diese zweite Gruppe ist es, die wir jetzt ins Auge fassen wollen mit Bezug auf das innere Leben, also diejenigen Ereignisse, von denen wir nicht einsehen können, dass sie als etwas Direktes, Unmittelbares mit unseren Fähigkeiten und Unfähigkeiten zu tun haben; äußere Ereignisse also, das, was wir Zufallsereignisse nennen, von denen wir von vorneherein nicht die Einsicht gewinnen können, dass sie durch irgendetwas Vorhergehendes herbeigeführt worden sind.

Nun kann man einmal probeweise sozusagen mit diesen beiden Gruppen von Erlebnissen eine Art Experiment machen. Das Experiment verpflichtet einen ja zunächst zu nichts. Man probiere sozusagen nur einmal dasjenige, was jetzt gesagt, was jetzt charakterisiert werden soll.

Wir können das Experiment machen, indem wir uns vorstellen: Wie wäre es denn, wenn wir einmal eine Art von künstlichem Menschen konstruieren würden, so einen künstlichen Menschen uns ausdenken würden, dass wir von diesem künstlichen Gedankenmenschen, den wir uns ausgedacht haben, sagen würden, gerade diejenigen Dinge, von denen wir keinen Zusammenhang wissen mit unseren Fähigkeiten, die seien so, dass wir den künstlichen Menschen, den wir uns ausdenken, begaben mit den Eigenschaften und Fähigkeiten, welche diese bei uns unbegreiflichen Dinge herbeigeführt haben. Also ein Mensch, der solche Fähigkeiten hat, dass ihm das gelingen oder misslingen muss, wovon wir uns nicht zuschreiben können, dass es uns nach unseren Fähigkeiten oder Unfähigkeiten gelinge oder misslinge.

Wir stellen ihn uns also vor als einen solchen Menschen, welcher künstlich, ganz absichtlich herbeigeführt hätte die Dinge, welche zufällig in unserem Leben eingetreten zu sein scheinen.

Man kann von einfachen Beispielen ausgehen, um das zu erläutern. Nehmen wir an, ein Ziegelstein wäre auf unsere Schulter gefallen und hätte uns an der Schulter verletzt. Da werden wir zunächst geneigt sein zu sagen: Das ist ein Zufall. – Aber konstruieren wir einen künstlichen Menschen probeweise zunächst wie ein Experiment, der folgende sonderbare Sache machen würde. Wir konstruieren einen Menschen, der auf das Dach steigt und dort rasch einen Ziegelstein loslöst, aber nur so weit, dass der Stein noch einen gewissen Halt behält; dann läuft der künstliche Mensch schnell wieder hinunter, so dass, wenn der Stein sich loslöst, er gerade auf seine Schultern fällt. So machen wir es in Bezug auf alle Ereignisse, von denen uns einfällt, dass sie zufällig in unserem Leben eingetreten sind. Einen künstlichen Menschen konstruieren wir, der alles verschuldet oder herbeiführt, wovon wir im gewöhnlichen Leben nicht einsehen können, wie es mit uns zusammenhängt.

Wenn man das tut, so könnte es zunächst ausschauen wie ein bloßes Gedankenspiel. Und es verpflichtet zu nichts, wenn man das tut. Aber eine Merkwürdigkeit stellt sich heraus, wenn man das tut. Wenn man einen solchen Menschen ausgedacht hat und ihn begabt hat mit den geschilderten Eigenschaften, dann macht dieser künstliche Gedankenmensch einen ganz merkwürdigen Eindruck auf uns. Wir kommen nämlich von dem Bilde eines Menschen, das wir uns da gemacht haben, obwohl es scheinbar so künstlich konstruiert ist, nicht mehr los; es fasziniert uns, es macht den Eindruck, als ob es doch irgendetwas mit uns zu tun haben müsste. Dafür sorgt schon die Empfindung, die man gegenüber dem künstlichen Gedankenmenschen hat. Wenn man sich recht sehr hineinvertieft in dieses Bild, so lässt es einen ganz sicher nicht mehr los. Ein merkwürdiger Prozess bildet sich in unserem Gemüt; ein Prozess, den man vergleichen kann mit folgendem: Wir kommen zu einem inneren Gemütsprozess, den der Mensch alle Augenblicke durchmacht. Wir können irgendetwas denken, können einen Entschluss fassen; wir brauchen dazu etwas, was wir einmal gewusst haben, und wir wenden alle möglichen künstlichen Mittel an, um uns auf das zu besinnen, was wir gewusst haben. Bei diesem Anstrengen, in das Gedächtnis etwas heraufzurufen, was uns entfallen ist, machen wir natürlich einen Gemütsprozess durch, das Uns-Besinnen, wie wir es im gewöhnlichen Leben nennen. Und alle die Gedanken, die wir zu Hilfe nehmen, um uns auf etwas zu besinnen, sind Hilfsgedanken. Versuchen Sie nur einmal, darauf zu kommen, wie viel solcher Hilfsgedanken Sie oftmals aufwenden müssen, die Sie dann wieder fallen lassen, um auf das zu kommen, was Sie wissen wollen. Solche Hilfsgedanken sind dazu da, dass sie den Weg eröffnen auf das zu Besinnende, was wir eigentlich gegenwärtig brauchen.

Gerade so, nur wie etwas weit Umfassenderes, ist jener Gedankenmensch, den wir geschildert haben, ein Hilfsprozess. Er lässt uns nicht mehr los; er arbeitet in uns so, dass wir sagen, er ist etwas, was als Gedanke in uns wohnt, etwas, was da fortwirkt, was sich umwandelt in uns; was tatsächlich sich umwandelt zu der Idee, zu dem Gedanken, der nun auftritt wie etwas, was uns einfällt, wenn wir uns im gewöhnlichen Erinnerungsprozess besinnen, der auftritt wie etwas, was uns überwältigt. Wie wenn etwas sagen würde: So kann er nicht bleiben, er ändert sich um in dir, er entfaltet Leben, er wird zu etwas anderem!

Das drängt sich uns auf – machen Sie das Experiment! –, es drängt sich uns so auf, dass es uns sagt: Ja, das ist etwas, was mit einem anderen als deinem jetzigen Erdendasein einiges zu tun hat. Eine Art Besinnung auf ein anderes Erdendasein, der

Gedanke tritt ganz bestimmt auf. Es ist mehr ein Gefühl als ein Gedanke, eine Empfindung, aber eine solche, wie wenn wir das, was im Gemüt auftritt, so fühlen wie das, was wir selber einmal in einer früheren Inkarnation auf dieser Erde waren.

Anthroposophie ist eben durchaus, wenn wir sie als etwas Ganzes betrachten, nicht bloß eine Summe von Theorien, von Mitteilungen von Tatsachen, die da bestehen, sondern sie gibt uns Vorschriften und Anweisungen, wie man dies oder jenes erreichen kann. Die Anthroposophie sagt: Du wirst mehr und mehr dahin geführt, dass du dich leichter besinnen kannst, wenn du dies oder jenes machst. – Man kann auch sagen, und das ist durchaus aus dem Gebiet der Erfahrung geschöpft: Wenn du so vorgehst, bekommst du einen Gemütseindruck, einen Gefühlseindruck von dem Menschen, der du früher warst. – Wir kommen da zu dem, was man nennen könnte: eine Erweiterung unseres Gedächtnisses. Nun ist dies, was sich uns da eröffnet, wirklich zunächst nur eine Gedankentatsache, solange wir den geschilderten Gedankenmenschen konstruieren. Aber der Gedankenmensch bleibt nicht Gedankenmensch. Er verwandelt sich in Empfindungs-, in Gemütseindrücke, und indem er dies tut, wissen wir: In dem, was wir empfinden, haben wir etwas, was zu tun hat mit unserer vorhergehenden Inkarnation. Unser Gedächtnis erweitert sich auf unsere frühere Inkarnation.

In dieser Inkarnation erinnern wir uns an die Dinge, bei denen wir mit unseren Gedanken zugegen sind. Sie alle wissen, dass man sich verhältnismäßig leicht erinnert an die Dinge, in welche unsere Gedanken hereingespielt haben. Im gewöhnlichen Leben bleibt aber nicht so leicht lebendig dasjenige, was in unser Gefühl hereingespielt hat. Wenn Sie versuchen, zurückzudenken an das, was Ihnen großen Schmerz gemacht hat vor zehn, zwanzig Jahren, so werden Sie sich leicht an die Vorstellung erinnern; Sie werden sich an das, was sich da abgespielt hat, in Ihren

Vorstellungen zurückversetzen; aber zu einer lebendigen Empfindung des damals empfundenen Schmerzes können Sie nicht gelangen. Der Schmerz verblasst, die Erinnerung an ihn ergießt sich in unsere Vorstellung. Was jetzt geschildert worden ist, ist ein Gemütsgedächtnis, ein Gefühlsgedächtnis. Und in der Tat, als solches fühlen wir unsere frühere Inkarnation. In der Tat tritt das auf, was wir nennen können: eine Erinnerung an frühere Inkarnationen. Es kann ja nicht so ohne Weiteres angesehen werden wie das, was in die gegenwärtige Inkarnation hereinspielt, was Träger der Erinnerung ist an frühere Inkarnationen. Bedenken Sie nur einmal, wie innig verwachsen unsere Vorstellungen mit dem Ausdruck der Vorstellungen sind, mit unserer Sprache. Die Sprache ist die verkörperte Vorstellungswelt. Und die Sprache muss ein jeder Mensch in den einzelnen Leben wieder lernen. Der größte Sprachforscher oder Sprachkenner muss als Kind mit Mühe seine Muttersprache erlernen. Es ist noch nicht der Fall vorgekommen, dass ein Gymnasiast das Griechische deshalb leicht lernte, weil er sich rasch erinnert hätte an das Griechisch, das er in früheren Inkarnationen gesprochen hat!

Der Dichter Hebbel hat mit einigen Gedanken den Plan eines Dramas aufgezeichnet, das er schreiben wollte.[6] Schade, dass er es nicht getan hat, es wäre ein sehr interessantes Drama geworden. Die Handlung war so gedacht, dass der wieder verkörperte Plato als Gymnasiast bei der Erklärung des alten Plato die allerschlechteste Zensur bekäme! Leider ist der Plan Hebbels nicht zur Ausführung gekommen. Wir brauchen nicht bloß daran zu denken, dass die Lehrer zum Teil pedantisch sind und so weiter. Wir wissen, dass das, was Hebbel aufzeichnete, darauf beruht, dass das Vorstellungsmäßige, was sich in den unmittelbaren Erfahrungsvorstellungen abspielt, mehr oder weniger unmittelbar beschränkt ist auf die gegenwärtige Inkarnation. Und es ist so, wie jetzt angedeutet worden ist, dass die erste Impression, der erste Eindruck von der vorhergehenden Inkarnation unmittelbar auftritt als Gefühlsgedächtnis, als eine neue Art von Gedächtnis. Was wir als Eindruck haben, wenn dieses Gedächtnis von dem Gedankenmenschen her entsteht, den wir konstruiert haben, ist mehr ein Gefühl, aber ein solches Gefühl, dass man versteht: Der Eindruck rührt von einem Kerl her, der einmal existiert hat und der du selber warst! – Man bekommt etwas wie ein Erinnerungsgefühl als ersten Eindruck an die vorhergehende Inkarnation.

Was da geschildert worden ist als Konstruktion eines Gedankenmenschen, das ist nur ein Mittel. Dieses Mittel wandelt sich um in einen solchen Gemüts- oder Gefühlseindruck. Jeder Mensch, der an die Anthroposophie herantritt, hat eigentlich mehr oder weniger Gelegenheit, leicht dasjenige auszuführen, was jetzt geschildert worden ist. Und wenn er dieses ausführt, wird er schon sehen, dass er wirklich in seinem Inneren einen Eindruck erhält, sagen wir – um ein anderes Beispiel zu gebrauchen – einen Eindruck, den er so schildern könnte: Ich habe einmal eine Landschaft gesehen, ich habe vergessen, wie sie aussieht, sie hat mir aber gefallen! – Nun wird, wenn es in diesem Leben war, die Landschaft keinen sehr lebendigen Gefühlseindruck mehr machen; aber wenn der Eindruck aus einer vorhergehenden Inkarnation stammte, so wird er einen besonders lebendigen Gefühlseindruck machen. Wir können uns so einen besonders lebendigen Eindruck als Gefühlseindruck von unserer früheren Inkarnation machen. Und wenn wir dann objektiv die geschilderten Eindrücke beobachten, werden wir zuweilen etwas wie ein bitteres oder ein bittersüßes oder ein saures Gefühl haben aus dem, was sich ergibt als Umwandlung des Gedankenmenschen. Dieses sauersüße oder sonstige Gefühl ist der Eindruck, den unsere frühere Inkarnation auf uns macht; es ist eine Art von Gefühls- oder Gemütseindruck.

Damit wurde versucht, Sie aufmerksam zu machen auf etwas, was dazu führen kann, bei jedem Menschen eine Art unmittelbarer Gewissheit hervorzurufen, dass er in früheren Leben existiert hat; Gewissheit dadurch, dass er sich ein Gefühl verschafft, dass er Gemüts- oder Gefühlseindrücke hat, von denen er weiß: Das hast du gewiss nicht in diesem Leben irgendwo erworben. – Ein solcher Eindruck tritt aber so auf, wie für das gewöhnliche Leben eine Erinnerungsvorstellung auftritt. Nun kann man fragen: Wie kann man wissen, dass der Eindruck, den man hat, eine Erinnerung ist? – Sehen Sie, da kann man nur sagen, beweisen lässt sich so etwas nicht. Aber es liegt derselbe Tatbestand vor, der auch sonst im Leben vorliegt, wenn wir uns an etwas erinnern und bei gesunden Sinnen sind. Da können wir wissen, dass das, was in uns auftritt in Gedanken, sich wirklich bezieht auf etwas, was wir erlebt haben. Die Erfahrung selber gibt die Gewissheit. Was wir uns in der angegebenen Art vorstellen, gibt uns die Gewissheit davon, dass der Eindruck, der im Gemüt auftaucht, sich nicht auf etwas bezieht, was mit uns zu tun hatte im gegenwärtigen Leben, sondern auf etwas, was mit uns zu tun hatte im vorhergehenden Leben.

Da haben wir auf künstliche Weise in uns hervorgerufen etwas, was uns mit unserem vorhergehenden Leben in Zusammenhang bringt. Wir können noch mancherlei andere Arten von innerlichen probeweisen Erfahrungen und Erlebnissen hernehmen und können dadurch wieder weitergehen und in uns wachrufen so etwas wie Empfindungen von früheren Leben. Da können wir wiederum in anderer Hinsicht die Erlebnisse dessen, was wir im Leben durchmachen, teilen; wir können sie in anderer Weise in Gruppen teilen. Wir können auf der einen Seite in eine Gruppe fassen, was wir an Leiden, an Schmerzen, an Hemmnissen im Leben durchgemacht haben; auf der anderen Seite, was uns bewusst geworden ist als Förderungen, als Freude, Lust und so weiter.

Nun können wir wiederum probeweise uns auf folgenden Standpunkt stellen. Wir können einmal sagen: Ja, wir haben diese Schmerzen, diese Leiden erfahren. So wie wir in dieser Inkarnation einmal sind, wie das normale Leben nun einmal abläuft, sind uns unsere Schmerzen, unsere Leiden etwas Fatales, etwas, was wir in gewisser Beziehung gern von uns hinwegstoßen würden. Tun wir dies einmal probeweise nicht. Nehmen wir probeweise an, wir würden aus einem gewissen Grunde diese Schmerzen, diese Leiden und Hemmnisse selber herbeigeführt haben, denn durch diese früheren Leben, wenn sie wirklich da sind, sind wir in gewisser Weise durch das, was wir getan haben, unvollkommener geworden. Wir werden ja durch die Inkarnationenfolge nicht nur vollkommener, sondern wir werden in einer gewissen Weise auch unvollkommener. Oder sind wir etwa nicht unvollkommener, als wir vorher waren, wenn wir einem Menschen eine Beleidigung, ein Ungemach zugefügt haben? Nicht nur diesem Menschen haben wir etwas zugefügt, wir haben uns selber etwas genommen; wir wären als Gesamtpersönlichkeit mehr wert, wenn wir das nicht getan hätten. Solche Dinge haben wir viele auf unser Kerbholz geschrieben, die wir getan haben, und die, weil wir sie getan haben, unsere Unvollkommenheit begründen. Wenn wir einem Menschen ein Ungemach zugefügt haben und den Wert, den wir vorher gehabt haben, wieder haben wollen, was muss da geschehen? Wir müssen das Ungemach ausgleichen, wir müssen eine ausgleichende Tat in die Welt setzen, müssen irgendetwas erfinden, was sozusagen uns zwingt, etwas zu überwinden. Und wenn wir in dieser Richtung nachdenken über unsere Leiden und Schmerzen, so können wir vielfach sagen: Unsere Leiden, unsere Schmerzen sind geeignet, wenn wir sie überwinden, uns Kraft anzueignen in der Überwindung unserer Unvollkommenheiten. Vollkommener können wir werden durch die Leiden. – Im normalen Menschenleben denken wir ja nicht so; da verhalten wir uns ablehnend gegen die Leiden. Wir können aber sagen: Jeder Schmerz, jedes Leid, jedes Hemmnis im Leben soll eine Andeutung dafür sein, dass wir einen gescheiteren Menschen in uns haben, als wir selber sind. Den Menschen, der wir selber sind, betrachten wir für eine Weile, trotzdem er derjenige ist, der unser Bewusstsein umfasst, als den weniger gescheiten; aber einen gescheiteren haben wir, der in den Untergründen unserer Seele schlummert. Wir, mit unserem gewöhnlichen Bewusstsein, verhalten uns gegen Schmerzen und Leiden ablehnend, aber der Gescheitere führt uns gegen unser Bewusstsein zu diesen Schmerzen hin, weil wir durch Überwindung dieser Schmerzen etwas abstreifen können. Er führt uns hin zu dem Schmerz und Leid, er weist uns an, das durchzumachen. – Mag sein, dass es zunächst ein harter Gedanke ist, aber er verpflichtet uns ja zu nichts, wir können ihn ja nur einmal probeweise machen. Wir können sagen: Da drinnen in uns ist ein gescheiterer Mensch, der uns zu Leiden und Schmerzen hinführt, zu etwas, was wir im Bewusstsein am liebsten vermeiden möchten. Davon denken wir, dass es der Gescheitere in uns ist. Auf diese Weise kommen wir zu dem für manchen störenden inneren Ergebnis, dass der Gescheitere uns immer zu dem uns Unsympathischen hinführt!

Wir wollen also einmal annehmen, es sei solch ein Gescheiterer in uns, der uns zu dem uns Unsympathischen hinführt, damit wir vorwärtskommen.

Wir machen aber noch etwas anderes. Nehmen wir unsere Freuden, unsere Förderungen, unsere Lust und sagen wir von diesen wiederum probeweise: Wie wäre es, wenn du dir die Vorstellung bildetest, gleichgültig, wie es in Wahrheit sich verhält: Du hast deine Lust, deine Freude, deine Förderungen gar nicht verdient, sie sind dir durch Gnade der höheren geistigen Mächte zugekommen. – Es braucht dies nicht für alles der Fall zu sein, aber probeweise wollen wir annehmen, wir hätten alle

Schmerzen und Leiden so herbeigeführt, dass der Gescheitere in uns zu ihnen uns hingeführt hätte, weil wir anerkennen, dass wir sie infolge unserer Unvollkommenheiten notwendig haben und doch nur durch Schmerzen und Leiden hinauskommen können über unsere Unvollkommenheiten. Und dann wollen wir probeweise das Gegenteilige annehmen: wir schreiben uns unsere Freuden so zu, als ob sie nicht unser Verdienst wären, sondern als ob sie uns von geistigen Mächten gegeben worden wären.

Es mag wiederum für manchen eitlen Menschen eine bittere Pille sein, so zu denken. Aber probeweise das durchzumachen, ist durchaus etwas, das, wenn der Mensch in seinem Gemüt ganz intensiv solcher Vorstellung fähig ist, zu der Grundempfindung führt, weil es sich wiederum verwandelt und insofern es unrichtig ist, sich von selber rektifiziert: In dir lebt etwas, was nichts zu tun hat mit dem gewöhnlichen Bewusstsein, was tatsächlich tiefer ist, als was du in diesem Leben bewusst erfahren hast; es ist also etwas in dir, was ein gescheiterer Mensch in dir ist, der sich gern an die ewigen göttlich-geistigen Mächte wendet, die die Welt durchleben. – Da wird dann im inneren Leben selber zur Gewissheit, dass hinter der äußeren eine innere, höhere Individualität liegt. Wir werden uns des ewigen geistigen Wesenskernes durch solche Gedankenübungen bewusst. Das ist außerordentlich bedeutsam. Damit haben wir wiederum etwas, von dem wir sagen können, wir können es ausführen.

Anthroposophie kann eben in jeder Beziehung eine Anweisung sein, um nicht nur irgendetwas zu wissen über das Dasein einer anderen Welt, sondern um in sich selber sich als einen Angehörigen einer anderen Welt zu fühlen, um sich als eine solche Individualität zu fühlen, die durch die aufeinanderfolgenden Inkarnationen hindurchgeht.

Es gibt noch eine dritte Art von Erlebnissen. Bei dieser dritten Art wird es allerdings schon schwieriger sein, sie sozusagen zu benützen, um wirklich zu einer Art von innerer Erfahrung von Karma und Reinkarnation zu kommen. Aber wenn es auch schwierig und langwierig ist, das, was jetzt gesagt werden soll, es kann wiederum so benützt werden, dass es probeweise genommen wird. Und im redlichen Anwenden auf das äußere Leben wird sich schon herausstellen – zunächst die Wahrscheinlichkeit, wenn man es glauben kann, dann aber die immer größere Gewissheit –, dass wirklich in dieser Weise unser gegenwärtiges Leben mit dem vorhergehenden zusammenhängt.

Wir wollen einmal annehmen, wir durchleben unser gegenwärtiges Leben zwischen Geburt und Tod, und wir machen uns einmal klar, wenn wir, sagen wir, schon so weit sind, dass wir die Dreißigerjahre erreicht oder überschritten haben – wir werden schon sehen, dass auch für diejenigen, die jetzt noch nicht so weit sind, es später entsprechende Erlebnisse geben wird –, wir besinnen uns darauf, wie wir gerade um die Dreißigerjahre mit diesen oder jenen Menschen in der Außenwelt zusammengeführt worden sind; wir sind in den Dreißigerjahren bis zum vierzigsten Jahr in den verschiedenen Lebensverbindungen zusammengeführt worden mit Menschen der äußeren Welt. Da stellt sich für uns heraus, dass uns die Verbindungen, die wir da geschlossen haben, so erscheinen, als ob wir sie, man möchte sagen, in unserem lebensreifsten Zustande gemacht hätten, so dass wir wirklich ganz als reife Menschen am allermeisten dabei waren. Das kann sich uns durch Überlegung ergeben. Eine Überlegung, die aber aus den Grundsätzen, den Erkenntnissen der Geisteswissenschaft heraus gewonnen worden ist, kann uns doch darauf führen, dass das richtig ist, was jetzt von mir nicht bloß aus solcher Erwägung heraus gesprochen, sondern aus der geisteswissenschaftlichen Forschung heraus mitgeteilt wird. Also, was ich jetzt sage, ist nicht bloß aus Gedanken logisch gefunden, sondern durch die geisteswissenschaftliche Forschung festgestellt worden, aber logisches Denken kann die Tatsache erhärten und vernünftig finden. Wenn man so nachdenkt über mancherlei, was wir gelernt haben zum Beispiel über die Art, wie die verschiedenen einzelnen menschlichen Glieder herauskommen im Verlaufe des Lebens[7] – wir wissen, dass im siebenten Jahre der Ätherleib, im vierzehnten Jahre der Astralleib, im einundzwanzigsten Jahre die Empfindungsseele, im achtundzwanzigsten Jahre die Verstandes- und im fünfunddreißigsten Jahre die Bewusstseinsseele herauskommt –, wenn wir dieses überdenken, dann können wir sagen: In der Zeit vom dreißigsten bis zum vierzigsten Jahre haben wir es zu tun mit der Ausbildung der Verstandes- und der Bewusstseinsseele.

Die Verstandes- und die Bewusstseinsseele, sie sind diejenigen Kräfte in der menschlichen Natur, welche uns am allermeisten zusammenführen mit der äußeren physischen Welt, denn sie sind dazu da, dass sie gerade in demjenigen Lebensalter besonders herauskommen, in dem wir am allermeisten im Wechselverkehr mit der äußeren physischen Welt stehen. Im ersten Kindheitsalter werden die Kräfte unseres physischen Leibes herausdirigiert, herausbestimmt, verursacht aus dem, was noch im Inneren unmittelbar verschlossen ist. Was der Mensch sich als Ursachen angeeignet hat in vorhergehenden Inkarnationen, was durchgegangen ist mit uns durch die Pforte des Todes, was wir an geistigen Kräften gesammelt haben, was wir aus dem früheren Leben mitbringen, das wirkt und webt am Aufbau unseres physischen Leibes. Es wirkt fortwährend unsichtbar vom Inneren heraus in den Leib hinein. Mit dem fortschreitenden Lebensalter wird diese Einwirkung immer geringer; immer mehr rückt die Lebenszeit heran, da die alten Kräfte den Leib so hergestellt haben. Und dann kommt die Zeit, wo wir der Welt mit einem fertigen Organismus gegenüberstehen. Was wir im Inneren tragen, hat seine Ausprägung erfahren in unserem äußeren Leibe. Wir treten um das dreißigste Jahr herum – es kann auch etwas früher oder etwas später sein – der Welt am allerphysischsten entgegen, wir stehen da mit der Welt so in Beziehung, dass wir am allerverwandtesten sind mit dem physischen Plan. Wenn wir nun da glauben, am allermeisten Klarheit, äußere physische Klarheit zu haben über die Lebensverhältnisse, die wir da anknüpfen, so müssen wir sagen: diese Lebensverhältnisse, die wir da anknüpfen, sind diejenigen, die für diese Inkarnation eigentlich am wenigsten zusammenhängen mit dem, was im Innersten in uns wirkt und webt von unserer Geburt aus. Dennoch können wir annehmen, dass wir durchaus nicht aus Zufall um das dreißigste Jahr herum mit Menschen zusammengeführt werden, welche gerade dann in unserer Umgebung auftreten müssen. Wir können vielmehr annehmen, dass auch da unser Karma am Werk ist, dass auch diese Personen etwas mit einer unserer früheren Inkarnationen zu tun haben.

Und da zeigen die geisteswissenschaftlichen Tatsachen, die verschiedentlich erforscht sind, dass sehr häufig die Personen, mit denen wir zusammenkommen um das dreißigste Jahr herum, in früheren Inkarnationen so mit uns verwoben sind, dass wir mit ihnen zusammenhängen können, meistens am Anfang der unmittelbar vorhergehenden Inkarnation oder auch noch früher, als Eltern oder Geschwister. Das ist zunächst eine merkwürdige, überraschende Tatsache. Es muss nicht so sein, aber viele Fälle zeigen der geisteswissenschaftlichen Forschung, dass es so ist, dass tatsächlich unsere Eltern, die Personen, die beim Ausgangspunkt unseres vorhergehenden Lebens uns zur Seite gestanden haben, die uns in den physischen Plan hineingestellt haben, denen wir später entwachsen sind, dass die mit uns karmisch so verwoben sind, dass sie in unserem neuen Leben nicht in unserer Kindheit wieder mit uns zusammengeführt werden, sondern erst dann, wenn wir am meisten auf den physischen Plan herausgetreten sind. Es muss nicht so sein, denn die geisteswissenschaftliche Forschung zeigt sehr häufig, dass wir erst in einer nächsten Inkarnation zusammengeführt werden mit solchen als Eltern, als Geschwister, überhaupt als Blutsverwandte in Frage Kommenden, mit denen wir in dieser Inkarnation um die Dreißigerjahre herum uns zusammenfanden. Also die Bekanntschaften um die Dreißigerjahre herum in irgendeiner Inkarnation können sich so stellen, dass die Personen, die in Betracht kommen, mit uns selber blutsverwandt sind in vorhergehender oder nachfolgender Inkarnation. Wir können also sagen: Mit den Persönlichkeiten, mit denen dich das Leben zusammenführt in den Dreißigerjahren, mit denen warst du entweder wie mit Eltern und Geschwistern zusammen in einer vorhergehenden Inkarnation, oder du kannst voraussetzen, dass sie in einer der nächsten Inkarnationen mit dir in solcher Eigenschaft zusammenhängen.

Auch das Umgekehrte gilt. Wenn wir diejenigen Persönlichkeiten betrachten, die wir uns willkürlich durch äußere Kräfte, die für den physischen Plan geeignet sind, am wenigsten wählen, also unsere Eltern und Geschwister, mit denen wir am Anfang unseres Lebens zusammentraf en, wenn wir diese ins Auge fassen, kommen wir sehr häufig darauf, dass wir gerade die Personen, die uns hereingeleiten von der Kindheit an ins Leben, um die Dreißigerjahre herum in einer anderen Inkarnation wie willkürlich mit unseren Kräften selber ausgewählt haben; mit anderen Worten, dass wir in der Mitte des vorhergehenden Lebens die ausgewählt haben, die jetzt unsere Eltern und Geschwister geworden sind.

Besonders interessant ist also die Tatsache, die sich merkwürdigerweise herausstellt, dass die Sache nicht so liegt, dass wir in aufeinanderfolgenden Inkarnationen in den gleichen Verhältnissen sind mit den Persönlichkeiten, mit denen wir zusammenkommen; auch dass wir nicht in den entsprechenden Lebensaltern wie vorher mit ihnen Zusammentreffen. Auch nicht gerade das Umgekehrte ist der Fall: nicht die Persönlichkeiten, mit denen wir am Lebensende zusammentrafen, stehen in einer anderen Inkarnation in Beziehung zu unserem Lebensanfang, sondern die Persönlichkeiten, mit denen wir in der Lebensmitte zusammentreffen. Also weder die jetzt am Lebensanfang noch die am Lebensende mit uns zusammenkommenden Persönlichkeiten, sondern die jetzt in der Mitte des Lebens mit uns in Berührung kommenden Persönlichkeiten waren am Anfang einer vorhergehenden Inkarnation als unsere Blutsverwandten um uns. Die damals im Lebensanfang mit uns zusammen waren, die treten jetzt in der Mitte unseres Lebens auf; und die jetzt am Anfang unseres Lebens um uns sind, von denen können wir voraussetzen, dass wir uns mit ihnen in der Mitte einer der nächsten Inkarnationen zusammenfinden, dass sie als unsere frei gewählten, irgendwo gewählten Lebensgenossen mit uns in Zusammenhang kommen werden. So merkwürdig sind die karmischen Zusammenhänge.

Was ich jetzt gesagt habe, das sind Dinge, welche die geisteswissenschaftliche Forschung ergibt. Aber ich habe schon darauf aufmerksam gemacht, dass, wenn man auf die Art und Weise, wie das die geisteswissenschaftliche Forschung zeigt, die inneren Zusammenhänge zwischen Lebensanfang unserer einen und Lebensmitte unserer anderen Inkarnation betrachtet, man begreift, dass das nicht etwas Unsinniges oder Unnützes ist. Die andere Seite ist eben die, dass durch solche Dinge, wenn sie an uns herangebracht werden und wenn wir uns vernünftig dazu stellen, das Leben hell und klar wird. Es wird hell und klar, wenn wir nicht alles einfach hinnehmen, man möchte sagen dumpf, um nicht zu sagen dumm; es wird hell und klar, wenn man versucht, das, was uns im Leben trifft, irgendwie so zu begreifen, so auffassen zu wollen, dass wir die Beziehungen zu konkreten machen, die ja doch noch nicht ganz verständlich sind, so lange man nur ganz abstrakt im Allgemeinen von Karma spricht.

Es ist nützlich, darüber nachzudenken: Woher kommt es, dass wir in der Mitte unseres Lebens förmlich durch Karma getrieben werden, scheinbar mit aller Verstandeskraft diese oder jene Bekanntschaft zu machen, von der wir sagen können: scheint es nicht, als ob sie unabhängig, objektiv geschlossen wäre? – Das liegt eben daran, dass solche Persönlichkeiten im früheren Leben blutsverwandt mit uns waren und durch unser Karma jetzt mit uns zusammengeführt werden, weil wir etwas mit ihnen zu tun haben.

Wenn wir jedes Mal solche Erwägungen anstellen gegenüber dem Verlauf des eigenen Lebens, werden wir sehen, dass wirklich Licht in unser Leben hineinkommt. Wenn wir uns auch einmal irren, und selbst wenn es zehnmal unrichtig ist: bei irgendeinem Menschen, den wir im Leben treffen, können wir doch auf das Richtige verfallen. Und wenn wir aus solchen Erwägungen heraus sagen: Diesen Menschen haben wir da oder dort getroffen –, so ist ein solcher Gedanke etwas, das uns wie ein Wegweiser zu anderen Dingen führt, die uns sonst nicht aufgefallen wären und die uns durch ihr Zusammenfallen immer mehr und mehr Gewissheit verschaffen von der Richtigkeit der einzelnen Tatsachen.

Die karmischen Zusammenhänge sind eben nicht solche, die sich durch *einen* Schlag gewinnen lassen. Wir müssen die höchsten Erkenntnisse des Lebens, die wichtigsten unser Leben erhellenden Erkenntnisse langsam und allmählich erwerben. Daran wollen allerdings die Menschen nicht gern glauben. Es ist leichter zu glauben, dass man durch irgendeinen Lichtblitz finden könnte: Mit diesen und jenen Persönlichkeiten war ich in einem früheren Leben zusammen, oder dieser oder jener war ich selber. – Dass das alles langsam erworbene Erkenntnisse sein müssen, ist vielleicht unbequem zu denken, aber dennoch ist es so. Selbst wenn wir schon den Glauben hegen, dass es so sein könnte, müssen wir noch immer weiterforschen, und unser Glaube wird dann Gewissheit annehmen. Selbst für das, was schon mehr und mehr Wahrscheinlichkeit erweckt auf diesem Gebiete, kommen wir durch Forschen weiter. Wir vermauern uns die geistige Welt, wenn wir uns auf solchen Gebieten auf rasches Urteilen einlassen.

Versuchen Sie einmal nachzudenken über das, was heute gesagt worden ist über die Bekanntschaften in der Mitte unseres Lebens und ihren Zusammenhang mit uns näherstehenden Persönlichkeiten in einer vorhergehenden Inkarnation. Sie werden dabei auf sehr fruchtbare Gedanken kommen; namentlich wenn man das gerade noch in Betracht zieht, was gesagt ist in der Schrift über «Die Erziehung des Kindes vom Gesichtspunkte der Geisteswissenschaft».[8] Dann zeigt sich klar und deutlich, dass das Ergebnis Ihres Nachdenkens mit dem in dieser Schrift Gesagten in Einklang steht.

An das heute Gesagte muss aber noch eine ernstliche Mahnung geknüpft werden: Der wirkliche Geistesforscher hütet sich davor, Schlüsse zu ziehen; er lässt die Dinge an sich herankommen. Wenn sie da sind, prüft er sie erst mit der gewöhnlichen Logik. Dann kann etwas nicht passieren, was mir vor kurzem erst wieder einmal gegenübertrat und was recht charakteristisch ist für die Art, wie man sich heute der Anthroposophie entgegenstellen möchte. Da sagte mir ein sehr gescheiter Herr – ich sage das ohne alle Ironie, mit vollständigem Bekenntnis, dass er wirklich ein gescheiter Herr ist –: Wenn ich lese, was in Ihrem Buch *Geheimwissenschaft im Umriss* steht, so muss ich sagen, es erscheint das so logisch, so im Zusammenhang mit dem, was die Welt sonst noch an Tatsachen zeigt, dass ich gestehen muss, man könnte auf diese Dinge auch durch bloßes Nachdenken kommen. Diese Dinge brauchen nicht das Ergebnis übersinnlicher Forschung zu sein. Was in diesem Buch gesagt ist, sind gar keine zweifelhaften Sachen; sie stimmen mit der Wirklichkeit überein. – Ich konnte diesem Herrn die Versicherung geben, dass ich nicht glaube, dass ich durch bloßes Nachdenken darauf gekommen wäre, und dass ich bei allem Respekt vor seiner Gescheitheit auch nicht glaube, dass er durch bloßes Nachdenken diese Tatsachen gefunden hätte. Es ist schon wirklich so, dass alles, was logisch eingesehen werden kann auf geisteswissenschaftlichem Gebiet, wirklich nicht durch bloßes Nachdenken gefunden werden könnte! Dass man eine Sache logisch prüfen und begreifen kann, sollte doch noch kein Grund sein, an ihrem geisteswissenschaftlichen Ursprung zu zweifeln! Ich meine im Gegenteil, dass es eine Art von Beruhigung sein müsste, dass geisteswissenschaftliche Mitteilungen durch logisches Nachdenken als unzweifelhaft richtig erkannt werden können. Es kann schon nicht der Ehrgeiz des Geistesforschers sein, lauter unlogische Dinge zu sagen, damit er Glauben finde. Sie sehen, dass der Geistesforscher selber nicht auf dem Boden stehen kann, er finde diese Dinge durch Nachdenken. Aber wenn man nachdenkt über die auf geisteswissenschaftlichem Wege gefundenen Dinge, können sie so logisch erscheinen, dass sie zu logisch scheinen, so dass man gar keinen Glauben mehr an die geisteswissenschaftlichen Quellen findet, aus denen die Dinge stammen. So ist es tatsächlich bei allen Dingen, von denen gesagt ist, dass sie auf dem Boden reiner geisteswissenschaftlicher Forschung entstanden sind.

Wenn Ihnen auch zunächst das, was heute hier gesagt worden ist, grotesk erscheint, so versuchen Sie jetzt doch einmal, über die Dinge logisch nachzudenken. Ich würde wahrhaftig nicht, wenn mich nicht geistige Tatsachen dazu geführt hätten, aus dem gewöhnlichen logischen Denken es abgeleitet haben, aber nachdem es einmal da ist, kann man es logisch prüfen. Und da wird man sehen: je subtiler, je gewissenhafter man mit der Prüfung zu Werke geht, desto mehr wird sich herausstellen, dass alles stimmt. Selbst von solchen Dingen, bei denen man nicht prüfen kann, ob sie richtig sind, wie das, was heute gesagt worden ist über Eltern und Geschwister des einen Lebens und die Bekanntschaften in der Mitte des anderen Lebens, wird man schon aus der Art, wie die verschiedenen Glieder in den Zusammenhängen sich verhalten, finden müssen, dass sie einen im höchsten Grad nicht nur wahrscheinlichen, sondern einen bis an die Gewissheit grenzenden Eindruck machen. Und namentlich stellt sich eine Gewissheit als begründet heraus, wenn man die Dinge am Leben prüft. Man wird bei so manchen Persönlichkeiten, die man trifft, das eigene Verhalten und das der anderen in einem ganz anderen Lichte sehen, wenn man gleichsam jemandem, den man in der Mitte des Lebens findet, so gegenübersteht, als ob man im vorhergehenden Leben zusammen Geschwister gewesen wäre. Und dadurch wird das ganze Verhältnis viel fruchtbarer werden, als wenn man nur dumpf durchs Leben schreitet.

So können wir sagen: Anthroposophie wird immer mehr nicht nur etwas, was Wissen und Erkenntnis gibt vom Leben, sondern was uns auch Anweisung gibt, wie wir die Verhältnisse des Lebens auffassen und lichtvoll nicht nur für uns selber, sondern auch für unser Verhalten gegenüber dem Leben und für unsere Lebensaufgabe machen können. Es ist das wichtig, dass wir nicht glauben, wir verderben uns das unmittelbare Drauflosleben. Nur ängstliche Menschen, die es nicht ganz ernst meinen mit dem Leben, können das glauben. Wir aber sollen uns klar sein, dass dadurch, dass wir das Leben genauer kennenlernen, wir das Leben auch fruchtbarer, inhaltsreicher machen. Was im Leben an uns herantritt, das soll durch Anthroposophie in einen Gesichtskreis gerückt werden, durch den alle Kräfte reicher, zuversichtlicher, hoffnungserweckender werden, als sie waren, bevor sie in diesen Gesichtskreis gerückt worden sind.

Was hat die Geisteswissenschaft über Leben, Tod und Unsterblichkeit der Menschenseele zu sagen?

Wien, 8. April 1914

Wenn es schon in einer gewissen Beziehung schwierig ist, sich über die Grundlagen der Geisteswissenschaft, wie sie hier gemeint ist, so auseinanderzusetzen, wie es im Vortrag von vorgestern geschehen ist, so darf wohl gesagt werden, dass die Mitteilungen in Bezug auf diejenigen Forschungsergebnisse, die den Gegenstand des heutigen Vortrags bilden sollen, in gewisser Beziehung eigentlich ein Wagnis sind gegenüber den Vorstellungsarten und Denkgewohnheiten der Gegenwart. Denn wird man in dem, was der Vortrag von vorgestern ausdrückte, schon manches Paradoxe finden müssen von diesen Vorstellungsarten und Denkgewohnheiten aus, so wird man von einem solchen Gesichtspunkte aus ganz gewiss und begreiflicherweise es nicht leicht haben, in dem, was heute zu sagen ist, ernstes Forschen zu sehen. Man wird viel eher in weiten Kreisen der Gegenwart geneigt sein, darin nur zu sehen die Schwärmereien eines sonderbaren Phantasten. Dessen muss man sich voll bewusst sein, wenn man über diese Dinge redet; bewusst sein dessen, dass alles das, was in einer späteren Zeit in das allgemeine Bewusstsein übergeht, vieles sogar von dem, was dann später eine Selbstverständlichkeit wird, in der Zeit, in der es zuerst auftritt, etwas Paradoxes, etwas Phantastisches ist.

Dies möchte ich nur vorausschicken, um zu charakterisieren, wie sehr sich der Geistesforscher dessen bewusst ist, was alles begreiflicherweise empfunden werden kann, wenn er seine für die heutige Zeit durchaus noch paradox erscheinenden Forschungsresultate mitzuteilen sich gestattet.

Bevor ich auf diese Forschungsergebnisse zu sprechen komme, möchte ich in ein paar einleitenden Worten die Grundstimmung der Seele des Geistesforschers charakterisieren. Diese Grundstimmung ist ja eine ganz andere als die Stimmung gegenüber einem anderen Forschungsfelde. Während man in seiner Erkenntnis dem äußeren Leben gegenüber und auch der gewöhnlichen Wissenschaft gegenüber heute mit einem gewissen Rechte das Gefühl hat, man habe die Erkenntniskräfte in sich, man brauche sie nur sozusagen in Wirksamkeit überzuführen, dann könne man urteilen über alles das, was die Natur selbst und was der Forscher aus der Natur darbietet – während man bei dieser Forschung alle Mühe darauf verwendet, um eben zu forschen, um eben die Dinge zu beobachten und durch den Verstand ihre Gesetze zu erkennen, ist die Stimmung des Geistesforschers gegenüber der Wahrheit, gegenüber allem Erkenntnisstreben doch eine ganz andere. Da bekommt man, indem man sich in diese Geistesforschung hineinarbeitet, immer mehr und mehr das Bedürfnis, alle Arbeit der Seele, alles innere Streben zunächst auf die Vorbereitung zu verwenden; und immer mehr und mehr bekommt man das Gefühl: Wenn man sich irgendeiner Wahrheit aus diesem oder jenem Gebiet nähern will, so möchte man eigentlich immer noch warten, immer noch weiter und weiter sich vorbereiten, weil man das Bewusstsein hat: Je mehr Mühe und Arbeit man auf jenen Weg der Seele verwendet, der zurückgelegt werden muss, bevor man forscht, desto mehr macht man sich reif, die Wahrheit zu empfangen. Denn ein Empfangen der Wahrheit, das ist es, um was es sich bei der eigentlichen, wirklichen Geisteswissenschaft handelt. Und so stark kommt dieses Gefühl, diese Stimmung über die Seele, dass man eine heilige Scheu empfindet, die Dinge an sich herankommen zu lassen und dass man immer wieder und wiederum gegenüber wichtigen, wesentlichen Erkenntnissen der Geistesforschung lieber wartet, als dass man die Dinge zu früh in das Bewusstsein hereinkommen lässt. Das bedingt eine ganz besondere Stimmung in dem Geistesforscher selber, jene Stimmung, die all die Arbeit, von der vorgestern als einer inneren Seelenarbeit in Übungen gesprochen worden ist, allmählich durchdringt, die beim Geistesforscher herbeiführt eine gewisse Stellung gegenüber der Wahrheit, eben die Stellung von heiliger Scheu gegenüber der Wahrheit.

Nachdem ich dies vorausgeschickt habe, möchte ich nun, ich möchte sagen, unbefangen auf dasjenige eingehen, was über das wichtige, bedeutungsvolle, jeder Seele so naheliegende Thema des heutigen Abends zu sagen sein wird. Gewiss, es sind nicht die schlechtesten Gemüter in unserer Gegenwart, die noch immer festhalten an der Meinung, dass die Wahrheiten des Glaubens besondere seien und die Wahrheiten des Wissens auch besondere seien, und die da glauben, dass alles das, was der Mensch sich vorstellen kann als über Geburt und Tod hinausgehend, dass alles das nur ein Gegenstand des Glaubens, nicht streng beweisbarer Wissenschaft sei. Gerade diese strenge Trennung zwischen Glauben und Wissen, sie wird durch die Geisteswissenschaft aufgehoben. Und man fühlt sich doch im Einklang mit dem, was längst herein wollte in das moderne Geistesstreben, wenn man in dem Sinne die Wahrheiten, die jenseits des Todes liegen, entwickelt, wie es hier geschehen soll; man fühlt sich im Einklang damit, wenn man sich immer wieder und wiederum so etwas vor Augen hält, dass der große Lessing doch mit einer der Hauptwahrheiten dieser Geisteswissenschaft sich auseinandersetzte, auseinandersetzte noch in jener Schrift, die er wie sein geistiges Testament kurz vor seinem Tod als reife Frucht seines Denkens und Sinnens verfasst hat: in seiner *Erziehung des Menschengeschlechts.*[9] Es scheut Lessing nicht davor zurück, zu sagen, dass die Anschauung von den wiederholten Erdenleben nicht deshalb ein Irrtum zu sein brauche, weil sie auftrat gleichsam als etwas Erstes, worauf das Menschengeschlecht kam, bevor die Vorurteile der Schule und der Philosophen noch etwas wie einen trüben Schleier gebreitet haben über das, was als vom Jenseits des Todes die Menschheit im Beginn ihrer Kulturentwickelung wusste. – So fühlt man sich dann im Einklang – es könnten noch viele Geister angeführt werden – mit den besten Persönlichkeiten, die ihr Streben eingefügt haben in die Kulturentwickelung der Menschheit, gerade wenn man auf dem Boden dieser Geisteswissenschaft steht.

Gesagt worden ist nun vorgestern, dass die Dinge des geistigen Lebens, die Vorgänge desselben nur erforscht werden können dann, wenn wirklich der Mensch durch das vorgestern Geschilderte dazu kommt, in seiner Seele die in ihr schlummernden Kräfte so zu erstarken, so zu erkraften, dass diese Seele die Möglichkeit findet – es wurde gesagt vergleichsweise: Wie durch den Chemiker der Wasserstoff sich aus dem Wasser herauszieht –, dass so die Seele des Geistesforschers die Möglichkeit findet, durch die Seelenübungen sich herauszuziehen aus dem Physisch-Leiblichen, und sich zu erleben abgesondert von dem Physisch-Leiblichen, so dass sie dann einen Sinn verbinden kann mit dem Worte: Ich erlebe mich als seelisch-geistiges Wesen außerhalb meines Leibes, und mein Leib mit allem, was in der Sinneswelt zu ihm gehört, steht vor mir wie ein äußerer Gegenstand vor uns steht, wenn wir ihn mit den Augen anschauen, mit den Händen berühren. – Und schon als ich das letzte Mal hier einige öffentliche Vorträge halten durfte, konnte ich aufmerksam machen auf den bedeutungsvollen Augenblick, der im Leben des Geistesforschers eintritt, wenn wirklich dieser Geistesforscher, durch die vorgestern erwähnten Übungen, reif geworden ist. – Wer Weiteres über diese Übungen wissen will, der findet es in meinem Buche *Wie erlangt man Erkenntnisse der höheren Welten?* und in meiner *Geheimwissenschaft im Umriss*. Auch hier soll nur prinzipiell hingewiesen werden auf das, was der Geistesforscher erlebt. Wenn er seine Seele dahin gebracht hat, dass sie heraustreten kann aus ihrem Leibe, dann kommt dies Erlebnis eines Tages, man könnte auch sagen eines Nachts; denn beides ist möglich: mitten in den gewöhnlichen Vorgängen des Tages, mitten in der Nacht, und es wird, wenn es richtig vorbereitet ist, weder das eine noch das andere stören. Es kann in hundertfach verschiedener Weise auftreten, ich möchte nur den typischen Charakter schildern. Es kann auftreten so oder so, es wird immer in einer typischen Art auftreten, was ich jetzt anführe: Da kommt es, dass der Mensch wie aufwacht aus dem Schlafe; er weiß: etwas geht vor, was nicht ein Traum ist. Er ist entrückt allem äußeren Wahrnehmen, allen Bekümmernissen, allen Leidenschaften, all dem, was ihn mit dem Tag verbindet. Oder mitten im Tage tritt das Ereignis ein, wo man mit seinem Vorstellen stillstehen muss, wo etwas ganz anderes in das Vorstellen, in das Bewusstsein hereintritt. Das, was dann hereintritt, das kann so sein – es wird immer ähnlich sein dem, wie ich es schildere; ich möchte möglichst konkret schildern, wie sich dieses erschütternde Ereignis für den Geistesforscher wirklich zutragen kann –, da kann man das Gefühl haben: Du bist jetzt wie in einem Haus, in das der Blitz eingeschlagen hat. Deine Umgebung zerfällt wie ein Haus, in das der Blitz eingeschlagen hat. Der Blitz geht durch dich selber durch. Man fühlt, wie alles, womit man materiell verbunden ist, wie durch die Elemente von einem abgetrennt wird, so fühlt man sich aus sich herausgelöst, sich aufrecht haltend als ein geistiges Wesen. Es ist das der denkbar tiefste, erschütterndste Eindruck. Von diesem Momente an, oder von einem ähnlichen, weiß man, was es heißt, außer seinem Leibe in der Seele selber sich erleben. Und die Geistesforscher aller Zeiten, sie haben einen Ausdruck gebraucht für dieses Erlebnis, der voll zutreffend erscheint demjenigen, der dieses Erlebnis kennt. Denn es hat zu allen Zeiten, eben so, wie es die verschiedenen Kulturen bedingten, eine Art von Geistesforschung gegeben. Die heutige ist verschieden von denjenigen der früheren Zeiten; sie ist angemessen den Fortschritten der modernen Naturwissenschaft. Aber das, was durch sie erreicht wird, wurde auch erreicht durch die Methoden, die durch die verschiedenen Kulturen möglich geworden waren. So haben die Geistesforscher der verschiedensten Zeiten das eben angedeutete Erlebnis mit den Worten belegt: man sei als Mensch angekommen an der Pforte des Todes. – Und tatsächlich, was man sich zunächst vorstellen kann als erlebbar durch den Tod, das tritt ein. Es tritt nicht ein unmittelbar als eine Wirklichkeit; denn der Geistesforscher kehrt ja wieder in seinen Leib zurück und alles ist wie früher; er nimmt wieder die äußere Welt wahr. Alles das aber, was er erlebt, das ist das Bild von demjenigen, was sich wirklich zuträgt, wenn der Mensch durch die Pforte des Todes schreitet, wenn das äußere, physische Leben aufhört und das Leben nach dem Tode beginnt.

Will man nun verstehen, wie der Geistesforscher zu den Dingen kommt, von denen hier die Rede ist, so muss man sich vergegenwärtigen, dass er durch die sorgfältige Vorbereitung seiner Seele, von der gesprochen worden ist, dahin gelangt, ganz anders wahrzunehmen als man mit den äußeren Sinnen wahrnimmt; dass er wirklich hineinschauen kann in diejenigen Sphären des Daseins, von denen gesprochen werden soll.

Das Erste, wozu der Geistesforscher kommt, wenn er einen solchen Moment überwunden hat, durch den man an der Pforte des Todes steht, das Erste könnte man in einem gewissen Sinn nennen: Man gelangt jenseits des menschlichen Gedächtnisses. Das menschliche Gedächtnis, die menschliche Erinnerungskraft, ist ja etwas, was gewissermaßen in unserer Seele lebt als der Anfang, möchte man sagen, von einem Geistigen. Das sehen selbst schon äußere philosophische Forscher, die nichts von der Geisteswissenschaft wissen, ein. Der zu so glänzenden Erfolgen gekommene französische Forscher Bergson[10] sieht schon in dem Gedächtnis des Menschen etwas rein Geistiges, das mit biologischen oder physiologischen Vorgängen nichts zu tun hat. Und wenn erst die Vorurteile der Naturwissenschaft, die heute noch fast an jedem haften, vorüber sein werden, dann wird man einsehen, wie in dem Schatz unseres Gedächtnisses für die Menschenseele schon etwas vorliegt, was gleichsam der Anfang ist zu einem Übergehen dessen, was an Sinne und Gehirn gebunden ist, zu einem rein Geistig-Seelischen. Indem wir gleichsam unsere Vorstellungen zurückschieben in das Gedächtnis, bewahren wir sie nicht auf durch irgendwelche körperlichen Vorgänge, sondern rein in der Seele. Das kann ich nur andeuten. Die naturwissenschaftliche Rechtfertigung dessen, was eben gesagt worden ist, würde sehr viel Zeit und besondere Vorträge in Anspruch nehmen. So nun, wie man im gewöhnlichen Leben Erinnerungsbilder wahrnimmt, die aus dem Schatze unserer Seele heraufkommen, die so, wie sie auftreten, nichts haben, was uns verleiten könnte, sie etwa zu einer Illusion oder Halluzination zu machen, so treten, aber jetzt nicht aus dem Seelenschatze herauf, sondern aus geistigen Welten heraus, vor die Seele des Geistesforschers die geistigen Vorgänge und geistigen Tatsachen; und man merkt dann, dass hinter dem, was wir den Gedächtnisschatz nennen, die menschliche Seele noch etwas anderes erleben kann. Der Geistesforscher sieht dann gleichsam das Folgende: Nun bist du aus deinem Leibe mit deiner Seele herausgezogen; nun kannst du erst recht überblicken, weil es wie ein äußeres Objekt geworden ist, dasjenige, was du dir durch die Sinneswelt erworben hast: den Schatz des Gedächtnisses. Aber dieser Schatz des Gedächtnisses ist wie ein Schleier, der etwas zudeckt, was immer in der Seele, nur unbewusst, lebt, was immer in ihr ist; was aber durch Erinnerung und Gedächtnis zugedeckt wird, verschleiert wird. Ja, in diesen menschlichen Seelentiefen ist etwas unten, das immer in ihnen lebt; aber indem der Mensch seine Erinnerungen ausbreitet in seiner Seele, deckt er dieses unterbewusste Geistig-Seelische zu. Indem der Geistesforscher in das Geistig-Seelische sich herein erhebt, hat er allerdings, man möchte sagen, wie den Kometenschweif seines geistig-seelischen Wesens anhängen seine Erinnerungen, aber er kann durch diese Erinnerungen durchschauen auf etwas, was man nennen könnte: Kräfte höherer Art als die Kräfte sind, die uns die Erinnerungen aufbewahren. Wenn der Ausdruck nicht so verpönt wäre – aber es ist schwierig, für diese Gebiete, die nichts mit der Sinnenwelt zu tun haben, gehörige Ausdrücke zu finden –, so könnte man den Ausdruck anwenden: Man steigt zu einem Übergedächtnis auf von dem Gedächtnis. Man kommt allmählich in das hinein, was vorgestern imaginatives Vorstellen genannt worden ist. Während man bei dem Gedächtnis immer das Gefühl hat: Die Bilder des Gedächtnisses steigen herauf, sie stellen sich vor die Seele hin, indem du dich ihnen passiv hingibst –, taucht man nun unter in das, was hinter dem Gedächtnis ist und weiß, dass man aktiv mit hervorbringen muss das, was dann als Imagination, als Inhalt eines Übergedächtnisses heraufstrebt. Aber man weiß auch durch die zu diesen Dingen vorbereitete Seele, dass das, was sich da offenbart als hinter dem Gedächtnis liegend, immer da war, dass es nur zugedeckt war durch das Gedächtnis, und man weiß, indem man es erkennt in seiner Wesenheit, dass das, was sich da hinunterschiebt in die Gründe, die unter dem Gedächtnisschatze liegen, selber etwas ist, was nun an unserem physischen Organismus arbeitet, was tätig ist an ihm. Man macht noch eine ganz andere

Entdeckung. Man macht die folgende Entdeckung – und diese Entdeckung ist außerordentlich bedeutungsvoll für das Verhältnis der Geistesforschung zur Naturforschung. Die Naturforschung tritt uns heute entgegen, indem sie sagt: Alles das, was der Mensch empfindet, denkt und will, ist gebunden an Vorgänge seines Nervensystems. Recht hat sie damit; aber sie kann mit ihren Mitteln nicht die Art, wie das Seelenleben an das Nervensystem gebunden ist, wie zum Beispiel das Denken an das Gehirn gebunden ist, herausbekommen. Man muss zu viel tieferen Grundlagen des Seelenlebens gehen. Wenn man mit der Geistesforschung kommt, da merkt man: Ja, es ist für das gewöhnliche Vorstellen des Alltags, auch für die wissenschaftliche Arbeit, durchaus richtig, dass alle Gedanken, die wir uns bilden, auch alle Empfindungen zum Beispiel, an das Gehirn gebunden sind; aber wie sind sie an das Gehirn gebunden? Das tiefere Seelische, von dem das gewöhnliche Bewusstsein gar nichts weiß, das erst durch Geistesforschung entdeckt wird, das bearbeitet erst, sagen wir, eine gewisse Gehirnpartie, das sendet erst seine Arbeitskräfte hinein in Sinne und Gehirn; und dadurch, dass dieses «hinterbewusste» Seelische das Nervensystem bearbeitet, wird dieses zum Spiegel, um das, was im gewöhnlichen Leben auftritt, zu spiegeln. Was im gewöhnlichen Leben auftritt, ist das Spiegelbild des Seelisch-Geistigen. Geradeso, wie wenn ein Spiegel hier hinge und Sie, wenn Sie sich ihm nähern würden, dann nicht sich sehen würden, sondern bloß Ihr Spiegelbild, geradeso verhalten Sie sich, indem Sie Ihr alltägliches Denken, Fühlen und Wollen entwickeln.[11] Das tiefere Seelische arbeitet speziell am Nervensystem und Gehirn, und was es da erarbeitet, das macht, dass etwas wahrgenommen werden kann. So ist es das Seelisch-Geistige, das das Auge bearbeitet, und was im Auge gewisse Vorgänge hervorruft. Wenn diese Vorgänge hervorgerufen sind, dann spiegelt das Auge in das Geistig-Seelische dasjenige zurück, was wir die Farbe nennen. So ist es das tiefere Seelisch-Geistige, was im Leibe arbeitet. Und dazu wird die Geistesforschung die Menschheit führen: zu erkennen, dass wir es selbst sind, die im Inneren unserer Vorstellungen leben, und die mit ihrem tieferen Wesen erst selber den Leib zubereiten, dass er zum Spiegelungsapparat dafür wird, was dann die Seele erlebt. So ist es im gewöhnlichen, äußeren, räumlichen Leben. In dem Augenblick aber, wo unsere Vorstellungen zu Erinnerungsbildern werden, muss noch etwas anderes vorgehen; wir müssen, wenn nicht die Vorstellungen wie Träume an uns vorüberhuschen sollen, damit sie Erinnerung werden, Aufmerksamkeit verwenden. Alles, was zur Erinnerung werden soll, was uns bleiben soll in der Seele, auf das müssen wir uns länger hinkonzentrieren, als notwendig ist, sagen wir, zum bloßen Vorstellungsbilde. Ein Farbeneindruck würde uns nicht in der Erinnerung bleiben, wenn wir ihn nur gerade so lange anschauten, als es notwendig ist, dass die Farbe hervorgerufen wird. Schauen wir ihn länger an, so appellieren wir an jene Kraft, welche alles das in unserer Seele als Erinnerung erhält. Wir schieben gleichsam zurück unsere Seelentätigkeit in ein tieferes Wesen und dieses stellt sich heraus nicht als der physische Leib, sondern als etwas, was feiner, ätherischer ist als der physische Leib; und was man in der Geistesforschung eben mit dem allerdings verpönten, heute gar nicht beliebten Ausdruck «ätherisch» bezeichnen kann – doch hat das Wort nicht den Sinn, den man gewöhnlich damit verbindet –, er stellt sich dar als ein ätherischer Leib, der schon geistiger Art ist.

Aber nicht nur so wirkt unsere Seele, dass sie diese Erinnerungsbilder schafft, sondern sie wirkt viel mehr durch ihren Verkehr mit der Außenwelt im Leben zwischen Geburt und Tod in sich hinein. Und da entdeckt der Geistesforscher das Merkwürdige, dass unsere Erinnerungen nur deshalb Vorstellungen bleiben, weil sie aufgehalten werden vom Ätherleib, nicht in den physischen

Leib hineingelassen werden. Würden sie in den physischen Leib hineinrinnen, würden sie darin zur Tätigkeit werden, diese Vorstellungen, so würden sie übergehen in die Bildungskräfte, in die Lebekräfte des physischen Leibes, würden diesen durchorganisieren. Dadurch, dass wir unsere Vorstellungen Vorstellungen sein lassen, sie nicht in organische Kräfte übergehen zu lassen brauchen, behalten sie den Charakter der Erinnerung, erhalten wir sie in ihrer Vorstellungskraft. Sie können Erinnerungen bleiben.

Aber die Seele entwickelt auch im Leben viel stärkere Kräfte als diejenigen sind, die die Erinnerungen entwickeln, und diese stärkeren Kräfte werden nun ebenfalls zunächst in der Seele bewahrt. Aber sie liegen wie ein Übergedächtnis hinter dem gewöhnlichen Gedächtnisschatz; sie sind in uns. Das ist das, was nun der Geistesforscher erlebt, wenn er durch das Gedächtnis hindurchschaut auf diesen übergedächtnismäßigen Schatz, dass er weiß: Da lebt in deiner Seele etwas, was nicht hineinwirken kann in deinen physischen Leib, was unter der Oberfläche des Gedächtnisses liegt, aber auch nicht zur Wirksamkeit kommt in deinem physischen Leibe, jetzt, wie er ist zwischen Geburt und Tod. Da ist etwas, was nicht Vorstellung bleibt, was doch aber nicht zur organisch wirksamen Kraft wird. Der Geistesforscher erlebt dieses, indem er außerhalb seines Leibes ist. Aber er erlebt zugleich das andere, das er ausdrücken kann, wenn er sich über die Tatsache klarwerden wird, damit, dass er sagt: Ja, so erlebe ich etwas in meiner Seele, was in ihr ist, was gewissermaßen keine Anwendung findet, weil es nicht hinein kann in den Leib, der gebildet ist seit der Geburt oder, sagen wir, der Empfängnis, weil es darin keine Unterkunft findet. Und indem sich nun der Geistesforscher hineinvertieft in dies, was ich hier angedeutet habe, erlebt er es so, dass er es erkennen kann, wie man erkennt den Keim, der in einer Pflanze ist. Die Pflanze entwickelt sich von der Wurzel bis zur Frucht, in welcher der Keim ist. Der Keim ist aber schon veranlagt in der ganzen Pflanze. Das, was Keim ist, hat für diese Pflanze keinen Sinn, es kann seine Kräfte nicht in diese Pflanze hineinsenken; es ist aber darinnen, es ist die Anlage zu einer folgenden Pflanze, sagen wir, des nächsten Jahres. Indem der Geistesforscher hinuntertaucht, taucht er ein in etwas, was in ihm ein Seelenkern, ein Seelenkeim ist, von dem er weiß, er wird gebildet in diesem Leben zwischen der Geburt und dem Tode, aber er entwickelt seine Kräfte nicht in diesem Leben; er taucht da unter in die tieferen Schichten der Seele und liegt bereit für ein folgendes Leben, wie in der Pflanzenfrucht der Keim bereitliegt für die folgende Pflanze, die sich nicht ohne die vorhergehende entwickeln könnte.

So kommt man zu der Einsicht des Einklanges der menschlichen aufeinanderfolgenden Erdenleben mit aller äußeren Natur, wenn man so unterzutauchen versteht in das Seelische. Das, was wichtig ist, ist nur, dass der Geistesforscher nie aus den Augen verliert: Das, was du da erleben musst, das kann nur ein solches sein, bei dem du immer wieder und wiederum dir deiner eigenen Tätigkeit bewusst wirst; denn ist man das nicht, überschaut man nicht, wie das entstanden ist, dann wird es zur Illusion, Halluzination oder zur bloßen Phantasie. Es ist völlig ein Irrtum, wenn eingewendet wird: Ja, wie kann der Geistesforscher wissen, dass das, was er so entdeckt, keine Halluzination, keine Illusion, nicht Phantasie ist? Es könnte ja eine selbst suggerierte Halluzination sein. Wenn der Geistesforscher sich so stellen würde zu dem, was er so erlebt, wie es geschildert worden ist, wie sich das krankhafte Gemüt zu einer Halluzination stellt, dann würde dieser Einwand voll berechtigt sein. Denn sie stellt sich gegenüber im Gemüt wie eine äußere Wahrnehmung, man durchschaut sie nicht. Das aber lernt der Geistesforscher genau kennen durch die richtigen Vorbereitungen – wie Sie sie in meiner Schrift *Wie erlangt man Erkenntnisse der höheren Welten?* lesen können –, dass er unterscheiden kann das, was nur Reminiszenz ist der Außenwelt, und was Phantasie und Halluzination ist, zu dem er sich passiv verhält, dass er dies unterscheiden muss von dem, was sich so hinstellt, dass er es ebenso erkennt, wie man von einem Buchstaben oder einem Worte weiß: Das, was da auf dem Papier steht, das bedeutet nicht sich selbst, sondern etwas anderes. Denn so verwendet der Geistesforscher das Erschaute nicht, wie man Halluzinationen verwendet, sondern so, dass man es vergleichen kann mit einem geistigen Lesen in einer Schrift von Imaginationen, die sich vor ihn hinstellen. Erst wenn man lernt, in freier Weise in seinem Gemüt das, was man da durch eigene Aktivität hinstellt, so zu verwenden, dass man darin lebt, wie man in den Schriftzügen lebt, durch die man hindurchsieht auf das, was sie bedeuten; erst indem man sich in so innerlich erkrafteter Weise zu dem erhebt, was da in das Seelenschauen tritt, kann man dahin gelangen, wirklich zu erschauen, was Vorgänge und Wesenheiten der geistigen Welt sind. Dann aber kommt man, weil man dadurch sich allmählich einlebt in das Element unserer Seele, das nicht mit dem Leib einerlei ist, hinein in das Wesen, von dem man sagen kann, dass die Eigenschaft der Unsterblichkeit ihm zukommt.

Geisteswissenschaft ist nicht eine spekulative Philosophie, worin man nachdenkt, welche Gründe können sich ergeben für die Unsterblichkeit der Seele: Geisteswissenschaft zeigt, wie man zur Seele selber kommt und von dieser wahrhaftigen Seele zeigt sie, was sie wirklich ist. Sie legt gleichsam die Seele bloß; und dann stellt sich heraus, dass das, was als die Seele bloßgelegt wird, nicht ein Ergebnis der äußeren Leiblichkeit ist, dass vielmehr diese Leiblichkeit das Ergebnis dessen ist, was man da entdeckt. Denn wenn man auf der einen Seite entdeckt in sich den Seelenkern, dem man es anfühlt, aus dem man herauserlebt, dass er der Keim zu einem nächsten Erdenleben ist, so erlebt man in diesem über dem Gedächtnisschatz liegenden Bewusstseinsinhalt auch das, was in den Menschen als das menschliche Leiblich-Physische hereingezogen ist, bevor er als physisches Wesen sein Dasein begonnen hat mit der Geburt oder, sagen wir, der Empfängnis. Geradeso wie die Seele selbst es ist, die räumlich, wenn wir wahrnehmen, ihr Gehirn zubereitet,[12] damit dieses ihren Inhalt spiegelt, so erlebt man, dass das Geistig-Seelische, zu dem man vorgedrungen ist, vor der Geburt, vor der Empfängnis in einer geistigen Welt vorhanden war und in dieser sich die Kräfte erworben hat, um sich zu verbinden mit dem, was an physischer Substantialität gegeben wird von Vater und Mutter, um sich zu durchdringen mit dieser Substantialität, diese sich anzuorganisieren. Man erlebt, dass der Mensch, so wie er in die Welt hereinzieht, nicht bloß das Ergebnis ist von Vater und Mutter, sondern dass sich verbindet das Geistige mit dem Materiellen, mit dem, was von Vater und Mutter gegeben wird; das Geistige, das aus geistigen Welten herunterkommt, wo es gelebt hat zwischen dem letzten Tod und dieser Empfängnis. Und der Geistesforscher kann, indem man also kennenlernt dasjenige in der Seele, was jenseits des Gedächtnisses liegt, er kann dadurch auch erkennen lernen, wie die Seele sich verhält, wenn nicht mehr das Leibliche sozusagen die Tätigkeit dieses Geistig-Seelischen zurückhält, wenn der Tod über den Menschen gekommen ist. Wenn der Tod über den Menschen gekommen ist, dann lebt die Seele zunächst – das ist die Tatsache, die sich der Geistesforschung darbietet – in dem, was während des Lebens nicht physisch-leiblich geworden ist; sie lebt in ihrem Gedächtnisschatz. In der ersten Zeit nach dem Tode breitet sich aus vor der Seele ein weites Erinnerungsbild von alledem, was der Mensch erlebt hat zwischen Geburt und Tod. Auch alle diejenigen Ereignisse kommen herauf, welche vergessen worden sind im Leben. Dieses Erleben seiner ganzen Erinnerung dauert nur wenige Tage. Der Geistesforscher kann das durchschauen, was da als das erste Erlebnis nach dem Tode auftritt, weil er ja kennenlernt die Natur des Gedächtnisses. Wenn die Seele aus dem Leibe heraus ist, dann wird wirklich für den Geistesforscher so etwas zum Bewusstseinsinhalt, wie es für den Toten wird, wenn er durch die Pforte des Todes geschritten ist. Vor dem Geistesforscher tritt auch dasjenige auf, sobald er außer dem Leibe ist, was sein gesamter Gedankeninhalt ist, aber jetzt so wie eine Welt; wie man sonst Berge und Wolken und Sterne und Sonne und Mond und Flüsse und Städte um sich hat, so hat man außer seinem Leibe zunächst ein Tableau desjenigen, was man erlebt hat, vor sich; nur kann man dieses Tableau durchschauen, man kann seine Wirkungskraft ersehen. Indem man – um einen trivialen Ausdruck zu gebrauchen – sich hingewöhnt hat, wirklich außerleiblich diese Dinge zu durchschauen, gelangt man auch allmählich dazu, wirklich den Blick bewusst hinwerfen zu können auf das, was die Seele nach dem Tode durchlebt, was sie durchlebt hat nach dem letzten Tode, was ihr bevorsteht nach dem Tode, der da kommen wird. Erst ist es dieses Erinnerungsbild, das breitet sich aus, die Gedanken, die sich angesammelt haben. Aber hinter dem tritt eine andere Seelenkraft auf. Jetzt, da der Tod vorübergegangen ist, ist diese Seelenkraft nicht mehr durch den Leib gehemmt, jetzt wirkt sie so, dass dieses Erinnerungsbild nach einigen Tagen verschwindet aus der Umgebung des Menschen.

Man kommt ja, wie schon eingangs gesagt, auf gewagte Dinge, wenn man über das Thema des heutigen Vortrags sprechen will, aber man kann doch nicht umhin, diese Dinge zu berühren, wenn man nicht in allgemeinen Redensarten sich ergehen will. Ich habe versucht darzustellen, was der Geistesforschung sich ergeben hat über die Dauer dieses ersten Erlebnisses nach dem Tode. Da hat sich ergeben, dass diese Rückschau auf die Gedankenbilder der Erlebnisse des letzten Lebens für die verschiedenen

Menschen verschieden lang dauert, für den einen Menschen länger, für den anderen kürzer; aber im Allgemeinen ungefähr so lange, als die Kraft dauern kann während des Lebens, durch die sich der Mensch wach erhalten kann, wenn er verhindert ist, einzuschlafen. Der eine Mensch kann kaum eine Nacht sich wach erhalten, ohne dass ihn der Schlaf übermannt, ein anderer viele Nächte. Diese innere Kraft, den Schlaf zu bekämpfen, die ist der Maßstab für die Zahl der Tage, nach denen diese Rückerinnerung nach dem Tode dauert. Dann verschwindet diese, und etwas anderes tritt auf.

Was jetzt auftritt, in das kann man sich nur vertiefen, wenn man es auch schon kennt durch die außerleiblichen Erlebnisse; aber es ist sehr schwierig, Worte zu finden für diese Erlebnisse der Seele, die ganz andersgeartet sind als diejenigen, die man im Alltage erlebt. Unsere Sprache ist ja für die sinnliche Welt geprägt. Was außerhalb der Sinneswelt liegt, erlebt die Seele ganz anders als hier in der Sinneswelt. Daher bitte ich Sie zu entschuldigen, wenn Ihnen manche Ausdrücke ungelenk, paradox vorkommen werden; aber Sie können versichert sein: Wenn jemand sich anschickt, mit den ganz gewöhnlichen Worten der Sprache das zu schildern, wofür sich nur schwer Worte finden lassen, so wird er nicht unmittelbar aus den Erlebnissen der Seele heraus schildern können dasjenige, was nach der Rückschau erlebt wird. – Das, was nunmehr die Seele erlebt, was der Geistesforscher außer dem Leibe erlebt, das ist das, was ich nun eben mit dem Ausdruck belegen möchte – es ist nämlich kein Fühlen und ist kein Wollen, es ist etwas zwischen dem Fühlen und Wollen –, was ich nennen möchte ein «wollendes Fühlen», ein «fühlendes Wollen». Man hat diese Seelenkraft, die man innerlich entwickelt, gar nicht im gewöhnlichen Leben. Man kennt sie als Geistesforscher. Es ist, wie wenn der Wille mit uns sich dahin bewegte, in der Welt; und wie wenn dieser Wille, ich möchte sagen, indem er sich dahin bewegt, auf seinen Flügeln oder seinen Fluten trägt das, was uns nun als Gefühl so entgegentritt, dass es wie außer uns ist, wie heranspielt auf den Wogen des Willens. Während wir sonst gewohnt sind, dieses Gefühl als etwas zu empfinden, was innerlich verwachsen ist mit uns, wird das jetzt so wie wogend und webend auf den Wellen des Willens; und wir wissen dennoch, da wir uns bei diesem Erleben ausbreiten in die Welt, dass wir in dem, was da draußen ist als wollendes Fühlen, als fühlendes Wollen, was draußen ist wie die Farben- und Tonwahrnehmungen der Sinneswelt, dass das von unserem Wesen durchdrungen ist. Ein Fühlen ist da draußen, das wir wie Licht wahrnehmen; aber wir wissen uns zugleich mit ihm verbunden.

Aber in der ersten Zeit nach der Rückschau erlebt dies der Mensch so, dass seine einzige Welt, die er zunächst wahrnimmt, im Grunde diejenige ist, aus der er sozusagen mit dem Tode herausgegangen ist. Nachdem sich das Erinnerungstableau abgedämmert hat, entfaltet sich, erkraftet sich in der Seele dieses fühlende Wollen, wollende Fühlen; aber dieses drückt nur Dinge aus, die mit dem letzten Erdenleben noch zusammenhängen; so dass wir diese Dinge, die wir da erleben, etwa in der folgenden Art charakterisieren können: Das Erdenleben gibt dem Menschen niemals in seine Erfahrung alles das, was es ihm geben könnte. Eine Menge Dinge bleiben so, dass wir sagen können: Wir haben nicht alles genossen, was hätte genossen werden können, was Eindrücke hätte machen können zwischen Geburt und Tod. Es ist immer sozusagen zwischen den Zeilen des Lebens etwas von Begierden, von Wünschen, von Liebe zu anderen Menschen und so weiter zurückgeblieben. Unerledigtes – um den trivialen Ausdruck zu brauchen – im letzten Leben, das ist das, auf das wir begehrend geistig zurückblicken, und zwar jetzt auf Jahre hin begehrend geistig zurückblicken. In diesen

Jahren ist es so, dass wir sozusagen unsere Welt hauptsächlich in demjenigen haben, was wir gewesen sind. Wir schauen in unser letztes Erdensein hinein, schauen in ihm das, was unerledigt geblieben ist. Und erst dadurch, dass wir in einer Sphäre jahrelang leben, in der davon nichts befriedigt werden kann, wie es auf Erden befriedigt wird, weil wir ja die leiblichen Organe dazu abgelegt haben, arbeiten wir uns in der Seele heraus aus solchen Zusammenhängen mit dem letzten Erdenleben.

Auch hier hat wiederum die Geisteswissenschaft die Länge dieser Erlebnisse zu überblicken, und da kann das Folgende gesagt werden: Die Zeit, die der Mensch durchlebt, in der allerersten Kindheit bis zu dem Zeitpunkt, wo er sich zurückerinnert, die hat keinen Einfluss auf die Dauer der Erlebnisse, die jetzt geschildert worden sind. Ebenso hat die Zeit, die wir nach dem fünfundzwanzigsten, sechsundzwanzigsten, siebenundzwanzigsten Jahre weiter durchleben, keinen Einfluss mehr. Die Jahre etwa vom vierten bis in die Zwanzigerjahre hinein, die deuten auch die Länge an, in der man – so zusammenhängend mit seinem letzten Erdenleben – Erfahrungen zu sammeln hat in der geistigen Welt, sich herauszuziehen hat aus dem Erdenleben. Es stellt sich heraus für die geistige Beobachtung: So lange man gebraucht hat, um nach dem vorigen geistigen Leben, nachdem man durch Empfängnis und Geburt gegangen ist, seinen Leib gleichsam mit den aufwärtsstrebenden Kräften aufzubauen, bis in die Mitte der Zwanzigerjahre hinein, also so lange man gebraucht hat, um das Leben mit den körperlichen, organisch-fruchtbaren Kräften zu durchsetzen, es zu durchsetzen mit den Kräften, die im Leben begehren, genießen, ungefähr so lange dauert auch die Zeit, durch die man sich wiederum herausfinden muss aus dem letzten Erdenleben. So dass man, wenn man also sagen wir, zwölf Jahre alt wird, vielleicht nur fünf Jahre braucht, um herauszukommen aus dem letzten Erdenleben, oder sieben

Jahre; wenn man aber, sagen wir, fünfzig Jahre alt geworden ist, so tragen die Jahre nach der Mitte der Zwanzigerjahre nichts mehr Sonderliches bei an der Verlängerung der jetzt genannten Periode.

Von dieser Periode muss gesagt werden, dass in ihr schon in einer gewissen Weise das eintritt, was man nennen kann: Der Mensch nimmt wahr geistige Vorgänge und geistige Wesen in seiner Umgebung. Ich habe ja schon vorgestern angedeutet, dass, wenn der Geistesforscher in seinem Geistig-Seelischen sich erlebt, er in einer wirklichen geistigen Welt darinnen ist. In diese geistige Welt zieht ja der Tote ein; aber er ist zunächst so beschäftigt mit seinen Zusammenhängen mit seiner vorhergehenden Welt, in der Weise, wie wir es vorher besprochen haben, dass er nur auf dem Umwege durch sein früheres Leben einen Zusammenhang gewinnen kann mit dem, was in seiner geistigen Umgebung ist. Um ein Beispiel zu sagen: Nehmen wir an, jemand ist durch die Pforte des Todes gegangen. Die Rückschau ist vorüber. Er lebt in dieser Zeit des Sich-Herausreißens aus den Zusammenhängen mit dem vorhergehenden Erdenleben. Jemand, den er geliebt hat, ist noch im physischen Leibe. Derjenige, der noch in diesem Stadium des Erlebens ist, von dem wir eben sprechen, kann nicht unmittelbar auf die Seele hinschauen, die noch auf der Erde ist; aber es bildet sich gleichsam eine Art von Umschaltung: Im letzten Erdenleben haben wir den Menschen geliebt, der zurückgeblieben ist; auf das Liebesgefühl blicken wir, wenn wir in dem Stadium sind, das wir jetzt besprechen. Die Gefühle sind unsere Außenwelt. Indem wir auf sie hinblicken, finden wir den Weg zu der Seele, die noch auf der Erde ist. Ebenso müssen wir über das Gefühl den Weg finden auch zu einer Seele, die schon durch die Pforte des Todes gegangen ist. So kann man sagen: Der Mensch lebt mit den Menschenseelen als Seele nach dem Tode, aber zunächst auf dem Umweg durch sein eigenes Leben.

Aber immer mehr und mehr entwickelt sich im Menschen eine Kraft, eine seelische Kraft, die wiederum nur der Geistesforscher kennt, wenn er sich geistig-seelisch außer dem Leibe erlebt. Für diese ist nun schon gar kein Ausdruck mehr da. Für die andere Kraft kann man wenigstens noch sagen: «Wollendes Fühlen» oder «Fühlendes Wollen», weil sie etwas Ähnliches hat mit dem Wollen und dem Fühlen. Wenn auch das Wollen und Fühlen objektiviert sind, sie haben doch etwas Ähnliches, die Dinge, die da draußen in Wollungen und Fühlungen herumwogen, etwas Ähnliches mit den Gefühls- und Willensimpulsen, die wir sonst im Leben haben. Das aber, was nunmehr die Seele erlebt, was als eine Kraft in ihr erwacht, je mehr sie sich entfernt in der geschilderten Weise von dem letzten Erdenleben, das kann ich nur bezeichnen mit einem Ausdruck, der ungeschickt klingen mag in Bezug auf die gewöhnliche Sprache, der aber doch bezeichnend ist; ich kann es nur benennen: kreative seelische Kraft, seelische Schöpferkraft. Es ist etwas, was die Seele jetzt unmittelbar erlebt. Dass man in eine Aktivität übergeht, das erlebt die Seele völlig; aber zugleich, dass diese Schöpferkraft wirklich sich entwickelt, wirklich von der Seele ausstrahlt in die Umgebung und – wiederum ist es ungeschickt, aber es muss eben, damit man sich verständlich machen kann, dieser Ausdruck gebraucht werden – es ist diese Kraft etwas, was in die Umgebung wie ein geistiges Licht ausstrahlt, was die geistigen Vorgänge und Wesen ringsherum beleuchtet, so dass wir sie sehen; wie, wenn die Sonne aufgeht, wir durch die Sonne die äußeren Gegenstände sehen, so sehen wir durch die eigene innere Leuchtekraft, die sich hinergießt, die geistigen Vorgänge und Wesenheiten. Jetzt tritt die Zeit ein, wo die Seele in dem Maße in der geistigen Umgebung ist, als in ihr diese kreative Kraft erwacht, diese Welt zu beleuchten. Und hier haben die Religionen keinen unbedeutsamen Ausdruck gebraucht, wenn sie sagen, um das Leben nach dem Tode zu bezeichnen: Dieses Sich-Fühlen in der schöpferischen Kraft, dieses Sich-Einleben in eine geistige Umgebung, die dadurch sichtbar wird, dass man seine eigene Schöpferkraft hineinsendet, dieses Sich-Erleben in dem Ausgießen des Lichtes ist ein Gefühl von Seligkeit. Selbst die Schmerzen werden so als Seligkeiten erlebt in dieser Welt. Da erlebt die Seele nun ihr weiteres Leben.

Nun handelt es sich darum, dass die Seele nur in abwechselnden Zuständen dieses Erleben durchmachen kann, das eben beschrieben worden ist. – Ich komme dabei allerdings in Gebiete, die für ein gewöhnliches Leben ganz im Phantastischen schwimmen; aber nach den vorbereitenden Mitteilungen, die nun gegeben sind, darf ich auch diese Dinge auseinandersetzen; denn klar muss man sein, dass der Geistesforscher niemals anderes behaupten wird, als dass nur dann ihm solche Dinge aufgehen können, wenn er außerleiblich erlebt. – Die Seele erlebt also Wechselzustände. Nicht immer ist sie in dem Zustand, dass sie ihre geistige Leuchtekraft seelisch ausstrahlt über die Umgebung, so dass Menschenseelen und andere Wesenheiten nun um sie herum sind und geistige Vorgänge von ihr erlebt werden. Nicht immer ist es so, dass die Seele also in der äußeren geistigen Welt lebt, sondern dieser Zustand muss abwechseln mit dem Zustand, dass die Seele dieses Ausstrahlen der geistigen Leuchtekraft gleichsam sich herabdumpfen fühlt. Die Seele wird innerlich stumpf, sie kann nicht mehr hinstrahlen ihr Licht auf die Umgebung, sie muss in sich selber zusammennehmen ihr ganzes Sein. Und jetzt kommt derjenige Moment, wo in der Zwischenzeit zwischen dem Tod und einer neuen Geburt die Seele ein völlig einsames Leben lebt. Das dauert lange. Wenn man es vergleichen will mit dem gewöhnlichen Leben, so kann man sagen: Wie im gewöhnlichen Leben der Mensch abwechseln muss zwischen Schlaf und Wachen, so muss er nach dem Tode abwechseln zwischen einem Leben, das sich ausgießt in die äußere Welt, und einem Leben der inneren Einsamkeit. Wo hereingenommen ist alles, was man früher im Zustand der Verbreiterung erlebt hat, wo aber die Seele weiß: Du bist jetzt ganz einsam mit dir. So wie man im Schlafe bewusstlos wird, so zieht man sich hier in sich zurück, wird aber nicht bewusstlos. Die Seele erlebt ein erstarktes Bewusstsein gerade in diesen Zeiten der Einsamkeit, aber sie erlebt das so, dass sie weiß: Da draußen ist die geistige Welt, du aber bist mit dir allein, alles, was du erlebst, erlebst du in dir. – Was man in sich erlebt, sind die Nachklänge dessen, was man außer sich erlebt hat. Nur dadurch kann die innere Leuchtekraft wieder erstarken und aus der Seele wieder heraustreten. Und dann wacht man geistig wiederum auf und erlebt wiederum den anderen Zustand.

Es gehört zu den merkwürdigsten Erlebnissen, wirklich einmal zu lernen, einen Sinn zu verbinden mit den Worten, dass für die Zeit zwischen dem Tod und einer neuen Geburt die Seele lebt in geistiger Geselligkeit und Einsamkeit, dass für dieses Abwechseln der Zustände von geselligem Erleben und Einsamkeit in der geistigen Welt, allerdings durch viel längere Zeiträume als Tag und Nacht, dass es für dieses Nach-dem-Tode-Erleben etwas Ähnliches bedeutet wie Schlafen und Wachen für das physische Erleben. Ich habe diese Verhältnisse angedeutet in meinem vorletzten Buche: *Die Schwelle der geistigen Welt.* Aber die Seele erlebt so, indem sie weiterlebt zwischen dem Tod und einer neuen Geburt, allmählich ein Herabdumpfen, ein Verglimmen ihrer Leuchtekraft. Man möchte sagen: Die Erlebnisse der inneren Einsamkeit werden immer stärker und stärker. Sie werden allmählich so, dass der Mensch innerlich eine ganze Welt erlebt, man möchte sagen einen ganzen Kosmos. Wahrhaftig, so wird sie, dass berechtigt ist zu sagen: den Menschen überkommt etwas wie das Gefühl der Furcht vor sich selbst, wenn er entdeckt, was da alles unten ist in den Untergründen der Seele, und was jetzt herauskommt ungefähr in der Mitte des Lebens zwischen dem Tod und einer neuen Geburt.

Und dann kommt die Zeit heran, die ich versuchte darzustellen in meinem vierten Mysteriendrama: *Der Seelen Erwachen*,[13] ich suchte sie darzustellen, diese Zeit, wo der Mensch nur mehr vermag innerliche Erlebnisse zu haben; wo die Nächte der Einsamkeit immer länger und länger werden; wo der Mensch nicht mehr aufwachen kann geistig zu einem Bewusstsein, in dem er seine Leuchtekraft ringsherum ausstrahlt. Ich habe versucht auszudrücken das, was dann der Mensch erlebt, mit einem symbolischen Ausdruck, mit dem Ausdruck: Die Mitternacht des geistigen Daseins zwischen dem Tod und einer neuen Geburt. Es ist die Zeit, in der der Mensch alles, was in den Tiefen seiner Seele ist, als seine Welt erlebt, wo er nur weiß: Jenseits der Ufer deiner Seele sind die geistigen Welten, in denen alles das ist, was es von geistigen Wesen gibt, in denen alle Menschenseelen sind, die entkörpert oder auch verkörpert sind, und in denen alle anderen Wesen sind; aber man weiß es nur, weil man die Nachklänge davon in sich hat. Und jetzt entsteht etwas in der Seele, was wieder nicht mit einem gewöhnlichen Wort bezeichnet werden kann. Nicht wahr, die gewöhnliche Sprache hat das Wort «Sehnsucht» für das Passivste in der Seele. Wenn wir sehnsüchtig sind im physischen Erleben, so sind wir am passivsten. Wir ersehnen etwas, wir begehren etwas, was wir nicht haben – und die Sehnsucht kann das gewiss nicht hervorbringen, was wir ersehnen. Wir können uns nur passiv verhalten. Aber die Seelenkräfte gewinnen einen ganz anderen Charakter, wenn die Seele außerhalb des Leibes ist. Aus der Tiefe der Einsamkeit heraus, aus dem, was die Seele in der geschilderten Weise in der Weltenmitternacht des Geistes erlebt, bildet sich die Sehnsucht, wiederum in die Welt sich hineinzuleben, aus der man in seiner Einsamkeit herausgerissen ist. Und die Sehnsucht wird jetzt aktiv, und aus ihr wird etwas, was geistig real ist, eine organisierende Kraft. Sie wird wirklich eine neue Wahrnehmungskraft. Diese geistige Sehnsucht gebiert eine neue Seelenkraft, wiederum eine solche Kraft, die nun eine äußere Welt wahrnehmen kann, aber eine Welt, die zugleich eine äußere und eine innere ist: eine äußere, weil sie wirklich außerhalb unseres Wesens da ist; eine innere, weil wir auf sie schauen als diejenige Welt, die wir im vorhergehenden Leben durchlebt haben, die Welt unserer früheren Erdenverkörperung. Das wird jetzt aus unserer Sehnsucht heraus unsere Außenwelt. Wir schauen hin auf all das, was unerledigt geblieben ist im vorigen Leben, und in uns zimmert die Sehnsucht Kräfte, um Ausgleich zu schaffen für das, was die Seele im vorhergehenden Erdenleben Schlechtes, Törichtes, Böses, Hässliches getan hat, um Ausgleich zu schaffen dafür in einem neuen Leben.

Das ist die Zeit, in der jeder Mensch zurückblicken kann auf seine früheren Erdenleben, die Zeit, wo wirklich zwischen dem Tod und einer neuen Geburt dem Menschen vor Augen stehen – vor dem geistigen Auge stehen – all die Taten seiner früheren Leben, und in ihm erwacht die Tendenz, in einem neuen Erdenleben solche Ausgleiche zu schaffen, dass die neuen Erdenerlebnisse ausleben und gutmachen, was in früheren Erdenleben erlebt worden ist. Ich habe schon Menschen kennengelernt, die sagten, sie haben mit dem einen Leben genug; sogar einen Menschen, der nahe daran war, etwas Vernünftiges an diesen wiederholten Erdenleben zu finden –, dann hat er mir aber von der nächsten Eisenbahnstation aus eine Karte geschrieben, dass er doch nichts wissen wolle von einem nächsten Erdenleben. Aber darauf kommt es nicht an, dass wir uns von diesen wiederholten Erdenleben eine Vorstellung bilden können, sondern darauf, dass jede Seele in der Lage, die jetzt beschrieben worden ist, auf ihre früheren Erdenleben zurückblickt und zugleich die Tendenz in sich aufnimmt, ein neues Erdenleben zu erleben, das Ausgleich ist für die früheren Erdenleben. Und man erlebt weiter, dass es Menschen gibt, denen man manches schuldig geworden ist, oder die einem etwas schuldig wurden: das tritt vor die Seele hin als Ergänzung zum eigenen Erdenleben. Und die Tendenz tritt auf wiederum mit den Menschen zusammenzuleben, denen man etwas schuldig geworden ist, um auszugleichen, was man schuldig geworden ist. Und in anderen Menschen tritt die gleiche Tendenz auf. Dadurch treten Kräfte auf in verschiedenen Menschen, die früher zu gleicher Zeit gelebt haben; da werden geistige Kräfte erregt, welche zur Erde hinuntertendieren. Dadurch kommt es, dass in dem neuen Erdenleben solche Menschen zusammenkommen, die früher beisammen gewesen waren. Es muss sich ausgleichen, was sich diese Seelen schuldig geblieben sind. Wie gesagt, die Tendenzen treten da zusammen. Und dann erlebt man immer weiter und weiter dieses geistige Leben zwischen Tod und neuer Geburt: immer mehr und mehr prägen sich ein, kraften sich ein die Tendenzen, von denen gesprochen worden ist. Sie werden lebendige Tendenzen. Und der Mensch schafft sich aus dem, was er also erfahren hat über frühere Erdenleben, das Urbild, das geistige Urbild des neuen Erdenlebens.

Das schafft er nun selbst, indem die Zeit weiterrückt; da schafft er nun selbst, was sich verbindet mit der materiellen Substanz, die von Vater und Mutter gegeben wird, um in ein neues Erdenleben einzutreten. Und je nachdem die vererbten Eigenschaften von Vater und Mutter in der materiellen Substanz sein können und verwandt sind mit dem geistigen Urbild, wird das geistige Urbild hingezogen zu dem Materiellen vor der Empfängnis. So dass man sagen kann: Die Wahlverwandtschaft zwischen den ererbten Eigenschaften und dem Urbild, die entscheidet, zu welchem Elternpaar die Seele sich wie magnetisch hingezogen fühlt, in welches Leben man sich hineinfindet. Dadurch kommt der Mensch wiederum zur Erde zurück, vereinigt sich wiederum mit einem irdischen Leibe. Und die Geistesforschung kann nun sehen, was im Kinde, man möchte sagen, auf so mysteriöse Weise – wer ein Kindesleben zu beobachten versteht, wird sehen, es ist so – sich herausbildet, indem von innen heraus die ausdrucksvollen Mienen allmählich treten, indem die geschickten Bewegungen aus den ungeschickten sich entwickeln, indem das, was so ersichtlich aus dem Inneren arbeitet, den Körper modelliert und plastiziert; in all dem schaut der Geistesforscher dasjenige, was die Erlebnisse zwischen dem Tod und einer neuen Geburt durchgemacht hat, von denen jetzt die Rede war, wie es sich da immer mehr und mehr mit dem Leib verbindet – das schaut der Geistesforscher. Nunmehr sieht er ein, warum zunächst keine Erinnerungen an diese Erlebnisse vor der Geburt vorhanden sein können: Die Kräfte, die zu Erinnerungskräften werden könnten, die werden aufgebraucht, um den Leib zu organisieren. Das Kind würde sich erinnern an alles Frühere, denn es hat diese Kräfte; aber die Kräfte werden umgewandelt; ebenso wie die Druckkräfte, die ich entwickle, wenn ich über den Tisch fahre mit dem Finger, sich in Wärme verwandeln, so verwandeln sich diese Erinnerungskräfte in organisierende Kräfte. Was das Kind innerlich durchorganisiert, was das Gehirn plastisch macht, so dass das Kind später denken kann, dass es im physischen Leibe Erinnerungskräfte entwickeln kann: das ist umgewandelte, rückschauende Kraft; das verschwindet in dieser Gestalt, in der es die Rückschau entwickeln kann, und durchorganisiert den Leib. Und das Geistige, das den Leib durchorganisiert, das ist das umgewandelte Seelische, das ist hineingeflossen in den Leib. Und so begreifen wir das Leben, in dem wir gerade stehen, indem wir verstehen, was außerhalb des Lebens jenseits des Todes vorging. Was da wirkt im Menschen im irdischen Leben, hat sich seine Kräfte angeeignet zwischen dem Tod und einer neuen Geburt. Die Kräfte, die da rein geistig zutage treten, das sind die Erinnerungskräfte, die sich umgewandelt haben, die in den Leib hineinfließen und ihn durchorganisieren.

Die Naturforscher werden einmal darauf kommen, wie die Kräfte, die rein in der Vererbung liegen, auch im Menschen eine Erschöpfung erfahren in der Zeit, wo die Vererbungsfähigkeit auftritt. Gewisse niedere Tiere sterben zugleich, indem sie zur Geburt eines anderen Wesens reif werden; das, was der Mensch an Kräften entwickeln muss, um physische Nachkommen zu haben und auf sie etwas zu vererben, das muss mit seiner Geschlechtsreife abgeschlossen sein; das kann ich nur andeuten. Darüber werden die Naturwissenschaft und die Geisteswissenschaft zusammen wichtige Aufschlüsse geben können. Aber in all dem, was da als physische Kräfte im Menschen wirkt, wirkt Geistiges. Die geistigen Kräfte sind es, die sich im physischen Leibe betätigen so, dass sie diesen physischen Leib durchdringen. Der physische Leib ist gleichsam die Spiegelung des Geistigen. Und im Grunde genommen sind es eigentlich Zerstörungsprozesse, die die vorhin erwähnte Spiegelung bewirken. Immer sind es Zerstörungsprozesse, wenn wir Farben sehen, wenn wir Töne hören; auch wenn wir Erinnerungsvorstellungen bilden, machen wir Zerstörungsprozesse in uns. Darauf beruht die Notwendigkeit zu schlafen, damit der Mensch die Zerstörungsprozesse nicht allein wirken lässt.

So leben wir, indem wir unseren Leib durchdringen und durchkraften mit den Kräften, die wir außerhalb des Leibes erwerben, und das Leben begreift sich nur, wenn wir das im Leben tätige Geistig-Seelische ins Auge fassen. Geisteswissenschaft hat es nicht so gut wie andere, dass sie von dem Tode bei Pflanzen und Tieren in der gleichen Weise sprechen kann wie bei dem Menschen. Was ich jetzt gesagt habe, gilt nur für den Menschen. Auf diese Weise erweitert die Geistesforschung den

Blick über das hinaus, was zwischen der Geburt und dem Tode liegt. Ja, auch Einzelheiten werden der Geistesforschung erklärbar. Ich kann mir sehr gut denken, dass diejenigen der verehrten Zuhörer, welche ein wenig etwas übrig haben für diese Ergebnisse der Geistesforschung, gerne über Einzelheiten hören wollen; aber ich kann nur einzelne Beispiele anführen.

Zunächst sei ein Beispiel angeführt, das insbesondere den Geistesforscher selber, trotzdem es paradox klingt, wie ein rechtes Mysterium des Lebens anmuten kann. Das ist das Dasein verbrecherischer Naturen. Nicht wahr, die Geistesforschung steht durchaus nicht auf dem Standpunkte, dass Verbrecher nur Mitleid verdienten, nicht bestraft werden sollten. Es obliegt nicht dem Geistesforscher, sich in die äußeren Angelegenheiten der Welt einzumischen; aber verstehen das, was im Menschenleben uns entgegentritt, das will der Geistesforscher, und er will es aus den Tiefen der geistigen Welt heraus. Da fragen wir uns: Wie liegt es denn mit einem Leben, das sich verbrecherisch offenbart? Nun, leicht sind die Dinge gesagt, aber die Antworten auf solche Fragen muss sich der Geistesforscher erst abringen, und abringen muss er sich im Grunde genommen auch, über diese Dinge zu sprechen, weil sie gar so paradox erscheinen für das Vorstellungsleben der Gegenwart. Wenn der Verbrecher angeschaut wird, hellseherisch, so stellt sich heraus, dass verbrecherische Naturen eine Art geistiger Frühgeburten sind. Es gibt für jede Seele eine Möglichkeit, herunterzukommen aus den geistigen Welten, sich mit der physischen Materialität zu verbinden, die gewissermaßen die normale ist; aber die Tendenzen, die zu diesem Normalen hinführen, kreuzen sich mit anderen Tendenzen, so dass die meisten Menschen – aber Verbrecher besonders stark – viel früher ins Erdenleben heruntergehen, als es normalerweise geschehen sollte. Das stellt sich sonderbarerweise heraus. Nun hat das etwas anderes im Gefolge. So richtig sich durchdringen mit der ganzen

Leiblichkeit, dass man in der Leiblichkeit der Erde steht als ein Vollmensch, das kann man nur, wenn man wenigstens annähernd zu dem normalen Zeitpunkt sich wieder verkörpert. Aber wenn Gründe vorliegen durch vorhergehende Erdenleben, früher herunterzukommen auf die Erde, so nimmt man etwas mit, was im Unterbewusstsein lebt, wovon man gar kein Bewusstsein hat. Es lebt nämlich in den Tiefen der Seele etwas, was wie ein Leichtnehmen des Erdenlebens ist, weil man nicht zu dem Zeitpunkt heruntergekommen ist, wo man sich am vollkommensten hätte verbinden können mit dem Physischen. So verbindet man sich nur oberflächlich. Aber man weiß nichts davon. Das wird eine innere Seelenstimmung; das Leben nicht voll zu nehmen. Und so kann es sein, dass man in seinem gewöhnlichen Oberbewusstsein sogar einen abnorm entwickelten Selbsterhaltungstrieb hat, so dass man mit Feindschaft der sozialen Welt gegenübersteht, den stärksten Egoismus entfaltet, so dass man Verbrecher wird – und dennoch in seiner inneren Natur, die man nicht kennt, ein gewisses Oberflächlichnehmen, ein Leichtnehmen des Lebens hat, keinen Wert legen will auf dieses Leben. Das ist durch eine geistige Frühgeburt bewirkt. Wenn das der Fall ist, dann tritt dieses Leben auch so ins Dasein, dass der Mensch den überhandnehmenden Selbsterhaltungstrieb anfeuern kann durch das, was er nicht kennt, was ein Leichtnehmen des Lebens ist, und das sieht man aufsprießen in Verbrecherseelen. Erst als ich wusste, dass dies so ist, wurde mir ein anderes klar. Es gibt ein Lexikon der Gaunersprache. Man versteht innerlich die eigentümliche Art der Verbrechersprache, dieses Leichtnehmen des Lebens in den Worten, die ja aus dem Unterbewussten der Seele herauskommen –, das versteht man erst, wenn man kennt, was oben jetzt angedeutet worden ist. Es muss aber immer wieder darauf hingedeutet werden, dass in der Gesamtheit der menschlichen Erdenleben sich das wiederum ausgleicht, was ein Erdenleben verbricht, so dass der Verbrecher gerade durch das, was er als Folge seiner Verbrechertaten zu erleben hat,[14] zu anderen Erdenleben aufsteigt, in denen ein Ausgleich eintritt.

Aber auch anderes wird verständlich, wenn wir mit Geistesforschung die Mysterien des Lebens betrachten. Da sehen wir Menschen, welche meinetwillen durch ein Unglück hinweggerafft werden. Merkwürdigerweise stellt sich heraus, dass bei Menschen, die durch ein Unglück hinweggerafft werden in der Zeit, in der sie sonst die Erde noch nicht zu verlassen hätten, also in einer Zeit, über die die irdisch-physischen Kräfte herausragen; wenn zum Beispiel jemand im fünfunddreißigsten Lebensjahre von einer Lokomotive überfahren wird, ohne dass er den Tod sucht, so stecken noch die Kräfte in seinem Leibe, die noch hätten wirken können. Indem man hinausgeht aus der physischen Welt, gehen diese Kräfte nicht in Nichts über, sondern man sieht, wie das Seelisch-Geistige, die Intelligenzkräfte, die Kräfte des genaueren Denkens sich gerade durch einen solchen Unglücksfall verstärken können, so dass ein solcher Mensch mit stärkeren Intelligenzkräften wiedergeboren werden kann als ein anderer, der eines natürlichen Todes stirbt. Man muss sich schon damit bekanntmachen, dass Geistesforschung, indem sie das Leben von einem großen Horizont überblickt, über manches anders reden muss, als man im gewöhnlichen Leben redet. Jemand, der in früherer Zeit des Erdenlebens stirbt, sagen wir, durch eine Krankheit, der vieles durchmacht durch diese Krankheit, der bereitet durch dieses Kranksein seine Seele so, dass seine Willenskräfte verstärkt werden können. Frühzeitiges Sterben durch Krankheit verstärkt die Willenskraft.

Ja, es mag schon manches erscheinen wie reine Phantasterei; aber ich bin mir auch bewusst – das darf ich wohl einflechten –, dass ich eine gewisse Verantwortung habe, wenn ich diese Dinge bespreche, und dass ich sie nicht besprechen würde, wenn ich nicht die Mittel der Geistesforschung kennte, mit denen diese Dinge mit ebensolcher Gewissheit gewusst werden können wie die Dinge der Außenwelt gewusst werden können. Ich würde es als die größte Frivolität empfinden, wenn diese Dinge gesagt würden, ohne dass in der Seele ein Wissen liegt, das von einer solchen Stimmung durchdrungen ist, wie sie eben angedeutet worden ist.

So wird das Leben des Menschen gerade verständlich durch das, was außerhalb des physischen Lebens liegt; und so wie sich das Leben zwischen Geburt und Tod entwickelt, ist es ein Ergebnis des Lebens, das jenseits von Geburt und Tod liegt. Für manchen mag das erscheinen wie eine Entwertung des Lebens. Damit es den verehrten Zuhörern nicht so erscheint, möchte ich etwas ganz kurz wiederholen. Jemand kann sagen: Da werden wir aufmerksam gemacht, dass das, was wir in einem Erdenleben erleben, wir uns selbst zubereitet haben. Wahr ist es. Aber erleben wir ein Unglück – wir erleben es, weil wir vorher die Tendenz unserer Seele eingepflanzt haben, in dieses Unglück hineinzusteigen. Wie die Alpenpflanze nicht in der Ebene gedeiht, sondern die Höhe aufsucht, so sucht sich die menschliche Seele die Lage auf, wo ihr das Unglück widerfahren kann; sie wächst hinein in das, was sie als Schicksal erlebt. Wie das Schicksal selbstverständlich ist, in den Alpen zu leben für jene Pflanze, so ist es selbstverständlich für die menschliche Seele, sich ins Unglück hineinzustürzen, wenn sie in sich die Tendenz aufnimmt durch die Einsicht: nur wenn du dieses Unglück überwindest, kannst du vollkommener werden in einer Beziehung, wo du unvollkommener bleiben müsstest, wenn dir das Unglück nicht passierte. Wenn jemand sagt: so werden wir doch zu Schmieden unseres eigenen Unglückes gemacht; und wenn gesagt wird, dass wir unser Unglück nicht nur ertragen und erdulden sollen, sondern es in gewisser Weise uns sogar überirdisch verdient haben: Das kann uns kein

Trost werden! – so muss demgegenüber gesagt werden, was ich schon früher durch einen Vergleich klarmachte: Wenn jemand bis zu seinem achtzehnten Lebensjahre gelebt hat aus der Tasche seines Vaters im Überfluss und ohne etwas gelernt zu haben, und sein Vater wird dann bankrott, dann kann es, von außen gesehen, ein großes Unglück sein, wenn jetzt das Leben ihn hart anlässt. Und er hat recht, wenn er jetzt das Leben unglücklich findet. Aber nehmen wir an, er ist fünfzig Jahre alt geworden und sieht sein Leben von einem anderen Gesichtspunkt aus an, dann sagt er sich: Hätte mich das Unglück nicht getroffen, ich wäre nicht geworden, was ich jetzt bin. Für meinen Vater war es ein Unglück, für mich war es ein Entwickelungsferment meines Lebens. – So sind wir auch nicht immer in der Lage, den richtigen Gesichtspunkt zu finden für ein Unglück in dem Zeitpunkt, in dem wir es erleben. Wir stehen vor der Geburt auf einem ganz anderen Gesichtspunkte als nachher: auf demjenigen, dass das erlebt werden muss in einem neuen Leben, was einen Ausgleich schafft für das, was früher geschehen ist. Da bereiten wir uns das Unglück, das wir später mit Recht selber leidensvoll erdulden, und über das wir mit Recht klagen, weil wir es dann nur von dem Gesichtspunkte des physisch-irdischen Erlebens aus betrachten.

Ich möchte noch ein Weniges sagen über die Zeit, die verfließt zwischen dem Tod und einer neuen Geburt. Die kurze Zeit der Rückschau nach dem Tode, die nur nach Tagen dauert, ich habe sie schon angegeben; die Zeit, die nachher kommt, dauert länger, sie dauert nach Jahrzehnten. Der Geistesforscher kommt etwa in der folgenden Weise darauf, wie lange diese Zeit dauert. Er muss sich fragen zunächst, damit er überhaupt die Kräfte, um so etwas einzusehen, in sich entwickeln kann: Was in deiner Seele ist es denn, was dir, wenn du dich außer dem Leibe erlebst, was dir da so erscheint, dass es in der Seele ist wie etwas, was von ihr durch den Tod getragen werden kann? Und da erlebt man merkwürdigerweise, dass man etwas aus dem Leibe heraus nimmt, während man sonst alles zurücklässt. Die Leidenschaften, Erinnerungen und so weiter lässt man zurück als Geistesforscher, wenn man sich aus dem Leibe heraus begibt; aber mit nimmt man seine Überwindungen, mit nimmt man das, was man sich erst aneignen kann in einem Erdenleben, sagen wir, nach den Zwanzigerjahren. Man wird das heute nicht gerne hören, weil heute die Leute auch schon zu dem Höchsten reif gehalten werden vor dem zwanzigsten Lebensjahre. Das kann man ja sehen in den Zeitungen, über und unter dem Strich schreiben ja heute vielfach Menschen, die nicht das zwanzigste Jahr erreicht haben. Aber in Wahrheit ist es doch so: was man so recht durch sich selbst erlebt, so erlebt, dass es wirklich aufgespeicherte Lebensweisheit wird, das geschieht dadurch, dass man schon etwas erlebt hat und mit einem späteren Erlebnis auf das frühere zurückblickt. Dieses innerliche Emporarbeiten durch seine Überwindungen, dieses innerliche Erleben der Seele ist das, was schon ein Vorkeim ist – so stellt es sich heraus – zu dem, was dann die Seele durchlebt zwischen dem Tod und einer neuen Geburt. Und so muss in fortwährendem solchem Überwinden, im Umwandeln von Kräften die Seele leben. Normalerweise bleibt die Seele so lange in der geistigen Welt zwischen dem Tod und einer neuen Geburt, als sie etwas umzuwandeln hat. Von der anderen Seite betrachtet, sei Folgendes angeführt: Wir leben uns in eine gewisse Zeit hinein; wir nehmen dies oder jenes auf, erfahren dieses oder jenes, indem wir diesem oder jenem Volksstamme angehören. Indem wir durch den Tod gegangen sind, haben wir aus dem heraus unsere Lebenserfahrungen gebildet. Aber die Erde verändert sich. Nicht nur dass sich die physischen Verhältnisse ändern. Es mögen nur einmal die verehrten Zuhörer zurückdenken, wie sich etwa um die Begründung des Christentums herum die Gegenden hier, wo jetzt Wien liegt, ausgenommen haben. Aber in noch kürzeren Zeiträumen verändert sich das Kulturantlitz der Erde, des geistigen Inhalts unserer Umgebung, woraus wir unsere Erinnerung, unseren Gedächtnisschatz nehmen. Nun kommt die Seele normalerweise nicht früher zurück in ein neues Erdenleben, bis sie in eine vollständig neue geistige Umgebung treten kann. Das stellt sich heraus, dass nicht ohne Sinn die Seele wiedergeboren wird, sondern so, dass sie Neues erleben kann. Dazu muss sie alles ändern, was sie im vorhergehenden Erdenleben erlebt hat, zum Beispiel die Fähigkeit, sich in einer bestimmten Sprache auszudrücken. Das muss sie umwandeln; sie muss sich andere Sprachfähigkeit aneignen. Das also ist die Zeit – sie dauert nach Jahrhunderten. Sie umfasst normalerweise etwas wie ein bis eineinhalb Jahrtausende. Aber durch gewisse Verhältnisse können, wie gesagt, geistige Frühgeburten entstehen.

Die Zeit drängt; ich kann mich in der Ausmalung der besonderen Verhältnisse nicht weiter ergehen. Das möchte ich nur noch sagen, dass derjenige der verehrten Zuhörer, der etwa heimgehen sollte mit dem Gefühl: Ja, das ist ja alles wirklich nicht zu glauben; wie soll denn der Mensch darüber etwas wissen können! – der sei aufmerksam gemacht auf das, was ich schon eingangs erwähnte, dass in der Tat spätere Selbstverständlichkeiten – Erkenntnisse, die in alle Seelen eingedrungen sind – zuerst als paradox der Erdenkultur sich mitteilten. Und derjenige, der heute Geisteswissenschaft pflegen will, muss sich schon damit bekanntmachen, wie begreiflich es ist, dass als Phantasterei das hingenommen werden kann, was sich so sicher in die Geister einleben wird, wie sich die Kopernikanische Weltanschauung eingeprägt hat, nachdem sie zuerst als Phantasterei, als etwas Schädliches sogar von vielen angesehen worden ist. Aber noch einmal darf ich auf das Bild aufmerksam machen, das sich dem Geistesforscher und demjenigen, der in dem vorgestern erwähnten Sinn Geisteswissenschaft zu verstehen vermag, hinstellt, um ihm das starke Bewusstsein zu geben von der Wahrheit, die sich allmählich durchringen wird. Sollte sie sich auch durchdrücken müssen durch die engsten Felsspalten, so dass auf sie drücken die stärksten Felsmassen der Vorurteile, sie wird sich doch durchdrücken. Erstarken wird das Bewusstsein daran, wenn man hinblickt auf Giordano Bruno;[15] da hat man das Bild vor sich: Er trat vor die Menschheit so, dass er jahrhundertealte Vorurteile zerbrach, indem er sagte: Die Menschen haben geglaubt, wenn sie hinaufschauten in den weiten Raum da oben, breite sich das blaue Himmelsgewölbe aus; Sonne und Planeten kreisten daran und das blaue Himmelsgewölbe ist eine Wand, eine blaue Wand! – Damals konnte Giordano Bruno sagen: Diese Wand erscheint euch nur deshalb, weil euer Wahrnehmungsvermögen nur bis dahin reicht. Ihr baut euch diese Grenze selber auf; sie ist gar nicht vorhanden. Unendlichkeiten des Raumes breiten sich aus. Und Unendlichkeiten des Raumes sind erfüllt von unendlichen Welten.

Heute muss der Geistesforscher dieser Erweiterung des menschlichen Blickes in die Unendlichkeiten des Raumes gedenken, er muss daran denken, wie Giordano Bruno zuerst darauf aufmerksam machte, dass die Grenzen des Raumes im Himmelsgewölbe nur von der Beschränktheit des menschlichen Wahrnehmungsvermögens selbst gemacht sind; er muss hinweisen darauf, dass es auch für die Zeit des menschlichen Erlebens ein solches Firmament gibt. Indem man mit den physischen Wahrnehmungsorganen und dem Verstand das menschliche Leben überschaut, sieht man auf diese Grenzen, die Grenzen von Geburt und Tod, wie man einmal gesehen hat die Grenze des Raumes im blauen Himmelsgewölbe, die aber in Wirklichkeit nicht vorhanden ist. So ist auch die Grenze für die Zeit des menschlichen Erlebens zwischen Geburt, oder sagen wir Empfängnis und Tod nur hingesetzt von der Beschränktheit des menschlichen Anschauungsvermögens. Und jenseits von Geburt oder Empfängnis und Tod breitet sich aus die zeitliche Unendlichkeit und in diese zeitliche Unendlichkeit sind eingebettet die nach rückwärts und nach vorne verlaufenden Wiederholungen des menschlichen Erdenlebens und jener Leben, die zwischen dem Tod und einer neuen Geburt verfließen. Das kann ich allerdings nicht ausführen, dass die ganzen Wiederholungen einmal einen Anfang genommen haben, dass der Mensch aus dem Geistigen geboren wurde und hier seinen Wohnplatz fand – dazumal ist die Erde selber aus der geistigen Welt heraus entstanden –, und dass der Mensch, nachdem er durch die Erdenwiederholungen gegangen ist, wenn die Erde selbst abfällt von den menschlichen Seelen, dass dann der Mensch in ein anderes, wieder vergeistigtes Leben übertritt. Das kann nur angedeutet werden, darüber findet man Genaueres in meiner *Geheimwissenschaft*.

Wenn man sich auch in der angedeuteten Weise mit den Erkenntnissen der Geisteswissenschaft in Widerspruch zu dem Denken der heutigen Zeit befindet, so muss man doch sagen: In den Ahnungen derer, die die Führer der Menschheit waren – ich habe vorgestern in derselben Weise die Betrachtung geschlossen –, findet man dennoch das, was heute in der Geisteswissenschaft wiederum auflebt. Geisteswissenschaft, wie sie hier gemeint ist, haben die Menschen nicht gehabt; denn sie ist ein Kind unserer Zeit, und wird aus der Bildung unserer Zeit entstehen; aber diejenigen, die sich in ihrer Seele verbunden wussten mit dem Geist des Alls, der in allen Menschen wallt und webt, die prägten in die Worte hinein dasjenige, wozu die Geisteswissenschaft in vollem Sinne Ja sagen kann. Geisteswissenschaft zeigt uns, wie wir das Leben zwischen Geburt und Tod verstehen, indem wir in diesem physischen Leib, im ganzen physischen Leben wirken und weben sehen das, was unsterblich ist, das, was auch in einer geistigen Welt leben kann. Geisteswissenschaft zeigt uns, dass wir das Leben im Leibe haben durch das Leben außer dem Leibe, so dass niemand das Leben zwischen Geburt und Tod verstehen kann, der nicht das Leben außerhalb des Leibes, im geistigen Firmament versteht.[16] Das drückt Goethe mit den Worten aus – ahnend die späteren Erkenntnisse der Geisteswissenschaft-, – mit Worten, die nicht nur Goethes Bekenntnis zu einem unsterblichen Leben klar darlegen, sondern auch ausdrücken, wie er wusste, dass der wirkliche Wert im Erkennen des gegenwärtigen Lebens, im Erleben des irdischen Daseins davon abhängt, dass man dieses irdische Dasein durchglüht, durchleuchtet, durchwallt weiß von dem, was außerirdisch, überirdisch, unsterblich ist. Deshalb sei gerade diese Erkenntnis der Geisteswissenschaft, dass eine wahre innere Wesenheit des Sterblichen durch das Unsterbliche erkannt wird, wie in einer Empfindung zusammengefasst in die Worte, in denen Goethe seine Überzeugung einmal ausdrückte: Denen gegenüber, die sich gar nicht wollen aus der eigentümlichen Wesenheit des gegenwärtigen Lebens eine Anschauung bilden über ein anderes Leben, denen gegenüber möchte ich mit Goethe sagen:[17] «Ich möchte keineswegs das Glück entbehren, an eine künftige Fortdauer zu glauben; ja, ich möchte mit Lorenzo de Medici sagen, dass alle diejenigen auch für *dieses* Leben tot sind, die kein *anderes* hoffen.»

Wie kann die seelische Not der Gegenwart überwunden werden?

Zürich, 10. Oktober 1916

Was wir suchen als geisteswissenschaftliche Wahrheiten, soll uns nicht sein ein totes, sondern ein lebendiges Erkennen, ein Erkennen, das wirklich in das Leben, an allen Stellen dieses Lebens und an den wichtigsten Punkten dieses Lebens, seinen Einzug halten kann. Es ist nur natürlich und selbstverständlich, dass Geisteswissenschaft heute noch vielfach recht abstrakt aufgenommen wird und dass man in dieser Abstraktheit, in der man die Geisteswissenschaft aufnimmt, durch sie vielleicht sogar zu einer Art abgezogenen Wissens kommt, das sich zunächst wenig fruchtbar für das Leben erweist und das insbesondere den Leuten, die noch wenig Kenntnis genommen haben von der Geisteswissenschaft, den Eindruck macht: Was soll denn das eigentlich alles, wenn man da nun schon weiß, der Mensch bestehe aus soundso viel Gliedern, die Menschheit habe sich durch verschiedene Kulturepochen entwickelt und werde sich weiterentwickeln – und so weiter. Menschen, die da glauben, nach den Anforderungen unserer heutigen Zeit so ganz im praktischen Leben drinnenstehen zu sollen, denen kommt dann Geisteswissenschaft oftmals recht unfruchtbar vor. Und unfruchtbar wird sie ja vielfach auch von solchen, die auch heute schon etwas Herz und Sinn für sie haben, getrieben.

Dennoch, Geisteswissenschaft selbst ist, so wie sie ist, etwas unendlich Lebendiges, etwas, das bis in die äußersten Lebenspraktiken hinein lebendig werden kann und auch im Laufe der Zeit lebendig werden muss. Wir wollen das, was ich so einleitungsweise gesagt habe, heute uns einmal an einem besonderen Beispiel klarlegen. Wir wollen etwas herausgreifen aus unserer Geisteswissenschaft, das wir ja alle voraussichtlich kennen, das uns gut bekannt ist, an dem wir aber zeigen wollen, wie es nach und nach, indem man es lebensvoll betrachtet, erst recht lebendig wird.

Die meisten von uns werden öfter gehört haben und sich öfter durch die Seele haben ziehen lassen, dass unserer Zeit vorangegangen ist die sogenannte vierte nachatlantische Kulturperiode, in welcher die Griechen und die Römer die bedeutendsten Völker waren, dass aber auch die folgenden Jahrhunderte bis ins 14., 15. Jahrhundert herein noch beeinflusst waren von den Impulsen dieser vierten nachatlantischen Kulturperiode und dass wir seit dem 15. Jahrhundert in der fünften nachatlantischen Kulturperiode drinnenstehen, in dieser Periode in unsere jetzige Inkarnation hineingeboren sind und noch viele Jahrhunderte die Menschen in dieser Kulturperiode leben werden. Wir wissen ferner und haben es oftmals, wenigstens die meisten von uns, durch unsere Seele ziehen lassen, dass in der vierten nachatlantischen, der griechisch-römischen Kulturperiode vorzugsweise in der Menschheit ausgebildet worden ist durch alles das, was äußere Kultur und äußere Arbeit war, die sogenannte Verstandes- oder Gemütsseele und dass jetzt die Aufgabe ist, auszubilden die Bewusstseinsseele.

Was heißt das: die Bewusstseinsseele soll ausgebildet werden? Richtig verstanden, schließt das, was eben jetzt in abstrakter Form vorgebracht worden ist, das Schicksal unserer ganzen fünften nachatlantischen Kulturperiode für die Menschheit ein. Die verschiedenen Völker dieser fünften nachatlantischen Kulturperiode sollen zusammenwirken, um die Bewusstseinsseele zum Ausdruck zu bringen. Dies drückt sich aus wirklich in allen Lebensverhältnissen und Lebensumständen. Wenn wir das

Leben richtig betrachten, so bestätigt es uns überall die Wahrheit, dass unsere Zeit die Auslebung der Bewusstseinsseele darstellt. Das ganze Menschenleben war in dem vorhergehenden, in dem griechisch-römischen Zeitraume anders. Da ist gewissermaßen auf der Stufe, auf der die Menschheit eben stand in der nachatlantischen Zeit, dieser Menschheit geschenkt worden die Kraft des Verstandes und die Kraft des Gemütes. Verstand ist etwas, was vieles in sich schließt. Man betrachtet das heute nicht mehr vollständig genau. Die Griechen, die Römer waren anders von ihrem Verstande in ihrer Seele abhängig als die Menschen der heutigen fünften Kulturperiode. Die Griechen und Römer, sie bekamen gewissermaßen den Verstand, soweit sie ihn brauchten, fertig mit in ihre natürliche Entwickelungsanlage hinein. Es war ganz, ganz anders. Der Mensch wuchs auf, und so wie die natürlichen Anlagen sich entwickelten, so wuchs in einer gewissen Weise der natürliche Verstand mit. Man brauchte den natürlichen Verstand nicht in derselben Weise auszubilden, wie das heute schon notwendig ist und in der fünften nachatlantischen Zeit immer notwendiger und notwendiger werden wird; er entwickelte sich wie eine natürliche Fähigkeit. Und entweder ergab es sich, dass ein Mensch in einer Inkarnation, wenn er sich einfach unter den natürlichen Verhältnissen entwickelte, Verstand hatte, oder er hatte ihn nicht. Dann war das etwas Krankhaftes. Aber es war eben auch etwas Abnormes, es war nicht das Gewöhnliche.

Und ebenso war es mit dem Gemüte. So wie es angemessen war für diese vierte nachatlantische Zeit, so entwickelte sich das Gemüt. Wenn ein Mensch einem anderen Menschen gegenübertrat, so wusste er sich – die Geschichte erzählt uns davon wenig, aber es war doch so –, er wusste sich einzustellen auf den anderen Menschen. Das insbesondere ergibt einen großen Unterschied zwischen den Menschen der früheren Jahrhunderte bis ins 15. Jahrhundert und den Menschen unserer jetzigen Zeit.

Die Menschen dieser früheren Jahrhunderte gingen nicht, ich möchte sagen, so stark interesselos aneinander vorbei, wie das oftmals in der heutigen Zeit der Fall ist. Heute brauchen wir, wenn ein Mensch dem anderen begegnet, oftmals lange Zeit zum rechten Bekanntwerden. Man muss dies oder jenes gegenseitig von sich kennenlernen, bis man anfängt, sich zu trauen, bis man Vertrauen gewinnt. Dasjenige, was heute erst nach langem Umgang gewonnen wird und auch da oftmals nicht, das wurde in früheren Jahrhunderten, namentlich in der Zeit der griechisch-römischen Kulturperiode, mit einem Schlag erobert, wenn die Menschen einander begegneten. Wie sie zueinander kommen konnten vermöge ihrer Individualitäten, das wurde rasch entwickelt; man brauchte nicht so lange Gedanken und Gefühle auszutauschen. Es wurde rasch Bekanntschaft geschlossen, soweit eben diese Bekanntschaft zum Heile war für die beiden Menschen oder auch für mehrere Menschen, die sich zu einer Gesellschaft zusammenschlossen, soweit das eben irgend vonnöten war. Das Gemüt des einen Menschen wirkte noch viel spiritueller in das Gemüt des anderen Menschen hinüber. So wie man heute noch durch seine Sinne die Farben der Pflanzen richtig erkennen kann – in der siebenten nachatlantischen Kulturperiode wird man das auch nicht mehr so ohne Weiteres können, sondern da werden besondere Umstände nötig sein, um sogar die Natur kennenzulernen –, also so, wie man heute noch die Pflanzen auf einen Schlag kennenlernt, nicht erst durch einen näheren Umgang – durch den lernt man das Intimere kennen, aber das, was der gewöhnliche Mensch kennenlernt von den Pflanzen, lernt er erkennen auf den ersten Eindruck hin –, so war es auch mehr den Menschen gegenüber. Aber diese Art reichte auch nur aus für die einfacheren Lebensverhältnisse der damaligen Zeit. Wir müssen denken, dass diese Art des Gemütszusammenhanges zwischen den Menschen für den vierten nachatlantischen Zeitraum wohl angemessen war. Denn heute umspannt die Welt ein ganz anderes Netz von Gefühlszusammenhängen als damals. Denken Sie doch, dass das weitaus meiste in den Verhältnissen der Menschen im vierten nachatlantischen Zeitraum beruhte auf dem persönlichen Zusammentreffen, und dass dasjenige, was die Menschen untereinander auszumachen hatten, durch das persönliche Zusammentreffen ausgemacht worden ist. Die Buchdruckerkunst, die den Verkehr unpersönlich, in unpersönlicher Weise schon bis heute gestaltet hat und ihn immer mehr und mehr gestalten wird, gehört erst dem fünften nachatlantischen Zeitraume an. Und die modernen Verkehrsverhältnisse bringen die Menschen so zueinander, dass im Grunde genommen Verhältnisse, die sich auf einen Schlag bilden, gar nicht zum Heil sein könnten. So treten durch diese ganzen modernen Verkehrsverhältnisse die Menschen viel, viel unpersönlicher einander in der Welt entgegen.

Daraufhin ist auch die Menschheit organisiert, die nun nicht fertig mitbekommt Gemüt, das schlagkräftig wirkt, nicht fertig mitbekommt Verstand, der durchdringend wirkt, sondern, durch die Bewusstseinsseele ausgebildet, ich möchte sagen etwas viel Abgesonderteres, Individuelleres, mehr auf den Egoismus hin, auf die menschliche Einsamkeit im eigenen Leibe hin Organisiertes mitbekommt, als Verstandes- oder Gemütsseele es waren. Durch die Bewusstseinsseele ist der Mensch viel mehr ein einzelnes Individuum, ein Einsiedler, der durch die Welt wandelt, als er es war durch die Verstandes- oder Gemütsseele. Und das ist auch das wichtigste Charakteristikum schon geworden für unsere Zeit und wird es immer mehr und mehr werden, dass sich die Menschen in sich abschließen werden. Die Bewusstseinsseele gibt den Charakter des Sich-Abschließens von der übrigen Menschheit, des mehr Isoliert-Lebens. Daher macht es größere Schwierigkeit, mit dem anderen bekannt und namentlich vertraut zu werden; es bedarf erst der Verhältnisse eines umständlichen Kennenlernens, um mit dem anderen vertraut zu werden.

Was soll denn durch dieses alles erreicht werden? Das werden wir am besten einsehen, wenn wir eine gewisse geisteswissenschaftliche Wahrheit wohl erwägen, die uns sagt: So wie wir Menschen überhaupt im Leben heute zusammenkommen, so ist das nicht zufällig, wahrhaftig nicht zufällig. Die Lebensbahnen führen uns mit gewissen Menschen zusammen, mit anderen führen sie uns nicht zusammen. Das aber beruht heute durchaus auf den Wirkungen des Karma der einzelnen Menschen. Denn wir sind in eine Entwickelungsperiode der Menschheit eingetreten, die in gewisser Beziehung zu einer Höhe gebracht hat die früheren karmischen Entwickelungen, die die Menschen durchgemacht haben. Denken Sie doch, wie viel weniger die Menschen Karma angesammelt hatten, als die ersten Zeiten der Erdenentwickelung da waren! Mit jedem Male, wenn wir inkarniert werden, bildet sich neues Karma. Die Menschen mussten ja erst auf der Erde einander gegenübertreten in Verhältnissen, ohne dass sie früher zusammen gewesen waren, wo sie erst neue Verhältnisse anspinnen mussten. Aber wir sind allmählich dadurch, dass wir oft und oft auf der Welt inkarniert waren, in solche Verhältnisse eingetreten, dass wir eigentlich in der Regel keinem Menschen entgegentreten, mit dem wir nicht dieses oder jenes in früheren Inkarnationen durchgemacht haben. Wir werden durch dasjenige, was wir in früheren Inkarnationen durchgemacht haben, mit den Menschen zusammengeführt. Es erscheint «zufällig», dass diese oder jene Menschen sich treffen; in Wahrheit beruht das alles auf den früheren Inkarnationen, wo man sich schon getroffen hat, wo die Kräfte erzeugt wurden, dass man in einer gewissen Weise jetzt wieder zusammengeführt wird.

Nun kann sich – was geschehen soll für unseren Zeitpunkt –

die in sich abgeschlossene Bewusstseinsseele nur ausbilden, wenn weniger in Betracht kommt dasjenige, was jetzt in der Gegenwart zwischen Menschen und Menschen sich abspielt, als wenn wirksam werden kann im Inneren, einsiedlerisch, das, was aufsteigt in uns als Ergebnis früherer Inkarnationen. In der griechisch-römischen Zeit war es noch so, dass, wenn zwei Menschen einander begegneten, sie einen gegenseitigen Eindruck aufeinander machen sollten, und dieser sollte schlagkräftig wirken. Jetzt, wenn wir zusammentreffen, damit die mehr im Menschen isolierte Bewusstseinsseele sich entwickeln kann, jetzt soll mehr die Sache so sein: Ein Mensch trifft den anderen; da soll mehr wirksam werden das, was in dem einen oder in dem anderen Menschen auftaucht als Ergebnis früherer Inkarnationen. Das braucht länger als das unmittelbare Kennenlernen, ich möchte sagen auf den Augenschein hin; das braucht, dass die Menschen erst nach und nach, gefühlsmäßig, instinktmäßig heraufkommen lassen dasjenige, was sie mit dem anderen Menschen durchlebt haben. Das ist eben das, was wir heute fordern: dass wir einander kennenlernen, dass sich die Individualitäten erst abschleifen. Denn in diesem Kennenlernen, Abschleifen der Individualitäten, darin liegt es, dass aufsteigen noch unbewusst, instinktiv die Reminiszenzen, die Nachwirkungen der früheren Inkarnationen. Und nur, wenn so der Mensch mehr aus seinem Inneren heraus auch in ein Verhältnis zu anderen Menschen tritt, kann die Bewusstseinsseele sich ausbilden; während mehr durch das schlagkräftige Sich-Kennenlernen im Gegenübertreten die Verstandes- und Gemütsseele sich ausbildet.

So sind die Dinge recht einander angepasst. Und was ich Ihnen jetzt charakterisiert habe, ist für den fünften nachatlantischen Zeitraum erst im Anfange. Immer schwieriger und schwieriger werden es die Menschen haben, indem dieser fünfte nachatlantische Zeitraum abläuft, sich in ein rechtes Verhältnis zueinander zu bringen, weil dieses Sich-in-ein-rechtes-Verhältnis-Bringen eben Aufwendung innerer Entwickelung, innerer Betätigung fordert. Es hat schon begonnen; aber das, was begonnen hat, wird immer weiter und weiter sich verbreiten, intensiver und intensiver werden. Wie ist es heute schon für Menschen, die durch das Karma zusammengeführt werden, schwierig geworden, sich unmittelbar zu verstehen, weil sie vielleicht wiederum durch andere karmische Verhältnisse nicht die Kraft finden, alle Beziehungen sich instinktiv zu vergegenwärtigen, die aus früheren Inkarnationen bestehen! Menschen werden zusammengeführt, lieben sich; das rührt her von gewissen Wirkungen aus früheren Inkarnationen. Aber andere Kräfte wirken dem entgegen, wenn solch eine Reminiszenz aufsteigt; sie kommen wieder auseinander. Und nicht nur Menschen, die sich so im Leben getroffen haben, müssen probieren, ob das, was in ihnen aufsteigt, wirklich ausreicht, um ein dauerndes Verhältnis zu begründen, sondern immer schwieriger wird es, dass die Söhne, die Töchter die Väter und Mütter verstehen, immer schwieriger und schwieriger wird es, dass die Eltern ihre Kinder verstehen, immer schwieriger wird es, dass die Geschwister einander verstehen. Das gegenseitige Verständnis wird immer schwieriger und schwieriger, weil immer mehr und mehr es notwendig wird, dass die Menschen dasjenige, was karmisch in ihnen sitzt, erst wirklich aus dem Inneren aufsteigen lassen.

Sie sehen, welche Perspektive negativer Art sich da über den fünften nachatlantischen Zeitraum hin eröffnet – Schwierigkeit im gegenseitigen Verständnis der Menschen. Das aber erfordert, dass wir dieser Entwickelungsbedingung klar ins Auge schauen, dass wir nicht träumerisch im Dunkeln hinleben wollen; denn diese Entwickelungsbedingung ist durchaus notwendig. Würde das nicht über die fünfte nachatlantische Menschheit verhängt sein, dass das gegenseitige Kennenlernen schwierig ist, so würde sich nicht die Bewusstseinsseele ausbilden können, so würden die Menschen mehr im Gemeinsamen aus natürlichen Anlagen leben müssen. Dann würde sich nicht das Individuelle der Bewusstseinsseele ausbilden können. Also es muss so sein, die Menschen müssen diese Prüfung durchmachen. Aber auf der anderen Seite muss dem klar ins Auge geschaut werden, denn selbstverständlich würde, wenn nur diese negative Seite der Entwickelungsbedingungen des fünften nachatlantischen Zeitraumes herauskommen würde, Krieg und Streit bis in die kleinsten Verhältnisse hinein in der fünften nachatlantischen Menschheit entstehen müssen. Daher sehen wir instinktiv heraufkommen eine gewisse Summe von Bedürfnissen in dieser fünften nachatlantischen Zeit, die sich aber immer bewusster und bewusster gestalten müssen. Und sie bewusster und bewusster zu gestalten, ist eine der Aufgaben der Geisteswissenschaft für die fünfte nachatlantische Menschheit.

Ich brauche nur ein Wort zu nennen, dann wird jedem von uns gleich aufgehen, wie ein Heilmittel gesucht wird für die eine Richtung, die notwendig auftreten muss, für die Schwierigkeit des gegenseitigen Verständnisses. Ich brauche nur das Wort zu nennen: Es muss, und zwar bewusst, weil wir im Zeitalter der Bewusstseinsseele leben, immer mehr und mehr Sinn erweckt werden in diesem fünften nachatlantischen Zeitraum für soziales Verständnis. Das ist dasjenige, was in einem Worte zusammenfasst Bedürfnisse, die im vierten nachatlantischen Zeitraum durchaus nicht in demselben Maße vorhanden waren. Wer die Struktur des Griechentums, die Struktur des Römertums richtig zu studieren vermag, der weiß, dass der Individualismus innerhalb dieses Griechentums und Römertums in der Menschheit nicht so veranlagt war, wie er jetzt veranlagt ist in der europäischen oder überhaupt auch in der von der europäischen abhängigen amerikanischen Menschheit. Sie werden besonders das begreifen, wenn Sie den

Menschen vergleichen – damit man vergleichen kann, kann man gleich radikale Vergleiche nehmen – mit einer Tiergattung. Warum lebt eine Tiergattung unter sich in gewissen Grenzen verbunden? Doch aus dem Grunde, weil sie durch ihre Gruppenseele, durch ihre Gattungsseele dazu veranlagt ist. Den Tiergattungen ist es eingeboren, das ist da eine Selbstverständlichkeit; sie können aber auch nicht herauswachsen, sie bleiben darinnen. Der Mensch muss herauswachsen. Jeder einzelne Mensch muss individuell sich ausbilden, und insbesondere in unserer heutigen Zeit der Bewusstseinsseele ist eine der Hauptsachen dieses individuelle Sich-Ausbilden. Über der griechischen und römischen Kultur ist durchaus noch ein Anflug von Gattungsseelentum. Wir sehen den Menschen noch hineingestellt auch in eine soziale Ordnung, die, wenn sie auch mehr durch moralische Kräfte ihre Struktur, ihre Formation hatte, so doch eine feste Formation hatte. Aber diese Formationen werden im fünften nachatlantischen Zeitraum immer mehr und mehr aufgelöst werden. Dieser Anflug von Gruppenseelentum, der noch über dem vierten nachatlantischen Zeitraum war, der hat keinen Sinn mehr für diesen fünften nachatlantischen Zeitraum. Dafür aber muss bewussterweise soziales Verständnis auftauchen, das heißt, es muss auftauchen alles dasjenige, was hervorgeht aus einem tieferen Verständnis für richtige individuelle menschliche Wesenheit. Dafür wird erst Geisteswissenschaft dieses richtige Verständnis entwickeln. Und Platz greifen wird, wenn die Geisteswissenschaft aus dem Abstrakten ins Konkrete, ins Lebensvolle sich immer mehr und mehr hineinentwickeln wird, innerhalb der Kreise, welche Geisteswissenschaft treiben, eine ganz besondere Art, ich möchte sagen von Menschenkunde, von Erweckung für menschliches Interesse. Da wird es geben diejenigen, die gewisse Anlagen dazu haben, ihre Mitmenschen zu unterrichten darüber, wie die Menschen verschiedene Temperamente haben, wie die Menschen verschiedene Charakteranlagen haben, wie der eine Mensch, der ein solches Temperament hat, so genommen werden muss, wie ein anderer Mensch, der eine solche Charakteranlage hat, mit diesem Temperament wieder anders genommen werden muss; da werden die Menschen, die besonders dafür begabt sind, andere Menschen, die etwas lernen müssen, darinnen unterrichten: Sehet es euch genauer an: Es gibt diesen Menschentyp, es gibt einen anderen Menschentyp, und man muss den einen Menschen so nehmen und den anderen anders nehmen. – Praktische Psychologie, praktische Seelenkunde, aber auch praktische Lebenskunde wird getrieben werden, und durch dieses wird sich ergeben ein wirkliches soziales Verständnis der Menschheitsentwickelung.

Was ist denn bis jetzt aufgetreten als soziales Verständnis? Bis jetzt sind aufgetreten abstrakte Ideale, die mannigfaltigsten abstrakten Ideale von Menschheits-, von Völkerbeglückung, diese und jene Sozialismen. Wenn man diese da oder dort auftretenden sozialen Ideen wirklich einführen wollte in die Welt, würde man erst sehen, wie man es nicht machen kann. Dasjenige, um was es sich handelt, ist ja zunächst gar nicht, Gesellschaften oder Sekten zu gründen mit bestimmten Programmen, sondern Menschenkunde, praktische Menschenkenntnis zu verbreiten, namentlich auch solche Menschenkenntnis, die uns möglich macht, den werdenden, den aufwachsenden Menschen richtig zu verstehen, das Kind richtig zu verstehen, wie sich jedes Kind mit einer eigenen Individualität entwickelt. Dadurch lernen wir uns ins Leben so hineinzustellen, dass wir die richtigen karmischen Wirkungen, die in uns sind, wenn wir dann durch das Karma einem Menschen gegenübergestellt werden, mit dem wir ein näheres solches oder solches Verhältnis bekommen sollen, dass wir die richtigen, die Dauerbeziehungen entwickeln, diejenigen Beziehungen, die wirklich am fruchtbarsten für das Leben werden können.

Praktische Menschenkunde, praktisch wirkendes Menschheitsinteresse, das ist es, worauf es ankommt. Heute ist die Menschheit auf diesem Gebiete noch gar nicht besonders weit, noch sehr wenig weit gediehen. Wie urteilen wir denn heute, wenn wir einem Menschen gegenübertreten? Er ist uns sympathisch oder antipathisch. Gehen Sie durch die Welt und sehen Sie, wie in den meisten Fällen dies das einzige Urteil ist, oder, wenn mehrere Urteile auftreten, wie sie doch ganz beherrscht sind von diesem einzigen Gesichtspunkte: der ist mir sympathisch, der ist mir antipathisch, oder: das an ihm ist mir sympathisch, das an ihm ist mir antipathisch. Vorgefasste Meinungen! Man stellt sich vor: so und so sollte der Mensch eigentlich sein; wenn man dann sieht, er ist in dem oder jenem anders, dann fällt man über ihn ein Urteil. Ehe nicht diese Art des Sympathisch- oder Antipathischfindens aus Vorurteilen, aus besonderen Liebhabereien heraus, die man über diesen oder jenen Menschencharakter hat, aufhört, und ehe sich nicht verbreitet die Gesinnung, den Menschen zu nehmen, wie er ist, kann nicht vorwärtsgeschritten werden in wirklicher praktischer Menschenkenntnis.

Denken Sie doch, wie heute sehr häufig, wenn zwei Menschen einander gegenübertreten unter diesen oder jenen Voraussetzungen, in dem einen sogleich etwas auftaucht von Antipathie – er mag den anderen nicht – und wie dann alles das, was er diesem Menschen gegenüber tut, in das Licht dieses Nichtmögens gestellt wird. Dadurch wird sehr häufig ein karmisches Verhältnis ganz und gar ausgelöscht, ganz und gar auf eine falsche Fährte geführt und muss erst wiederum zurückgelegt werden bis in die nächste Inkarnation, wo diese Menschen wiederum zusammentreffen. Sympathien und Antipathien sind die größten Feinde des wirklichen sozialen Interesses. Das beachtet man sehr häufig nicht. Derjenige, der weiß, was in wirklichem, sozialem Verständnis liegt für die Weiterentwickelung der Menschheit, der beachtet mit manchmal furchtbar beklommenem Herzen, wie Lehrer in der Schule wirken, die aus gewissen Vorurteilen heraus den einen Schüler von vornherein sympathisch oder nicht sympathisch dem anderen gegenüber finden. Das ist oft furchtbar; während es sich darum handelt, jeden zu nehmen, wie er ist, und aus dem, was er ist, das Allerbeste zu machen.

Das geht aber dann in die Einrichtungen hinein. Unsere Einrichtungen, unsere sozialen Gesetze, die die Individualität der Lehrer oftmals furchtbar auslöschen, die sind schon so, dass auf die Individualität in Wirklichkeit nicht eingegangen werden kann. Da muss wirkliches Verständnis für Geisteswissenschaft so wirken, dass praktische Seelenkunde und praktische Menschenkunde in das allgemeine Interesse aufgenommen werden. Das ist notwendig zum sozialen Verständnis, um in dem sozialen Verständnis gewissermaßen den anderen Pol zu schaffen für das Schwierigwerden des Sich-Verstehens.

Das ist dasjenige, was im fünften nachatlantischen Zeitraum ganz besonders auftreten muss, damit die Menschheit die Bewusstseinsseele voll entwickeln kann. Die Menschen müssen die Dinge alle durch Prüfungen durchmachen, indem sich ihnen gewissermaßen die Gegenkräfte in den Weg stellen. So werden die Sympathie- und Antipathiegefühle wirklich sich ausbreiten, und nur im Bekämpfen, im bewussten Bekämpfen der oberflächlichen Sympathie- und Antipathiegefühle wird die Bewusstseinsseele richtig geboren werden können. Ebenso werden entgegentreten sozialem Verständnis zwischen Mensch und Mensch immer mehr und mehr die nationalen Gefühle und Empfindungen, die im Grunde genommen erst im 19. Jahrhundert in der Form, wie sie jetzt vorhanden sind, überhandgenommen haben und die in eminentester Weise entgegenwirken dem sozialen Verständnisse, dem wirklichen Interesse von Mensch zu Mensch. Und so, wie heute diese nationalen Gegensätze, nationalen Sympathie- und Antipathiegefühle auftreten, so sind sie eine starke, eine furchtbare Prüfung für die Menschheit, weil ein Heil nur darinnen liegen kann, dass sie überwunden werden. Würden die Sympathie- und Antipathiegefühle, die aus dem nationalen Empfinden hervorgehen, weiter überhandnehmen, wie sie sich angelassen haben, dann würde die Menschheit verträumen die Entwickelung der Bewusstseinsseele. Denn die nationalen Gefühle gehen nach der entgegengesetzten Richtung hin; die gehen darauf hin, den Menschen nicht selbständig werden zu lassen, sondern ihn so zu machen, dass er nur wie ein Abklatsch, wie ein Abbild erscheint dieser oder jener Gruppenhaftigkeit, Nationalität.

Das ist das Erste, was wir ins Auge fassen müssen, wenn wir praktisch den sonst abstrakten Satz vor unsere Seele hinführen, dass in diesem fünften nachatlantischen Zeitraum die Bewusstseinsseele besonders zur Entwickelung kommen müsse.

Ein Weiteres muss eintreten in diesem fünften nachatlantischen Zeitraum, wenn die Bewusstseinsseele sich wirklich entfalten soll. Das ist, dass in den Menschen, insofern sie individueller und immer individueller werden, ein gewisses Veröden, ein richtiges Veröden des religiösen Lebens eintreten muss, wenn dieses religiöse Leben sich nicht anpassen will dem fünften nachatlantischen Zeitraum, sondern so bleiben will, wie es richtig war für den vierten nachatlantischen Zeitraum. Für den vierten nachatlantischen Zeitraum mussten, weil die Menschen noch mehr auf die Gruppenhaftigkeit angelegt waren, Gruppenreligionen entstehen. Es musste gleichsam über Menschengruppen ausgegossen werden durch Macht Gemeinsames in Dogmen, Gemeinsames in religiösen Grundsätzen, in religiösen Gedanken. Weil aber der Drang nach Individualität durch die Bewusstseinsseele immer stärker und stärker werden wird im fünften nachatlantischen Zeitraum, wird es so sein, dass dasjenige, was so spricht aus den

Gruppenreligionen heraus, nicht mehr zum Herzen, nicht mehr zur Individualität der einzelnen Seelen dringen wird. Und die Menschen werden einfach nicht verstehen dasjenige, was aus den Gruppenreligionen herauskommt. Im vierten nachatlantischen Zeitraum konnte man noch die Menschen gruppenhaft über den Christus unterrichten, im fünften nachatlantischen Zeitraum zieht in Wirklichkeit der Christus in die einzelnen Seelen schon hinein. Wir tragen im Unbewussten oder Unterbewussten alle den Christus schon in uns. Aber er muss erst in uns selber wiederum zum Verständnis gebracht werden. Das geschieht nicht dadurch, dass den Menschen festgestellte, starre, erstarrte Dogmen aufgedrängt werden, sondern das geschieht dadurch, dass versucht wird, alles dasjenige, was beitragen kann, den Christus allseitig den Menschen verständlich zu machen, oder überhaupt das religiöse Erkennen allseitig, vielseitig zu fördern, dass alles, was dies fördern kann, auch wirklich versucht wird. Daher muss in diesem fünften nachatlantischen Zeitraum immer mehr und mehr Toleranz gerade in Bezug auf die Gedanken des religiösen Lebens eintreten. Und während im vierten nachatlantischen Zeitraum die Sache noch so war, dass derjenige, der für die Religion gewirkt hat, so gewirkt hat, dass er seinen Mitmenschen eine gewisse Anzahl Dogmen, fester Sätze vermittelt hat, muss das im fünften nachatlantischen Zeitraum ganz, ganz anders werden. Da handelt es sich um etwas ganz anderes. Da handelt es sich darum, dass eben, weil die Menschen immer individueller und individueller werden, versucht wird, vom Dogma ganz freizukommen und dogmenfrei dasjenige, was man mehr aus persönlichem innerem Erleben dem anderen Menschen erzählen, beschreiben kann, wirklich so vor ihn hinzubringen, dass sein eigenes, freies religiöses Gedankenleben individuell in ihm entwickelt werden kann. Die Dogmenreligionen, die einzelnen festen Dogmen, Konfessionen, die werden im fünften nachatlantischen Zeitraum das religiöse Leben in Wahrheit ertöten. Daher beginnt man richtig für den fünften nachatlantischen Zeitraum, wenn man den Menschen immer mehr und mehr begreiflich macht: In den ersten Jahrhunderten des Christentums war dieses ganz besonders für die Menschen geeignet, wirkte das, in den folgenden Jahrhunderten ein anderes. Aber es gibt andere Religionen. Man versucht, das Wesen anderer Religionen verständlich zu machen; man versucht, verschiedene Seiten der Christus-Auffassung verständlich zu machen. Dadurch bringt man vor jede Seele dasjenige, was diese Seele vertiefen kann. Aber man formt die Seele selber nicht, man lässt ihr, namentlich auf religiösem Gebiet, ihre Gedankenfreiheit, um diese Gedankenfreiheit zur Entfaltung zu bringen.

So wie soziales Verständnis in dem einen Punkte notwendig ist, den ich charakterisiert habe für die fünfte nachatlantische Periode, so ist zur Entwickelung der Bewusstseinsseele Gedankenfreiheit auf dem Gebiete der Religion die Grundbedingung: Soziales Verständnis auf dem Gebiete des menschlichen Zusammenlebens – Gedankenfreiheit auf dem Gebiete der Religion, des religiösen Lebens.

Dies, dass wir versuchen, das religiöse Leben immer mehr und mehr zu verstehen, es zu durchdringen, und wir uns daher mit unseren Mitmenschen verstehen können, auch wenn jeder sein eigenes religiöses Leben entfaltet, das muss immer mehr und mehr ins Auge gefasst werden, weil das eine Grundbedingung ist für den fünften nachatlantischen Zeitraum, etwas, was sich die Menschheit durch eigene Kraft bewusst erwerben muss. Eben im Zeitalter der Bewusstseinsseele stürmen die ahrimanischen Mächte am allermeisten gerade wiederum gegen diese Gedankenfreiheit an, und wir sehen, wie die Konfessionen überall den einen Grundnerv der geisteswissenschaftlichen Weltanschauungsströmung – die Verbreitung der Gedankenfreiheit –

feindlich ins Auge fassen, wie viele Verleumdungen gerade der Geisteswissenschaft Platz greifen aus dem einfachen Grunde, weil Geisteswissenschaft mit vollem, lichtvollem Verständnisse eingehen will auf die Geburt der Bewusstseinsseele und nicht verbreiten will solches religiöses Leben, welches noch gebaut ist auf die Verbreitung, auf die Förderung der Verstandes- oder Gemütsseele, wie es im vierten nachatlantischen Zeitraum der Fall war. Die Formen des Christentums sind noch begründet worden im vierten nachatlantischen Zeitraum aus dem Bedürfnisse der griechisch-römischen Kultur heraus. Sie sind als Kirchenformen ungeeignet jetzt schon und werden immer ungeeigneter und ungeeigneter werden, Gedankenfreiheit heraufkommen zu lassen, die immer mehr und mehr heraufkommen muss.

Und in derselben Zeit, in welcher sich regte aus dem modernen Leben heraus, ich möchte sagen der erste Keim des Bedürfnisses nach Gedankenfreiheit, ist auch die entgegengesetzte Macht sogleich ans Werk getreten in dem, was man nennen könnte – obwohl dabei vieles umfasst ist, was wiederum im Einzelnen, im Detail, charakterisiert werden müsste – den Jesuitismus der verschiedenen Religionen. Der ist eigentlich ins Leben gerufen worden, um den stärksten Widerstand zu bieten der Gedankenfreiheit, die ein Lebensbedürfnis des fünften nachatlantischen Zeitraums ist. Und immer mehr und mehr wird es notwendig sein, den der Gedankenfreiheit entgegengesetzten Jesuitismus auf allen Gebieten für den fünften nachatlantischen Zeitraum auszumerzen; denn vom religiösen Leben ausstrahlend, muss sich die Gedankenfreiheit immer mehr und mehr auf allen Lebensgebieten entfalten. Aber da sie selbständig erworben werden muss, so ist die Menschheit gewissermaßen in eine Prüfung hineingestellt, und es erwachsen überall die größten Schwierigkeiten. Und diese Schwierigkeiten werden umso größer, als die Menschheit der fünften nachatlantischen Zeitepoche sich eben gerade zur Bewusstseinsklarheit entwickeln soll, aber dies als ein Unbequemes zunächst empfindet und daher sich in vieler Beziehung betäubt.

So sehen wir, dass ein scharfer Kampf besteht zwischen dem Aufkeimen der Gedankenfreiheit und der aus alten Zeiten hereinwirkenden, in unsere Zeit hereinwirkenden Autorität. Und die betäubende Sucht, sich über den Autoritätsglauben Täuschungen hinzugeben, ist vorhanden! In unserer Zeit ist der Autoritätsglaube ungeheuer gewachsen, ungeheuer intensiv geworden, und unter seinem Einfluss entwickelt sich eine gewisse Hilflosigkeit der Menschen in Bezug auf das Urteilen. Im vierten nachatlantischen Zeitraum war dem Menschen als natürliche Gabe ein gesunder Verstand mitgegeben; jetzt muss er sich ihn erwerben, ihn entwickeln. Autoritätsglaube hält ihn zurück. Aber wir werden ganz eingespannt in Autoritätsglauben. Denken Sie doch, wie da die Menschen sich hilflos ausnehmen gegenüber den vernunftlosen Tiergeschöpfen! Wie viel hat das Tier in sich von Instinkten, die es in für es heilsamer Weise leiten, selbst aus der Krankheit heraus wiederum zur Gesundheit in heilsamer Weise leiten, und wie sehr arbeitet die heutige Menschheit entgegen dem Urteil auf solchen Gebieten. Da unterwirft sich die moderne Menschheit ganz und gar der Autorität. Ein Urteil über die heilsamen Lebensbedingungen will die moderne Menschheit nicht leicht erwerben. Gewiss, es bestehen löbliche Bestrebungen in allerlei Vereinen und dergleichen. Aber diese Bestrebungen müssen alle viel, viel intensiver werden, und vor allen Dingen muss verstanden werden, wie wir immer mehr und mehr dem Autoritätsglauben entgegengehen und wie ganze Theorien sich bilden, die wiederum die Unterlage von Gesinnungen sind, um den Autoritätsglauben geradezu zu befestigen. Auf dem Gebiete der Medizin, auf dem Gebiete der Jurisprudenz, aber auch auf allen sonstigen Gebieten erklären sich die

Menschen von vornherein für unzuständig, ein Verständnis zu erwerben, und nehmen dasjenige nun, was die Wissenschaft sagt, hin. Bei der Kompliziertheit des modernen Lebens ist das ja auch schließlich begreiflich. Aber die Menschen werden unter dem Einflusse einer solchen Autoritätskraft immer hilfloser und hilfloser, und systematisch diese Autoritätskraft, diese Autoritätsgesinnung auszubilden, das ist eigentlich das Prinzip des Jesuitismus. Und der Jesuitismus in der katholischen Religion ist nur eine Spezialisierung von Leistungen, die auf anderen Gebieten ebenso auftreten, wo man es nur nicht so merkt. Jesuitismus hat zunächst begonnen mit dem Jesuitismus auf kirchlich-dogmatischem Gebiete, mit der Tendenz, die Macht des Papsttums, die aus der vierten nachatlantischen Periode herüberragte in die fünfte nachatlantische Periode, für diese fünfte nachatlantische Periode, für die sie nicht mehr taugt, aufrechtzuerhalten. Aber dasselbe jesuitische Prinzip wird sich nach und nach übertragen auf andere Gebiete des Lebens. Heute sehen wir bereits im Arzttum einen Jesuitismus heraufragen, der kaum anders ist als der Jesuitismus auf dem Gebiete der dogmatischen Religion. Wir sehen, wie gestrebt wird aus einer gewissen medizinischen Dogmatik heraus nach einer Erhöhung der Macht des Ärztestandes. Und das ist das Wesentliche des jesuitischen Strebens auch auf verschiedenen anderen Gebieten. Dies wird immer stärker und stärker werden. Die Menschen werden immer mehr und mehr eingeschnürt werden in das, was die Autorität über sie verhängt. Und das Heil des fünften nachatlantischen Zeitraums wird darin bestehen, gegen diese ahrimanischen Widerstände – denn solche sind es – geltend zu machen das Recht der Bewusstseinsseele, die sich entwickeln will. Das kann aber nur dadurch geschehen, dass die Menschen, da sie jetzt natürlichen Verstand nicht wie ihre beiden Arme mitbekommen, wie es vergleichsweise noch der Fall war in der vierten nachatlantischen Periode, wirklich auch Verstand, gesunde Urteilskraft entwickeln wollen. Die Entwickelung der Bewusstseinsseele fordert Gedankenfreiheit, aber diese Gedankenfreiheit kann nur in einer ganz bestimmten Aura, in einer ganz bestimmten Atmosphäre gedeihen.

Ich habe Sie hingewiesen auf die Schwierigkeiten, welche bestehen im fünften nachatlantischen Zeitraum. Denn der fünfte nachatlantische Zeitraum drängt nach einer ganz bestimmten Entwickelungsrichtung: nach der Entwickelung der Bewusstseinsseele. Aber diese Bewusstseinsseele, eben weil sie sich gerade als Bewusstseinsseele entwickeln soll, muss Widerstände haben, muss durch Prüfungen hindurchgehen. So sehen wir, dass sowohl dem sozialen Verständnisse wie der Gedankenfreiheit die heftigsten Widerstände erwachsen. Und man versteht heute nicht einmal, dass diese Widerstände da sind; denn in den weitesten Kreisen werden diese Widerstände gerade als das Richtige betrachtet, dem nicht entgegengewirkt werden soll, sondern das gerade ganz besonders ausgebildet werden soll.

Es gibt aber schon viele, viele Menschen, die ein offenes Herz und ein gutes Verständnis haben für dasjenige, in was der moderne Mensch hineingestellt ist, die einen offenen Sinn und ein gutes Verständnis haben für das, was heute schon zu sehen ist: wie dadurch, dass die karmischen Verhältnisse der Menschen in die eben charakterisierte Krisis eingetreten sind, es anfängt, dass die Kinder die Eltern, die Eltern die Kinder nicht mehr verstehen, dass die Geschwister einander nicht mehr verstehen, die Völker einander nicht mehr verstehen; es gibt heute schon genug Menschen, die diesen zwar notwendigen, aber eben nur richtig wirkenden, wenn mit Verständnis durchdrungenen Verhältnissen blutenden Herzens gegenüberstehen. Denn aus dem Herzblut heraus müssen bewusst die Impulse für dies neue Weltenwirken gewonnen werden. Was von selbst entstehen wird, wird Entfremdung der Einzelnen untereinander sein. Was aus dem menschlichen Herzen herausquellen wird müssen, das wird bewusst anzustreben sein. Schwierigkeiten geht jede einzelne Seele im fünften nachatlantischen Zeitraum entgegen. Denn nur in der Überwindung dieser Schwierigkeiten werden sich die Prüfungen ergeben, unter denen die Bewusstseinsseele entwickelt werden kann.

Da kommt heute mancher, der sagt: Ach, ich fühle nicht, was ich aus mir machen soll, ich weiß nicht, wie ich mich hineinstellen soll in die Lebenszusammenhänge. – Das rührt davon her, dass er noch nicht die richtige Möglichkeit gefunden hat, klar über die Bedürfnisse der heutigen Zeit und des Darinnenstehens eines Menschen nachzudenken. Bis zur physischen Krankheit, bis zur physischen Haltlosigkeit entwickeln sich heute schon bei vielen Menschen die Verhältnisse. Richtiges Verständnis dafür, das ist dasjenige, was immer mehr und mehr und immer intensiver und intensiver gefordert werden muss. Dasjenige, was sich ausgießen wird über die Menschheit, weil es notwendig ist im fünften nachatlantischen Zeitraum, das wird sein die Gefahr der Seelennot, Seelennot in der besonderen Nuance, wie es geschildert worden ist durch dasjenige, was eben heute vorgetragen worden ist. Viele Menschen sehen das, was ich geschildert habe, und fühlen, dass es notwendig ist, richtig notwendig ist, dass die Menschen kommen auf der einen Seite zum sozialen Verständnisse und auf der anderen Seite zur Gedankenfreiheit. Aber wenige, sehr wenige sind heute noch geneigt, zu den rechten Mitteln zu greifen. Denn demjenigen, was für das soziale Verständnis notwendig ist, wird oftmals mit allerlei idealistisch klingenden Redensarten zu dienen gesucht. Was wird heute alles geschrieben über die Notwendigkeit einer individuellen Behandlung des aufwachsenden Menschen! Was werden für ausführliche Theorien ersonnen auf allen möglichen pädagogischen Gebieten! Das ist es weniger, um was es sich handelt. Möglichst viele positive Schilderungen, wie die Menschen sich wirklich entwickeln, positive, ich möchte sagen Naturgeschichte individueller Menschenentwickelung, das ist es, was verständnisvoll verbreitet werden soll; wo wir nur können, erzählen, wie sich der Mensch A, der Mensch B, der Mensch C entwickelt hat, und liebevoll eingehen können auf die Entwickelung eines Menschen, die sich vor uns abspielt. Das ist vor allen Dingen vonnöten: Lebensstudium, der Wille zur Lebenskunde, nicht zum Programm; denn das theoretische Programm ist der Feind der fünften nachatlantischen Kulturperiode.

Wenn Gesellschaften auftreten, so sollten sie eigentlich nach dem Sinn der fünften nachatlantischen Kulturperiode so auftreten, dass die Menschen, die in diesen Gesellschaften zusammenkommen, die Hauptsache sind und dass sich aus dem gegenseitigen Verkehre dieser positiven Menschen das ergebe, was sich ergeben kann. Da werden sich recht individuelle Dinge ergeben, wenn darauf geachtet wird. Was tut man heute gewöhnlich? Man beginnt damit, dass man Statuten aufstellt. Gewiss, das mag sehr schön sein, ist ja vielleicht notwendig, weil eben die äußeren Verhältnisse Statuten verlangen. Aber man soll sich gerade klar sein auf unserem Gebiete, dass alles Reden über Programme und Statuten nur eine Konzession an die Welt ist, dass dasjenige, um was es sich handelt, das individuelle Zusammenleben sein muss, was sich aus dem positiven Menschen heraus ergibt, dass gegenseitiges Verständnis dasjenige ist, auf was es ankommt. Dann werden sich schon für den fünften nachatlantischen Zeitraum, denn wir haben ja Jahrhunderte vor uns, die Möglichkeiten ergeben, dass auch hinausdringt aus dem Kreise derer, die dafür Verständnis haben, das Verständnis für individuelles Entwickeln, für lebensvolles Entwickeln in die allgemeine Welt, die heute alles in Paragraphen hinein wie in spanische Stiefel schnürt,[18] in Paragraphen oder Gesetze oder in sonst etwas Ähnliches. Daher sehen wir die heilsam klingenden Lehren überall auftauchen von den Kanzeln, von den sonstigen Tribünen, in denen das Leben belehrt werden soll. Wir sehen die Lehren überall auftreten, die von Abstraktionen nur so triefen, in denen den Menschen alle möglichen Ideen und Ideale vorgeführt werden. Darum kann es sich nicht handeln, sondern allein darum, ins Konkrete, ins wirkliche Leben verständnisvoll einzudringen. Wie kann das nun geschehen?

Ganz selbstverständlich wird mit vollem, vollem Recht eingewendet werden dem, was da gesagt worden ist: Ja wir können doch nicht alle das beurteilen lernen, was heute aus den autoritativen Zusammenhängen herauskommt. Man denke nur – werden die Menschen sagen –, was alles einer, der Arzt werden will, lernen muss! Es ist gerecht, dass er es lernt; aber wir können doch nicht das lernen und noch dazu lernen das, was jeder, der Jurist werden soll, lernt, und noch dazu lernen das, was jeder, der Maler werden will, lernen muss und so weiter. Das können wir doch nicht! – Gewiss, das können wir nicht, das ist ohne Frage; aber wir brauchen auch nicht schöpferisch zu sein, wir brauchen nur urteilsfähig zu sein. Wir müssen in die Lage kommen, zwar die Autorität schaffen zu lassen, aber die Autorität beurteilen zu können. Das lernen wir nicht, das eignen wir uns nicht an dadurch, dass wir auf alle einzelnen Spezialitäten wirklich eingehen, sondern dadurch, dass wir uns aus etwas, was umfassend unseren Verstand, unsere Urteilskraft bilden kann, heraus die Möglichkeit eines Urteils aneignen. Das kann aber nie geschehen aus dem materiellen Erkennen der einzelnen Spezialitäten heraus, sondern aus dem umfassenden Geist-Erkennen.

Geisteswissenschaft muss das zentrale Erkennen sein. Denn diese Geisteswissenschaft wird nicht nur aufklären über die Zusammenhänge in der Entwickelung des Menschen, sondern durch die Art von Gedanken, die sie hat, wird sie uns gesunden Verstand entwickeln, der heute aus größeren Tiefen hervorgeholt werden muss, als er in der griechisch-römischen Kulturepoche, der vierten nachatlantischen Kulturperiode, herausgeholt, hervorgeholt werden musste. Die von dem anderen Wissenschaftlichen verschiedene Art des Begriffebildens, des Vorstellungbildens, die notwendig ist für die Geisteswissenschaft, die befähigt uns nicht, eine Autorität auf diesem oder jenem Gebiete zu werden, aber urteilsfähig zu werden. Und warum das so ist, man wird es immer mehr und mehr einsehen, denn es bestehen geheimnisvolle Kräfte in der menschlichen Seele, und diese geheimnisvollen Kräfte, diese Mysterienkräfte, die werden zusammenbinden die Menschenseele mit der geistigen Welt und werden durch dieses Band, das sich bildet zwischen der Menschenseele und der geistigen Welt dadurch, dass wir eingehen auf die Geisteswissenschaft, uns im einzelnen Falle, wenn wir der Autorität gegenüberstehen, urteilsfähig erscheinen lassen. Wir werden nicht dasjenige wissen, was die Autorität wissen kann; aber wenn die Autorität etwas weiß und im einzelnen Falle dies oder jenes tut, werden wir fähig sein, es zu beurteilen.

Dies müssen wir besonders betonen als etwas, was durch die Geisteswissenschaft gebracht werden muss, dass sie nicht nur die Menschen belehrt, sondern die Menschen in dieser Beziehung urteilsfähig macht, das heißt, ihnen erst die Möglichkeit der Gedankenfreiheit gibt, die Gedankenunabhängigkeit erst in ihnen fördert. Geisteswissenschaft macht uns nicht zu Medizinern, aber Geisteswissenschaft befähigt uns, dasjenige, was durch den Mediziner in das öffentliche Leben eintritt, zu beurteilen, wenn wir nur richtig in die Geisteswissenschaft hineindringen. Wird das einmal verstanden werden, was ich jetzt mit diesen Worten meine, dann wird man viel, viel von den heilsamen Kräften des fünften nachatlantischen Zeitraums verstehen. Denn es ist sehr, sehr viel gesagt mit dem, was ich damit eigentlich meine, dass Geisteswissenschaft gleichsam ummodeln wird das menschliche Verständnis, so dass der Mensch urteilsfähig wird,

Verstandeskraft entbindet aus seinem Seelenleben. Erst dadurch kann er sich die Gedankenfreiheit in Wirklichkeit erwerben.

Wenn ich jetzt etwas bildlich sprechen darf, so möchte ich Ihnen diesen Gedanken noch in bildlicher, in imaginativer Form ausführen. Wir hören in der Geisteswissenschaft von wirklicher geistiger Welt, von konkreter geistiger Welt, von elementarischen Wesenheiten, die uns umgeben; wir hören von den Hierarchien, Angeloi, Archangeloi und so weiter. Die Welt bevölkert sich für uns mit konkreten geistigen Inhalten oder mit geistigen Kräften und geistigen Wesenheiten. Diesen Wesenheiten, die da in den geistigen Welten leben, ist es nicht gleichgültig, dass wir von ihnen wissen! Es war ihnen noch mehr oder weniger gleichgültig in der vierten nachatlantischen Periode, aber in der fünften nachatlantischen Periode ist es ihnen schon nicht mehr gleichgültig, sondern es ist, wie wenn ihnen etwas entzogen würde an geistiger Nahrung, wenn die Menschen hier auf der Erde von ihnen nichts wissen. Die geistige Welt steht durchaus in Verbindung mit der hiesigen physischen Erdenwelt. Das werden Sie am besten verstehen, wenn ich Ihnen eines sage, was Ihnen vielleicht selber jetzt noch paradox erscheinen wird, was aber einfach wahr ist. Und es müssen doch heute, obwohl man heute noch nicht vieles sagen kann, es müssen doch manche Wahrheiten schon heute ausgesprochen werden, weil die Menschen nicht ohne diese Wahrheiten leben sollen.

Sehen Sie, für die Menschen, die hier auf der Erde leben, ist es ein richtiger Gesichtspunkt, zu sagen: Mit dem Mysterium von Golgatha ist der Christus in das Erdenleben eingetreten, und seither ist er im Erdenleben. Und man kann von einem gewissen Empfindungsstandpunkte aus es als ein Glück des Erdenlebens ansehen, dass der Christus eingetreten ist. Aber nun stelle man sich auf den Standpunkt der Angeloi – und dieser Standpunkt ist keine Erfindung meinerseits, dieser Standpunkt ist dasjenige, was dem wirklichen okkulten Forscher sich als etwas Reales ergibt –, man versetze sich auf den Standpunkt der Angeloi. Die haben etwas anderes erlebt in ihrer geistigen Sphäre: die haben das Umgekehrte erlebt! Der Christus ist aus ihrer Sphäre zu den Menschen gegangen, er hat ihre Sphäre verlassen. Die müssen für sich sagen: Aus unserer Welt ist der Christus durch das Mysterium von Golgatha weggegangen. – Darüber haben sie Grund, ebenso traurig zu sein, wie die Menschen es als heilsam empfinden können, dass der Christus zu ihnen gekommen ist, insofern die Menschen im physischen Leibe leben. Und das ist auch ein realer Gedankengang, und derjenige, der wirklich die geistige Welt kennt, der weiß, wie es nur eine Erlösung für die Angeloi gibt, für die das richtig ist, was ich zum Ausdruck gebracht habe, und das ist das, dass die Menschen unten auf der Erde in ihren physischen Leibern mit dem Christus-Gedanken leben und der Christus-Gedanke zu den Angeloi wie ein Licht hinaufstrahlt, seit dem Mysterium von Golgatha wie ein Licht hinaufstrahlt zu den Angeloi. Die Menschen sagen: Der Christus ist in uns eingezogen, und wir können uns entwickeln so, dass der Christus in uns leben wird – «Nicht ich, sondern der Christus in mir».[19] Die Angeloi aber sagen: Aus unserem Inneren ist der Christus für unsere Sphäre weggegangen, und er glänzt uns herauf wie so und so viele Sterne in dem Christ-Gedanken der einzelnen Menschen; da erkennen wir ihn wieder, da ist er aufgestrahlt seit dem Mysterium von Golgatha. – Es ist eine reale Beziehung zwischen der geistigen Welt und der menschlichen Welt. Und diese reale Beziehung kommt auch dadurch zum Ausdruck, dass die geistigen Wesen, die die geistige Welt außer uns bewohnen, dass diese geistigen Wesen mit Wohlgefallen, mit Befriedigung, mit Genugtuung hinblicken können auf die Gedanken, die wir uns über ihre Welt machen können. Nur dann können sie uns helfen, wenn wir uns Gedanken über sie machen können, wenn wir auch noch nicht dahingelangt sind, hellseherisch in die geistige Welt hineinzublicken, sie können uns helfen, wenn wir von ihnen wissen. Dafür, dass wir Geisteswissenschaft studieren, kommt uns aus der geistigen Welt Hilfe. Es sind nicht bloß die Dinge, die wir lernen, die Erkenntnisse, sondern es sind die Wesen der höheren Hierarchien selber, die uns helfen, wenn wir von ihnen wissen. Stehen wir also den Autoritäten fernerhin gegenüber in der fünften nachatlantischen Periode, dann ist es für uns heilsam, wenn wir hinter uns haben nicht bloß unseren eigenen menschlichen Verstand, sondern das, was die geistigen Wesen in unserem Verstande zu wirken vermögen, wenn wir von ihnen wissen. Die befähigen uns zum Urteilen gegenüber der Autorität. Die geistige Welt hilft uns. Wir brauchen sie, wir müssen von ihr wissen, wir müssen sie wissentlich aufnehmen. Das ist das Dritte, das kommen muss für den fünften nachatlantischen Zeitraum.

Das Erste ist soziales Menschenverständnis, das Zweite ist Erwerbung der Gedankenfreiheit, das Dritte ist lebendiges Wissen von der geistigen Welt durch die Geisteswissenschaft. Diese drei Dinge müssen die großen, realen Ideale für den fünften nachatlantischen Zeitraum sein. Auf dem Gebiete des sozialen Lebens muss kommen soziales Verständnis; auf dem Gebiete des religiösen und sonstigen Zusammenlebens der Seelen Gedankenfreiheit; und auf dem Gebiete der Erkenntnis muss kommen Geist-Erkenntnis. Soziales Verständnis, Gedankenfreiheit, Geist-Erkenntnis – das sind die drei großen Ziele, Impulse des fünften nachatlantischen Zeitraums. Unter diesen Lichtern müssen wir uns entwickeln, denn das sind die richtigen Lichter für unseren Zeitpunkt. Intensiv fühlen manche Menschen, dass so etwas notwendig ist, namentlich dass eine andere Art des gegenwärtigen Zusammenlebens der Menschen heraufziehen muss, dass andere Begriffe kommen müssen. Aber die letzten Konsequenzen, die entziehen sich entweder dem guten Willen oder der Erkenntnis der Menschen. Das können wir gerade an dem Verhältnis, in dem sich manche Menschen gegenüber dem Streben der Geisteswissenschaft oder Anthroposophie befinden, sehen. Wir brauchen dabei gar nicht zu denken an dasjenige, was böswillig Geisteswissenschaft, Theosophie oder Anthroposophie verleumdet oder was ihr aus irgendwelchem Grunde sonst böswillig, gegnerisch böswillig gegenübersteht, sondern wir können denken an ehrliches Wollen, was ja genugsam vorhanden ist innerhalb der gegenwärtigen Menschheit, an ehrliches Wollen, das dahin zielt, solche Impulse in der Menschheit zu schaffen, welche in der Richtung der richtigen Impulse des fünften nachatlantischen Zeitraums liegen. Denken Sie sich nur: wie viele «Reform»-Menschen treten auf den verschiedensten Gebieten auf, wie viele soziale Pastoren, soziale sonstige Prediger, wiederum soziale Prediger aus den nichttheologischen oder nichtreligiösen Kreisen heraus. Wie tritt das alles auf; wie ist das oftmals von dem allerallerbesten Willen beseelt! Es will das die Menschen zu irgendetwas führen, wozu das Leben drängt in unserer Zeit! Guter Wille ist vielfach vorhanden, und wir wollen in diesem Augenblicke auf dasjenige sehen, was unter dem guten Willen steht, nicht was unter dem bösen Willen steht. Aber solange dieser gute Wille nur in allgemeinen Redensarten bleibt, wenn sie auch von noch so heißen Gefühlen getragen werden, es hilft nichts, wenn nicht die Erkenntnis, die nur aus der Geisteswissenschaft kommen kann, lebendig wird, dass die drei großen realen Ideale erfüllt werden können: Soziales Verständnis – soziales Menschenkennen –, Gedankenfreiheit, Geist-Erkenntnis. Aber dazu ist das Verständnis der Menschen in der Gegenwart noch nicht einmal im Anfange angelangt, außer bei dem kleinen Häuflein, das sich zusammengeschart hat innerhalb der geisteswissenschaftlichen Weltanschauung.

Wir können heute hinblicken auf manche schöne, edle

Erkenntnis in dieser Richtung. Ich möchte Ihnen davon eine Probe geben, die sich mir, wie man so sagt «zufällig», in Wirklichkeit durch das Karma ergeben hat, dass ich in einem Schaufenster einfach ein Büchelchen gefunden habe,[20] das ich aus irgendeinem Eindruck heraus, den der Titel machte, mir gekauft habe. Da wird gesprochen von dem modernen Menschen, was dieser Mensch sucht, unter welchem Eindrucke dieser moderne Mensch aufwächst; da wird gesagt, wie vieles da ist in der modernen Welt, in der modernen Außenwelt, was diesen modernen Menschen fördert, was ihm das Leben bequem macht, das Leben leicht macht, wie das Leben unter dem Einfluss gewisser Bequemlichkeiten, die die neuere Dampfkraft, die neuere Elektrizität gebracht hat, eine Lust ist; das alles wird angeführt. Dann aber wird doch eines tief betont. Es wird betont, wie der moderne Mensch zwar da hineingekommen ist in ein rasenderes, bewegteres Leben, als das in früheren Zeiten der Fall war, wie aber sein Leben reicher geworden ist. Das alles wird betont mit einer gewissen Freude, mit einer gewissen Innigkeit; an hervorragenderen geistigen Erscheinungen der neueren Zeit wird geschildert, wie es der moderne Mensch besser hat im Gegensatze zu dem mehr dumpfen, traurigen, instinktgemäßen Leben früherer Zeiten. Dann aber wird weiter richtig geschildert dasjenige, was ich vorhin angedeutet habe als die Schwierigkeiten des fünften nachatlantischen Zeitraums. Nur wird nicht erkannt, dass das gerade aus dieser Eigentümlichkeit des fünften nachatlantischen Zeitraums und seiner Anforderung – der Bildung der Bewusstseinsseele – herausquillt. Klar und deutlich hell wird nicht gesehen. Das ist es, worauf es ankommt. Aber empfunden wird mit offenem Herzen. Da wird gesagt: «Merkwürdig: von der Lebensfreude, von der Daseinslust durften wir bei der Beschreibung des inneren Bildungsganges unserer Zeit ausgehen. Und von tiefgehender, innerer Seelennot müssen wir am

Schluss dieses Abschnittes sprechen. Was wir hier im Kleinen erleben, macht unsere Zeit im Großen durch.»[21] – Er meint mit «im Kleinen» den Ort, an dem er gerade lebt. – «Eine Kulturfülle ohnegleichen, eine Lebensentfaltung in Kraft und Schönheit, wie kaum eine zweite in der Geschichte; und dabei eine Seelennot, die heraufzieht und ganze Volksschichten ergreift.»

Und nun, nachdem er so richtig erkannt hat, der Mann, geht er verschiedenes durch, was dahin führen soll, nun nicht bloß bei einem hilflosen Schildern der Seelennot stehenzubleiben, sondern das Richtige zu finden, damit die Impulse der neueren Menschheit in der richtigen Weise gelenkt werden können. Unter diesen verschiedenen Dingen schildert er nun auch das, was er die Theosophie nennt, wie er die Theosophie kennengelernt hat. Wir treffen da unter den vielen gegnerischen Menschen einen solchen, der dieser Theosophie wohlwollend gegenübersteht, mit allerbestem Willen, mit dem Willen, sie wirklich kennenzulernen, der sich auch bekanntgemacht hat damit und der deshalb für uns in Betracht kommt. Wirklich nicht aus der Albernheit heraus, dieses gerade vorzubringen, bringe ich es vor, sondern weil es wirklich ganz wichtig und wesentlich ist, dass wir uns um solche positiven Zusammenhänge unserer Geisteswissenschaft mit dem äußeren Leben auch bekümmern.

Nachdem der Mann besprochen hat, was die Mystik, die nicht bis zur «Mystik» kommt, auch an Vertiefung des Lebens leisten will, an Abhilfe der Seelennot, sagt er: «Neben der Mystik steht die Theosophie. Es gibt manche, welche in ihr nur eine Erscheinung sehen, welche darauf aus ist, Surrogate zu setzen an die Stelle bewährter Kräfte, oder welche in ihr nur einen Hang zum Synkretismus und Eklektizismus finden»[22] – also zur Zusammenfassung von allerlei Religionsbekenntnissen und Weltanschauungen. Diejenigen, die nicht näher auf die Geisteswissenschaft eingehen, reden ja davon, dass in ihr Gnostizismus aufgewärmt werden soll und so weiter; aber dieser Mann, der geht einen Schritt weiter. Er sagt also: Solche, «welche in ihr nur einen Hang zum Synkretismus und Eklektizismus finden, individueller Neigung entsprechend, und sie zusammenwerfen mit weniger hellen Begleiterscheinungen des Gegenwartslebens, mit Aberglauben, Spiritismus, Geistersehen, Symbolismus und ähnlichen durch das Geheimnisvolle die Menschen reizenden Äußerungen geistiger Spielerei. Dem ist aber nicht so. Es heißt dieser Bewegung unrecht tun, wenn man nicht die in ihr zum Ausdruck kommenden, tief innerlichen Beziehungen und Werte anerkennen will.» Wir stehen also einem wohlwollenden Menschen gegenüber. Er sagt: «Wir müssen sie, wenigstens in dem um Steiner gesammelten Kreis, vielmehr zu verstehen suchen als eine religiöse Bewegung unter unseren Zeitgenossen, wenn auch nicht ursprünglicher, sondern nur synkretistischer Art, aber doch auf den Grund alles Lebens gerichtet;» – ich hoffe, er wird auch noch auf die Ursprünglichkeit kommen, der Mann, nachdem er so viel guten Willen hat – «wir dürfen sie beurteilen als eine Bewegung zur Befriedigung der übersinnlichen Interessen der Menschen, und damit als ein Hinauswachsen über den am Sinnlichen haftenden Realismus; wir dürfen in ihr vor allem eine Bewegung erkennen, welche die Menschen zur Selbstbesinnung auf die sittlichen Probleme, die ihnen gestellt sind, hinweist, und welche auf eine Arbeit zur inneren Wiedergeburt hinzielt aus einem peinlichen Achten auf die Selbsterziehung heraus;» – wie gesagt, ich lese es nicht aus irgendeiner albernen Empfindung heraus vor; sondern bei dem, was sonst über Anthroposophie gesprochen wird, ist es schon nicht gerade unerheblich, dass wir auch solche Urteile kennenlernen – «man braucht nur das Steinersche Buch zur Einführung in die *Theosophie* zu lesen, um zu merken, mit welchem Ernste hier der Mensch auf die Arbeit an seiner sittlichen Läuterung und Selbstvervollkommnung gewiesen wird. Sie ist weiter in ihrer auf das übersinnliche gerichteten Spekulation eine Reaktion gegen den Materialismus; allerdings» – und nun kommt etwas, worauf ich Sie bitte, besonders zu achten – «verliert sie dabei leicht den Boden der Wirklichkeit und versteigt sich in Hypothesen, in hellsehende Phantasien, in ein Reich der Träume, so dass sie für die Wirklichkeit der individuellen und sozialen Lebensgestaltung keine genügende Kraft mehr übrig behält. Aber immerhin, wir wollen und müssen die Theosophie als eine Korrekturerscheinung im Bildungsgang der Gegenwart registrieren.»

Das Einzige eigentlich also, was dem Mann nicht gefällt, ist das Aufsteigen zur Geistes-Erkenntnis, zur konkreten, realen Geist-Erkenntnis; das heißt, er möchte das haben, was aus der Theosophie – auch nach seiner Ansicht – quellen kann an Impulsen für moralische Vervollkommnung des Menschen; aber er erkennt noch nicht, dass dies hier im fünften nachatlantischen Zeitraum nur kommen kann aus der wirklichen, konkreten Geist-Erkenntnis. Er erkennt nicht die Wurzeln. Er möchte die Früchte haben ohne die Wurzeln. Er erkennt nicht den ganzen Zusammenhang. Gerade dieser Mann ist außerordentlich interessant, weil er auch, wie man sieht, mit Hingabe mein Buch *Theosophie* studiert hat, gar nicht einsieht, dass das eine nicht ohne das andere vorhanden ist. Er möchte gern den Kopf abschlagen diesem Buch und doch den Körper noch behalten; denn er betrachtet diesen Körper noch als etwas Wertvolles.

Das ist es, was Bezug hat auf das, was ich Ihnen vorhin darstellte. Dass notwendig ist soziales Verständnis, Gedankenfreiheit, das verstehen solche Menschen schon; dass aber das Dritte, Geist-Erkenntnis, die Grundlage bilden muss für unseren fünften nachatlantischen Zeitraum, das wollen sie noch nicht anerkennen; das ist dasjenige, zu dem sie noch nicht kommen können. Das ist eine der wichtigsten Aufgaben der geisteswissenschaftlichen

Weltanschauungsströmung, auch dafür Verständnis zu erwecken. Phantastisch nennen noch vielfach die Menschen das Hinaufsteigen in die geistigen Welten; sie sehen eben nicht ein, dass der Verlust der Erkenntnis der geistigen Welten gerade den Materialismus und die damit verbundene soziale Verständnislosigkeit und das materialistische Leben und die materialistische Lebensgesinnung der neueren Zeit hervorgebracht hat. Gerade bei den Wohlwollenden müssen wir studieren, wie es heute noch den Menschen schwer wird, die Notwendigkeit konkreter geistiger Welten anzuerkennen. Daher müssen wir um so mehr versuchen, Verständnis zu gewinnen für solche Impulse, wie diejenigen sind, von denen ich im heutigen Vortrage habe sprechen wollen.

Das Büchelchen, von dem ich gesprochen habe, heißt *Die Gedankenwelt der Gebildeten, Probleme und Aufgaben.* Wie gesagt, es ist mir «zufällig» in die Hände gefallen, denn es ist schon 1914 in Hamburg erschienen, in der Agentur des Rauhen Hauses, und gibt wieder einen Vortrag auf dem 37. Kongress für Innere Mission in Hamburg am 23. September 1913 von Professor Dr. Friedrich Mahling. Ich wundere mich nur darüber – wie gesagt, mir ist es ganz zufällig vor einigen Tagen in dem Schaufenster einer Buchhandlung in die Hand gefallen –, dass niemand irgendetwas gerade über dieses Buch aus unserem Kreise erwähnt hat; denn dem einen oder dem anderen hätte es, nachdem es 1914 schon erschienen ist, doch in die Hände fallen können. Und es wäre eigentlich notwendig, uns gerade um die verschiedenen Fäden, die hinüber- und herüberlaufen zwischen den verschiedensten Gebieten, heute zu kümmern. Es wäre notwendig, sich zu kümmern um die eine Nuance, die man ja viel häufiger finden wird, die des wüsten Schimpfens und Verlachens unserer Bewegung, aber auch darum können wir uns kümmern, wenn einmal ehrlichstes Verständnis gesucht wird wie in diesem Fall, wo wir geradezu daraus lernen können, welche

Schwierigkeiten der Mensch, der ehrlichstes Verständnis sucht, auch heute noch hat.

Den heutigen Vortrag wollte ich gerade daraufhin einrichten, zu zeigen, welches die drei großen Ideale sein sollen, die konkreten Ideale für den fünften nachatlantischen Zeitraum: soziales konkretes Menschenverständnis, Gedankenfreiheit, Geist-Erkenntnis. Die drei konkreten Ideale müssen den Wissenschaften die Richtungen geben in der Zukunft. Sie müssen das Leben läutern und reinigen, müssen der Moral die Impulse geben, müssen in weitestem Umfange orientierend und richtunggebend, lebendurchdringend, lebenfördernd innerhalb der modernen Menschheit werden. Nicht aber werden die beiden ersten Forderungen erfüllt werden können – soziales Verständnis und Gedankenfreiheit –, wenn nicht die Geist-Erkenntnis dazukommt als das Dritte, denn Bewusstseinsseele soll entwickelt werden. Diese Bewusstseinsseele hat als ihre höchste Stufe eben schon das Geistselbst, das in der sechsten nachatlantischen Kulturperiode veranlagt werden muss. Das wird nicht entwickelt werden können, wenn nicht vorbereitet wird jene innere Verselbständigung des Menschen, die erreicht wird durch die Entfaltung der Bewusstseinsseele. Das ist es, was wir mitberücksichtigen müssen bei unserem geisteswissenschaftlichen Streben, dass dasjenige, was wir als abstrakte Wahrheiten erkennen, wirklich die Zauberkraft in sich hat, die man nur entfesseln muss, um helles Licht hinzuwerfen auf alles Leben. Und wo im Leben auch der Einzelne steht, ob er auf diesem oder jenem Gebiete der Wissenschaft, auf diesem oder jenem Gebiete der praktischen Arbeit, sei es auch der kleinsten Arbeit steht: der Mensch wird, wenn er für sein Gebiet lebendig zu machen weiß dasjenige, was wir in unseren Zusammenkünften als abstrakte Wahrheiten aufnehmen, in dem Sinne, wie es sein soll, mitarbeiten an den großen Aufgaben unserer Zeit. Und dann wird Frohsinn in die Seele des Menschen einziehen, Frohsinn, der nicht bloß heitere Oberflächlichkeit ist, der zugleich verknüpft ist mit jenem Ernst, der lebentragend ist, der unsere Kräfte erhöht, der uns nicht bloß das Leben genießen lassen will, sondern der uns zu tüchtigen Arbeitern im Leben macht.

In diesem Sinne werden die drei angeführten konkreten sozialen Ideale und Erkenntnisideale auch dasjenige sein, was der Bewusstseinsseele die Fähigkeit geben wird, in einer neuen Weise im fünften nachatlantischen Zeitraum das Mysterium von Golgatha zu verstehen, den Christus aufzunehmen; denn ein reales Band mit den geistigen Welten müssen wir knüpfen, kennenlernen, wie auch diese zu diesem Zentralimpuls der Erdenentwickelung stehen, zu dem Christus-Impuls. Das wird uns der Christus-Impuls erst werden unter dem Einflusse der Gedanken, die aus der geistigen Welt hereinkommen ins Erdendasein, weil im Erdendasein seit dem Mysterium von Golgatha Gedanken in den Menschenseelen aufglänzen können, die als helle Sterne tröstend, wie ich ausgeführt habe, selbst zu der Welt der Angeloi hinaufleuchten, die den Christus aus ihrer Sphäre verloren haben, um ihn aus der Sphäre der Menschengedanken sich entgegenleuchten zu sehen.

Nein, Geist-Erkenntnis ist nicht etwas, was als eine Phantastik geschildert werden darf; Geist-Erkenntnis ist dasjenige, was bestrebt ist, auf diejenige Wirklichkeit erst den Einfluss zu finden, aus welcher die Seelennot, die notwendigerweise mit dem fünften nachatlantischen Zeitraum verknüpft sein muss, behoben werden kann. Das wollte ich heute zu Ihnen sprechen. Hoffentlich sehen wir uns in nicht sehr ferner Zeit auch wiederum in dieser Stadt. Ich hoffe, dass wir bis dahin in Gedanken gut zusammenhalten und im Geiste unserer Bewegung auch hier weiterarbeiten.

Grundbedingungen des sozialen Lebens

Dornach, 6. Dezember 1918

Letzthin habe ich ausdrücklich betont,[23] dass – wenn wir das Wort wiederum so nehmen, wie ich es damals angeführt habe – ein Paradieseszustand auf dem physischen Plane unmöglich ist, dass daher alle sogenannten Lösungen der sozialen Frage, welche mehr oder weniger bewusst oder unbewusst einen solchen Paradieseszustand auf dem physischen Plan herbeiführen wollen, der noch dazu ein dauernder sein soll – dass alle solche sogenannten Lösungen der sozialen Frage auf Illusionen beruhen müssen. In dem Lichte, das durch diese Angabe gegeben ist, bitte ich Sie, überhaupt alle Ausführungen, die ich mit Bezug auf Zeiterscheinungen der Gegenwart mache, aufzunehmen. Denn zweifellos liegt in der gegenwärtigen Wirklichkeit eine bestimmte Forderung, die man die Forderung nach einer sozialen Gestaltung der Menschheitsverhältnisse nennen kann. Es handelt sich nur darum, dass man diese Frage nicht verabstrahiert, dass man diese Frage nicht im absoluten Sinne nimmt, sondern – wie ich das letzte Mal schon sagte –, dass man aus geisteswissenschaftlichen Erkenntnissen heraus sich Einsicht verschafft in dasjenige, was gerade für unsere Zeit notwendig ist. Über das, was aus geisteswissenschaftlichen Voraussetzungen gerade unserer Zeit notwendig ist, wollen wir nun noch einiges besprechen.

Was gewöhnlich heute eigentlich im weitesten Umfange übersehen wird, wenn von sozialer Frage oder sozialen Forderungen gesprochen wird, das ist, dass gemäß den Anforderungen unserer Zeit die soziale Frage ohne eine intimere Kenntnis des menschlichen Wesens überhaupt nicht angefasst werden kann. Man kann ausdenken, welche sozialen Programme man will, man kann noch so ideale soziale Zustände herbeiführen wollen, alles das muss fruchtlos bleiben, wenn es nicht darauf ausgeht, den Menschen als solchen zu erfassen, wenn es nicht auf die intimere Erkenntnis des Menschen hinausläuft. Ich habe darauf aufmerksam gemacht, dass die soziale Gliederung, von der ich gesprochen habe, diese soziale Dreigliederung, die ich im eminentesten Sinne als eine Forderung unserer Zeit hinstellen musste, gerade deshalb für die heutige Zeit gilt, weil sie auf die Erkenntnis des Menschen in jeder Einzelheit Rücksicht nimmt, auf eine Erkenntnis des Menschen, wie er jetzt im gegebenen Zeitpunkt der fünften nachatlantischen Zeit ist. Auch von diesem Gesichtspunkte aus bitte ich Sie, alle Auseinandersetzungen, die ich machen werde, zu betrachten.

Vor allen Dingen kommt in Frage, dass eine von den heutigen Verhältnissen geforderte soziale Ordnung nicht herzustellen ist, ohne dass man sich bewusst wird: Diese soziale Ordnung ist damit verknüpft, dass der Mensch selbst sich erkennt in seiner Beziehung zum Sozialen. Man kann sagen: Von allen Erkenntnissen ist doch Menschenerkenntnis ziemlich die schwerste, daher ist ja auch in den alten Mysterien das «Erkenne dich selbst» als das höchste Ziel des Weisheitsstrebens hingestellt worden. Was dem Menschen heute ganz besonders schwierig wird, ist die Einsicht in das, was in ihm alles aus dem Kosmos herein in Wirksamkeit ist, was in ihm alles wirkt. Der Mensch möchte sich selbst am liebsten so einfach als möglich vorstellen, weil er gerade heute in seinem Denken, in seinen Vorstellungen besonders bequem geworden ist. Aber der Mensch ist eben nicht ein einfaches Wesen. Gegen diese Wirklichkeit lässt sich eben nicht durch Willkür in Vorstellungen irgendetwas machen. Der Mensch ist vor allen Dingen auch in sozialer Beziehung kein einfaches Wesen. Er ist gerade in sozialer Beziehung ein Wesen, das er unendlich gern nicht sein möchte; er möchte unendlich gern anders sein, als er ist. Man kann sagen: Der Mensch hat sich ja eigentlich ungeheuer gerne. Das ist schon einmal nicht in Abrede zu stellen: Der Mensch hat sich selbst ungeheuer gerne. Und durch die Selbstliebe ist es, dass der Mensch Selbsterkenntnis zu einer Quelle von Illusionen macht. So möchte sich der Mensch nicht gestehen, dass er eigentlich nur zur Hälfte ein soziales Wesen ist, dass er zur anderen Hälfte ein antisoziales Wesen ist.

Dies sich trocken und energisch zu gestehen, dass der Mensch gleichzeitig ein soziales und ein antisoziales Wesen ist, das ist eine Grundforderung der sozialen Menschenerkenntnis. Man kann gut sagen: Ich strebe an, ein soziales Wesen zu werden; – man muss es auch sagen, weil, ohne dass man ein soziales Wesen ist, man überhaupt nicht mit Menschen richtig leben kann. Aber zugleich liegt es in der menschlichen Natur, fortwährend gegen das Soziale anzukämpfen, fortwährend ein antisoziales Wesen zu sein.

Wir haben den Menschen wiederholt für die verschiedensten Gesichtspunkte nach der Dreigliedrigkeit seiner Seele, nach Denken oder Vorstellen, Fühlen und Wollen betrachtet. Wir können einmal heute den Menschen in sozialer Beziehung wiederum nach Denken oder Vorstellen, Fühlen und Wollen betrachten. Vor allen Dingen muss man sich mit Bezug auf das Vorstellen, das Denken klar sein, dass in diesem Vorstellen, in diesem Denken ein unendlich bedeutungsvoller Quell des Antisozialen des Menschen liegt. Indem der Mensch einfach ein denkendes Wesen ist, ist er ein antisoziales Wesen. Hier kann nur Geisteswissenschaft zur Wahrheit kommen über die Dinge. Denn nur Geisteswissenschaft kann einiges Licht verbreiten über die Frage: Wie stehen wir dann überhaupt als Menschen in Beziehung zu anderen Menschen? Wann ist denn gewissermaßen das rechte Verhältnis von Mensch zu Mensch für das gewöhnliche, alltägliche Bewusstsein, besser gesagt, für das gewöhnliche, alltägliche Leben hergestellt? Ja, sehen Sie, wenn dieses richtige Verhältnis hergestellt ist zwischen Mensch und Mensch, dann ist auch zweifellos die soziale Ordnung da. Aber nun liegt – man mag ja sagen: unglückseligerweise, aber der Erkennende sagt: notwendigerweise – die eigentümliche Tatsache vor, dass wir ein regelrechtes Verhältnis von Mensch zu Mensch nur im Schlafe entwickeln. Nur wenn wir schlafen, stellen wir ein ungeschminktes, richtiges Verhältnis von Mensch zu Mensch her. In dem Augenblicke, wo Sie das gewöhnliche Tagesbewusstsein abgelähmt haben, wo Sie in dem Zustande zwischen Einschlafen und Aufwachen im traumlosen Schlafe sind, da sind Sie – jetzt rede ich mit Bezug auf das Vorstellen, mit Bezug auf das Denken – ein soziales Wesen. In dem Augenblicke, wo Sie aufwachen, beginnen Sie durch das Vorstellen, durch das Denken antisoziale Impulse zu entwickeln. Man muss sich nur denken, wie kompliziert dadurch die menschlichen Gesellschaftsverhältnisse werden, dass eigentlich der Mensch nur im Schlafe zu dem andern Menschen sich richtig verhält. Ich habe das von anderen Gesichtspunkten aus verschiedentlich angedeutet. Ich habe zum Beispiel angedeutet, dass man gut chauvinistisch national sein kann im Wachen – wenn man im Schlafe ist, wird man gerade unter diejenigen Menschen versetzt, ist man mit denen zusammen, namentlich mit ihrem Volksgeist, die man im Wachen am allermeisten hasst. Dagegen lässt sich schon nichts machen. Der Schlaf ist ein sozialer Ausgleicher. Aber da die moderne Wissenschaft über den Schlaf überhaupt nichts wissen will, so wird sie in ihre sozialen Betrachtungen ja noch lange nicht einbeziehen, was ich eben jetzt gesagt habe.

Aber durch das Denken sind wir im wachen Zustande noch in eine andere antisoziale Strömung hineinversetzt. Nehmen Sie an, Sie stehen einem Menschen gegenüber. Man steht ja nur allen Menschen dadurch gegenüber, dass man dem einzelnen gegenübersteht. Sie sind ein denkender Mensch, natürlich, sonst wären Sie kein Mensch, wenn Sie nicht ein denkender Mensch wären. Ich rede jetzt nur vom Denken; vom Fühlen und Wollen werden wir nachher sprechen – vom Fühlen- und Wollen-Standpunkte aus kann man etwas einwenden, aber vom Vorstellungsstandpunkte aus ist das richtig, was ich jetzt sage. Indem Sie als ein vorstehender, denkender Mensch einem andern gegenüberstehen, liegt das Eigentümliche vor, dass einfach durch das gegenseitige Verhältnis, das sich zwischen Mensch und Mensch bildet, in Ihrem Unterbewusstsein das Bestreben vorhanden ist, durch den andern Menschen eingeschläfert zu werden. Sie werden geradezu durch den andern Menschen in Ihrem Unterbewusstsein eingeschläfert. Sehen Sie, das ist das normale Verhältnis von Mensch zu Mensch, dass, wenn wir miteinander zusammenkommen, der eine immer – das Verhältnis ist natürlich gegenseitig – bestrebt ist, das Unterbewusstsein des anderen einzuschläfern. Und was müssen Sie daher als denkender Mensch tun? Das Ganze, was ich jetzt erzähle, geht selbstverständlich im Unterbewusstsein vor sich, aber deshalb geht es nicht minder wirklich vor sich. Es ist eine Tatsache, wenn es auch nicht ins gewöhnliche Bewusstsein heraufkommt. Wenn Sie also einem Menschen gegenübertreten, schläfert er Sie ein, das heißt, Ihr Denken schläfert er ein, nicht Ihr Fühlen und Wollen. Jetzt müssen Sie, wenn Sie ein denkender Mensch bleiben wollen, sich innerlich dagegen wehren. Sie müssen Ihr Denken aktivieren. Sie müssen zur Abwehr übergehen gegen das Einschlafen. Das Einem-andern-Menschen-Gegenüberstehen bedeutet immer: sich erwachen machen, sich aufwecken, sich losmachen von dem, was er mit einem will.

Sehen Sie, solche Dinge gehen im Leben vor, und man begreift das Leben nur, wenn man es geisteswissenschaftlich betrachtet.

Sprechen Sie mit einem Menschen, ja, seien Sie nur mit einem Menschen zusammen, so bedeutet das, dass Sie sich fortwährend wach erhalten müssen gegen sein Bestreben, Sie einzuschläfern in Bezug auf Ihr Denken. Das kommt zwar nicht in das gewöhnliche Bewusstsein herauf, wirkt aber im Menschen als antisozialer Impuls. Gewissermaßen tritt uns jeder Mensch als ein Feind unseres Vorstellens, als ein Feind unseres Denkens entgegen. Wir müssen unser Denken schützen gegen den anderen. Das bedingt, dass wir in Bezug auf das Vorstellen, auf das Denken in hohem Grade antisoziale Wesen sind und uns zu sozialen Wesen überhaupt nur erziehen können. Würden wir nicht durch Erziehung, durch Selbstzucht, durch die Notwendigkeit, in der wir leben, dieses fortwährende Abwehren des anderen Menschen treiben müssen, dann könnten wir durch unser Denken soziale Wesen sein. Aber weil wir es treiben müssen, müssen wir vor allen Dingen uns klar sein, dass wir soziale Wesen erst werden können, durch Selbstzucht werden können, dass wir es aber als denkende Menschen von Natur aus zunächst nicht sind.

Daraus ersehen Sie aber auch, dass ohne Eingehen auf das Seelische, auf die Tatsache, dass der Mensch ein denkendes Wesen ist, sich überhaupt über die soziale Frage nichts sagen lässt, denn die soziale Frage greift in große Intimitäten des Menschenlebens ein. Und wer nicht berücksichtigt, dass der Mensch, indem er denkt, einfach antisoziale Impulse entwickelt, der kommt zu keiner Aufklärung über die soziale Frage. Im Schlaf haben wir es eben leicht. Da sind wir ohnedies eingeschläfert. Da also kann sich die Brücke zu allen Menschen hinüberbauen. Im Wachen strebt der andere Mensch, indem er sich uns gegenüberstellt, uns einzuschläfern, damit die Brücke zu ihm gebaut werden kann – und ebenso wir ihm gegenüber. Aber wir müssen uns dagegen wehren, denn sonst würden wir einfach in unserem Verkehr mit Menschen um unser denkendes Bewusstsein gebracht.

Es ist also nicht so leicht, einfach soziale Forderungen aufzustellen; denn die meisten Menschen, die soziale Forderungen aufstellen, werden sich dessen gar nicht bewusst, wie tief der Antisozialismus in der Menschennatur verankert ist. Und vor allen Dingen ist der Mensch nicht geneigt, sich so etwas als Selbsterkenntnis zu sagen. Es könnte ihm ja leicht werden, wenn er sich einfach gestehen würde, dass er nicht allein ein antisoziales Wesen ist, sondern dass er das mit allen anderen Menschen gemeinschaftlich hat. Aber so ein bisschen im Geheimen hat doch jeder Mensch, selbst wenn er zugibt, dass im Allgemeinen der Mensch ein antisoziales Wesen als Denker ist, für sich das Reservaturteil: Aber ich bin eine Ausnahme. Wenn er sich auch das nicht voll gesteht, aber im Geheimen dämmert immer im Bewusstsein so ein bisschen das: Ich bin die Ausnahme, die andern sind solche antisozialen Wesen als Denker. Das wird ja den Menschen ganz besonders schwierig, im Ernste das zu nehmen, dass man als Mensch nicht etwas sein kann, sondern fortwährend etwas werden muss. Das ist aber etwas, was mit den Dingen, die man in unserer Zeit lernen kann, ganz besonders gründlich zusammenhängt.

Heute ist es ja möglich, was man vor fünf bis sechs Jahren noch gar nicht hat tun wollen, darauf hinzuweisen, dass gewisse Schäden und Mängel der Menschennatur über die ganze Erde hin gehen, denn sie haben sich zu sehr bloßgestellt, diese Schäden und Mängel. Die Menschen suchen sich hinwegzutäuschen über diese Notwendigkeit, etwas zu werden. Sie versuchen vor allen Dingen auf das nicht hinzuweisen, was sie werden wollen, sondern auf das, was sie sind. So wird man jetzt finden, dass sich eine große Anzahl der Mitglieder der Entente und Amerikas mit dem zufrieden gibt, was sie einfach dadurch sind, dass sie Ententemitglieder oder Amerikaner sind. Sie brauchen nichts zu werden, sie brauchen nur darauf hinzuweisen, wie sie sich unterscheiden von den bösen Menschen der mitteleuropäischen Länder, wie diese schwarz sind, während sie allein weiß sind. Das ist etwas, was über weite Strecken der Erde eine Menschenillusion verbreitet hat, die sich natürlich mit der Zeit furchtbar rächen wird. Dieses etwas Sein-Wollen und nicht Werden-Wollen, das ist etwas, was man als Gegnerschaft gegen die Geisteswissenschaft im Hintergrunde hat. Denn Geisteswissenschaft kann nicht anders, als den Menschen darauf verweisen, dass man fortwährend etwas werden muss, dass man nicht irgendetwas durch dies oder jenes fertig sein kann. Der Mensch täuscht sich in furchtbarster Weise über sich selbst, wenn er glaubt, auf etwas Absolutes hinweisen zu können, was bei ihm irgendeine besondere Vollkommenheit bedingt. Alles, was nicht im Werden ist, bedingt beim Menschen eine Unvollkommenheit und nicht eine Vollkommenheit. Und das, was ich Ihnen gesagt habe in Bezug auf den Menschen als Denker und die dadurch erzeugten antisozialen Impulse, das hat noch eine andere wichtige Seite.

Sehen Sie, der Mensch schwebt gewissermaßen zwischen Sozialem und Antisozialem so, wie er zwischen Wachen und Schlafen schwebt – man könnte auch sagen: das Schlafen ist sozial, das Wachen ist antisozial –, und wie er zu einem gesunden Leben zwischen Wachen und Schlafen schweben muss, so muss er schweben zwischen Sozialem und Antisozialem. Aber das ist es gerade, was für das Leben des Menschen außerordentlich stark in Betracht kommt. Denn dadurch kann der Mensch zu dem einen oder anderen mehr oder weniger hinneigen, wie man ja sogar mehr oder weniger zum Schlafen oder Wachen hinneigen kann. Es gibt Menschen, die über das Maß hinaus schlafen, die also in dem Pendelzustand, in dem der Mensch sein muss zwischen Schlafen und Wachen, sich eben nach der einen Seite der Waage hinkehren. So kann auch der Mensch mehr die sozialen oder mehr die antisozialen Impulse in sich pflegen. Dadurch sind die Menschen individuell verschieden, dass der eine mehr die sozialen, der andere mehr die antisozialen Impulse pflegt. Man kann, wenn man einigermaßen Menschenkenntnis hat, danach die Menschen gut unterscheiden. Sie teilen sich genau in diese zwei Klassen. Die einen sind mehr dem sozialen, die anderen mehr dem antisozialen Wesen zugeneigt.

Nun sagte ich: Es hat das noch eine andere Seite, denn das Antisoziale hängt damit zusammen, dass wir uns gewissermaßen selber schützen vor dem Eingeschläfertwerden. Aber damit ist etwas anderes in Verbindung. Es macht uns dieses krank. Wenn auch nicht sehr wahrnehmbare – manchmal aber auch sehr wahrnehmbare – Krankheiten daraus entstehen: zu den Krankheitsursachen gehört das antisoziale Wesen. So dass es Ihnen leicht begreiflich sein wird, dass das soziale Wesen zugleich etwas Gesundendes, etwas Belebendes hat. Sie sehen aber daraus, wie merkwürdig die menschliche Natur beschaffen ist. Der Mensch kann sich nicht gesund machen durch das soziale Wesen, ohne sich gewissermaßen einzuschläfern. Indem er sich herausreißt aus dem sozialen Wesen, stärkt er sein denkendes Bewusstsein, wird aber antisozial. Damit lähmt er aber auch die gesundenden Kräfte ab, die in seinem Unterbewussten, in seinem Organismus sind. So spielt bis in die gesunde und kranke Lebensverfassung hinein dasjenige, was als soziale und antisoziale Impulse im Menschen vorhanden ist. Wer nach dieser Richtung Menschenkenntnis entwickelt, der wird eine große Anzahl von mehr oder weniger wirklichen Krankheiten zurückführen können auf das antisoziale Wesen des Menschen. Mehr als man glaubt, hängt mit dem antisozialen Wesen des Menschen Kranksein zusammen, namentlich diejenigen Krankheiten, die ja oft recht wirkliche Krankheiten sind, die sich aber in so etwas äußern wie in «Mucken», in allerlei Selbstquälereien und im Quälen von anderen, im «Komischsein», in der Sucht, dies oder jenes «auszufressen». Das alles hängt zusammen mit ungesunder organischer Konstitution, entwickelt sich aber allmählich, wenn man stark zu antisozialen Impulsen hinneigt.

Überhaupt sollte man sich ganz klar darüber sein, dass hier ein sehr wichtiges Lebensgeheimnis verborgen ist. Dieses Lebensgeheimnis, das sowohl für den Erzieher wie für die menschliche Selbsterziehung außerordentlich wichtig ist, lebendig zu kennen, nicht bloß in der Theorie, das bedeutet, dass man auch den Trieb erhält, sein eigenes Leben stark in die Hand zu nehmen, über das Überwinden des Antisozialen nachzudenken, es nachzufühlen, um darüber hinauszukommen. Manche Menschen würden sich nicht nur von ihren Mucken, sondern auch von allerlei Kränklichkeiten gesund machen, wenn sie ihre antisozialen Impulse in sich untersuchen würden. Das muss man aber ernsthaftig tun. Das muss man ohne Selbstliebe tun, denn das ist für das Leben von ungeheurer Wichtigkeit. – Das sei zunächst gesagt über das Soziale und Antisoziale im Menschen mit Bezug auf das Vorstellen oder Denken.

Nun ist der Mensch außerdem ein fühlendes Wesen, und mit dem Fühlen ist es nun wiederum eine eigentümliche Sache. Auch mit Bezug auf das Fühlen ist der Mensch nicht so einfach, als er es sich gerne vorstellen möchte. Das Fühlen von Mensch zu Mensch hat nämlich eine paradoxe Eigentümlichkeit. Das Fühlen hat die Eigentümlichkeit, dass es zunächst geneigt ist, uns eine gefälschte Empfindung von dem anderen Menschen zu geben. Die erste Neigung im Unterbewusstsein des Menschen im Verkehr von Mensch zu Mensch besteht immer darin, dass uns von dem anderen Menschen im Unterbewusstsein eine gefälschte Empfindung auftaucht, und wir müssen im Leben immer erst diese gefälschte Empfindung bekämpfen. Der Lebenskenner wird sehr leicht bemerken, dass Menschen, die nicht geneigt sind, interessevoll auf andere Menschen einzugehen, eigentlich fast über alle Menschen schimpfen, wenigstens nach einiger Zeit. Das ist ja eine Eigentümlichkeit einer großen Anzahl von Menschen. Man liebt den einen oder den anderen Menschen eine Zeit lang; aber wenn diese Zeit vergangen ist, dann regt sich so etwas in der menschlichen Natur, und man fängt an, auf den anderen irgendwie zu schimpfen, irgendetwas gegen ihn zu haben. Man weiß oftmals selbst nicht, was man gegen ihn hat, denn diese Dinge spielen sich ja sehr im Unterbewusstsein ab. Das rührt einfach davon her, dass das Unterbewusstsein die Tendenz hat, das Bild, das wir uns von dem anderen Menschen machen, eigentlich zu verfälschen. Wir müssen den anderen Menschen erst genauer kennenlernen, dann werden wir sehen, dass wir in dem Bilde, das wir zunächst gewonnen haben, Fälschungen ausradieren müssen. So paradox das klingt, es würde eine gute Lebensmaxime sein – wenn auch Ausnahmen dabei in Betracht kommen –, wenn wir uns immer vornehmen würden, das Bild des Menschen, das sich uns im Unterbewusstsein fixiert, zu korrigieren, unter allen Umständen irgendwie zu korrigieren. Denn dieses Unterbewusste, das hat die Tendenz, nach Sympathien und Antipathien die Menschen zu beurteilen. Das Leben fordert uns ja selbst dazu auf. So wie das Leben uns dazu auffordert, einfach denkender Mensch zu sein und wir dadurch antisozial sind, so fordert uns das Leben auf – die Dinge, die ich sage, sind einfach Tatsachen –, nach Sympathien und Antipathien zu urteilen. Jedes Urteil aber, das nach Sympathien und Antipathien gefällt ist, ist gefälscht. Es gibt kein wahres, kein richtiges Urteil, wenn es nach Sympathien und Antipathien gefällt ist. Und deshalb, weil immer das Unterbewusste im Fühlen nach Sympathie und Antipathie geht, entwirft es immer ein gefälschtes Bild des Nebenmenschen. Wir können gar nicht in unserem Unterbewussten ein richtiges Bild des Nebenmenschen haben. Gewiss, wir haben manchmal auch ein zu gutes, aber es ist immer nach Sympathien und Antipathien gebildet, und es bleibt nichts anderes übrig, als sich eine solche Tatsache einfach zu gestehen, sich zu gestehen, dass man auch da als Mensch nicht etwas sein kann, sondern etwas werden soll. Man muss sich sagen, dass man namentlich mit Bezug auf den Gefühlsverkehr mit anderen Menschen ein erwartendes Leben führen muss. Man darf nicht auf das Bild gehen, das sich einem zunächst von dem Menschen aus dem Unterbewussten in das Bewusstsein heraufdrängt, sondern man muss versuchen, mit Menschen zu leben. Man wird sehen, wenn man versucht, mit den Menschen zu leben, dass sich aus der antisozialen Stimmung, die man eigentlich immer zunächst hat, die soziale Stimmung herausentwickelt.

So ist es von ganz besonderer Wichtigkeit, das Gefühlsleben des Menschen zu studieren, insofern es antisozial ist. Während das Denkerleben deshalb antisozial ist, weil der Mensch sich schützen muss vor dem Einschlafen, ist das Gefühlsleben antisozial, weil der Mensch dadurch, dass er nach Sympathie und Antipathie seinen Verkehr zu Menschen einrichtet, von vornherein der Gesellschaft falsche Gefühlsströmungen einimpft. Dasjenige, was von Menschen durch Sympathien und Antipathien kommt, ist von vornherein so, dass es antisoziale Lebensströmungen in die menschliche Gesellschaft hineinwirft. Man kann sagen, so paradox das klingt, eine soziale Gesellschaft wäre eigentlich nur möglich, wenn die Menschen nicht in Sympathien und Antipathien lebten. Dann wären sie aber keine Menschen. Daraus geht Ihnen wiederum hervor, dass der Mensch zugleich ein soziales und antisoziales Wesen ist, dass also das, was man «soziale Frage» nennt, auf die Intimitäten der menschlichen Wesenheit eingehen muss. Wenn man darauf nicht eingeht, so wird man niemals zu einer Lösung der sozialen Frage für irgendeine Zeit kommen.

Mit Bezug auf das Wollen, das sich von Mensch zu Mensch

abspielt, da zeigt es sich ganz besonders auffällig und paradox, was für ein kompliziertes Wesen der Mensch ist. Sie wissen ja, mit Bezug auf das Wollen zwischen Mensch und Mensch spielen nicht nur Sympathien und Antipathien eine Rolle – die spielen ja eine Rolle, insofern wir fühlende Wesen sind –, sondern da spielen Neigungen und Abneigungen, die in Aktion übergehen, also Sympathien und Antipathien in Aktion, in ihrer Äußerung, in ihrer Offenbarung eine ganz besondere Rolle. Der Mensch verhält sich zu dem andern Menschen so, wie es ihm seine besondere Sympathie zu diesem Menschen, der besondere Grad von Liebe, den er ihm entgegenbringt, eingibt. Da spielt eine unterbewusste Inspiration eine merkwürdige Rolle. Denn dasjenige, was ja ausgegossen ist über allen Willensverkehr von Mensch zu Mensch, müssen wir in dem Lichte des Impulses betrachten, dem dieser Willensverkehr unterliegt, in dem Lichte der mehr oder weniger vorhandenen Liebe, die zwischen den Menschen spielt. Von dieser Liebe, die zwischen den Menschen spielt, lassen ja die Menschen ihre Willensimpulse getragen sein, die so hinüberspielen von Mensch zu Mensch.

Mit Bezug auf die Liebe unterliegt der Mensch im allereminentesten Sinne einer großen Täuschung und bedarf noch mehr der Korrektur, als mit Bezug auf die gewöhnlichen Gefühlssympathien und -antipathien. Denn, so sonderbar das klingt für das gewöhnliche Bewusstsein, es ist durchaus wahr, dass die Liebe, die sich von einem Menschen zum anderen geltend macht, wenn sie nicht vergeistigt ist – im gewöhnlichen Leben ist ja die Liebe nur im seltensten Maße vergeistigt, und ich rede jetzt nicht etwa bloß von geschlechtlicher oder auf geschlechtlicher Unterlage ruhender Liebe, sondern überhaupt von der Liebe von Mensch zu Mensch –, dass diese nicht vergeistigte Liebe eigentlich nicht die Liebe als solche, sondern das Bild ist, das man sich von ihr macht, dass sie zumeist nichts weiter ist als eine furchtbare Illusion. Denn die Liebe, die ein Mensch zum andern zu entwickeln glaubt, ist – so wie die Menschen einmal sind im Leben – zumeist nichts anderes als Selbstliebe. Der Mensch glaubt, den andern zu lieben, liebt sich aber eigentlich in der Liebe nur selbst. Sie sehen hier einen Quell von antisozialem Wesen, der noch dazu die Quelle einer furchtbaren Selbsttäuschung sein muss. Man kann nämlich in überströmender Liebe zu einem Menschen aufzugehen meinen, aber man liebt nicht in Wirklichkeit diesen anderen Menschen, sondern man liebt das Verbundensein mit dem anderen Menschen in der eigenen Seele. Was man da als Beseligung in der eigenen Seele empfindet am andern Menschen, was man in sich empfindet dadurch, dass man mit dem andern Menschen zusammen ist, dass man dem andern Menschen meinetwillen Liebeserklärungen macht, das ist es, was man eigentlich liebt. Man liebt im Ganzen sich selber, indem man diese Selbstliebe in dem Verkehre mit dem andern entzündet.

Dies ist ein wichtiges Lebensgeheimnis. Das ist von ganz immenser Wichtigkeit. Denn in der Täuschung über diese Liebe, von der man glaubt, dass sie Liebe sei, die aber eigentlich nur Selbstliebe, Selbstsucht, Egoismus, maskierter Egoismus ist – und die weitaus meiste Liebe, die von Mensch zu Mensch spielt und Liebe genannt wird, ist nur maskierter Egoismus –, in dieser Täuschung ist die Quelle der denkbar größten und weitesten antisozialen Impulse. Durch diese Selbstliebe, die sich in Liebe maskiert, wird der Mensch im eminentesten Sinne zu einem antisozialen Wesen. Der Mensch ist ja dadurch eben ein antisoziales Wesen, dass er sich in sich vergräbt. Und er vergräbt sich am allermeisten in sich, wenn er von diesem In-sich-vergraben-Sein nichts weiß oder nichts wissen will.

Sie sehen, dass derjenige, der insbesondere der heutigen Menschheit gegenüber von sozialen Forderungen spricht, auf solche Seelenzustände in hervorragendem Maße Rücksicht nehmen muss. Man muss einfach sagen: Wie sollen die Menschen zu irgendeiner sozialen Struktur ihres Zusammenlebens kommen, wenn sie sich nicht aufklären wollen, wieviel Selbstsucht in der sogenannten Liebe, in der Nächstenliebe zum Beispiel verkörpert ist. So kann die Liebe gerade ein ungeheuer starker Impuls zum antisozialen Leben sein. Man kann sagen: So wie der Mensch ist, wenn er nicht an sich arbeitet, wenn er sich nicht durch Selbstzucht in die Hand nimmt, so ist er als liebendes Wesen unter allen Umständen ein antisoziales Wesen. Die Liebe als solche, wie sie an der menschlichen Natur haftet, ohne dass der Mensch Selbstzucht übt, ist von vornherein antisozial, denn sie ist ausschließend. Das ist wiederum keine Kritik. Viele Erfordernisse des Lebens hängen damit zusammen, dass die Liebe ausschließend sein muss. Selbstverständlich wird der Vater seinen eigenen Sohn mehr lieben als ein fremdes Kind; aber das ist antisozial. Es lässt sich gar nicht leugnen, dass Antisoziales ins Leben durch das Leben selbst hineinspielt. Und sagt man: Der Mensch ist ein soziales Wesen – wie es heute geradezu Mode geworden ist –, so ist das Unsinn, denn der Mensch ist ebenso stark ein antisoziales Wesen, wie er ein soziales Wesen ist. Das Leben selber macht den Menschen zu einem antisozialen Wesen. Deshalb denken Sie sich einmal einen solchen Paradieseszustand auf Erden durchgeführt, wie es ihn gar nicht geben kann, aber wie er angestrebt wird, weil die Menschen ja immer das Unwirkliche viel mehr lieben als das Wirkliche – denken wir uns, ein solcher Paradieseszustand würde hergestellt, meinetwillen sogar ein solcher Überparadieseszustand, wie ihn Lenin, Trotzki, Kurt Eisner[24] und andere auf der Erde haben wollen. Sehr bald schon würden sich unzählige Menschen dagegen auflehnen müssen, weil sie dabei nicht Menschen bleiben können, weil in einem solchen Zustande eben nur die sozialen Triebe

Befriedigung finden würden, sich aber die antisozialen Triebe sogleich regen würden. Das ist ebenso notwendig, wie ein Pendel nicht bloß nach der einen Seite ausschlägt. In dem Augenblicke, wo Sie einen Paradieseszustand herstellen, müssen sich die antisozialen Triebe regen. Wenn das sich verwirklichte, was Lenin und Trotzki und Kurt Eisner wollen und von dem sie sich vorstellen, es sei ein Paradieseszustand, es müsste sich in kürzester Zeit durch die antisozialen Triebe in sein Gegenteil verkehren. Denn das ist eben das Leben, dass es zwischen Ebbe und Flut hin und her geht. Und wenn man das nicht verstehen will, so versteht man überhaupt nichts von der Welt. Man hört ja oft: Das Ideal eines staatlichen Zusammenlebens ist die Demokratie. – Gut, nehmen wir also an, das Ideal eines staatlichen Zusammenlebens sei die Demokratie. Aber, wenn man diese Demokratie irgendwo einführen wollte, so würde sie notwendigerweise in ihrer letzten Phase zu ihrer eignen Aufhebung führen. Die Demokratie strebt notwendigerweise danach, wenn die Demokraten beisammen sind, dass immer einer den andern überwältigen will, immer will einer recht haben gegenüber dem andern. Das ist ganz selbstverständlich. Sie strebt nach ihrer eigenen Auflösung. Führen Sie also irgendwo die Demokratie ein, so können Sie das in Gedanken schön ausmalen. Aber in die Wirklichkeit übergeführt, führt die Demokratie ebenso zum Gegenteil der Demokratie, wie das Pendel nach der entgegengesetzten Seite ausschlägt. Das geht gar nicht anders im Leben. Demokratien werden immer nach einiger Zeit sterben an ihrer eigenen demokratischen Natur. Das sind die Dinge, die zum Verständnis des Lebens ungeheuer notwendig sind.

Nun liegt noch dazu das Eigentümliche vor, dass gerade die zunächst wesentlichsten Eigenschaften des Menschen im fünften nachatlantischen Zeitraum antisoziale Eigenschaften sind. Denn das Bewusstsein, das gerade auf das Denken gebaut ist, soll sich in diesem Zeitraum entwickeln. Daher wird dieser Zeitraum gerade am stärksten die antisozialen Impulse durch die Natur des Menschen herauskehren. Die Menschen werden durch diese antisozialen Impulse mehr oder weniger unleidige Zustände hervorrufen, und es wird immer die Reaktion gegen den Antisozialismus wiederum in dem Schreien nach Sozialismus sich geltend machen. Das muss man nur verstehen, dass Ebbe und Flut eben immer wechseln müssen. Denn, nehmen Sie an, Sie sozialisieren wirklich die Gesellschaft, da würden schließlich solche Zustände von Mensch zu Mensch herbeigeführt, dass wir im Verkehr miteinander immer schlafen würden. Der Menschenverkehr wäre ein Einschläferungsmittel. Sie können sich das heute schwer vorstellen, weil Sie überhaupt nicht konkret ausdenken werden, wie es ausschauen würde in einer sogenannten sozialistischen Republik. Aber diese sozialistische Republik wäre tatsächlich eine große Schlafstätte für das menschliche Vorstellungsvermögen. Man kann begreifen, dass Sehnsuchten vorhanden sind nach so etwas. Es sind ja bei sehr vielen Menschen auch Sehnsuchten nach dem Schlafen fortwährend vorhanden. Aber man muss eben verstehen, was innere Notwendigkeiten des Lebens sind, und muss sich nicht damit begnügen, bloß dasjenige zu wollen, was einem passt oder was einem gefällt; denn in der Regel gefällt einem das, was man nicht hat. Dasjenige, was man hat, weiß man meistens nicht zu schätzen.

Sie sehen aus diesen Ausführungen, dass, wenn man über die soziale Frage spricht, man vor allen Dingen intim auf das Wesen des Menschen eingehen muss, und dass man dieses Wesen des Menschen so kennenlernen muss, dass man weiß, wie im Menschen realisiert sind soziale und antisoziale Triebe. Im Leben verschlingen sich die sozialen und antisozialen Triebe in einer oftmals knäuelförmigen, unentwirrbaren Weise. Deshalb ist es so schwierig, über die soziale Frage zu sprechen. Die soziale Frage kann kaum anders besprochen werden, als wenn man die Neigung hat, wirklich auf die intime Natur des Menschen einzugehen, darauf einzugehen, wie zum Beispiel die Bourgeoisie an sich ein Träger antisozialer Impulse ist. Einfach das Bourgeois-Sein entwickelt antisoziale Impulse, weil das Bourgeois-Sein im Wesentlichen darin besteht, sich eine solche Sphäre des Lebens zu schaffen, wie es einem passt, so dass man in ihr beruhigt sein kann. Wenn man dieses eigentümliche Streben des Bourgeois untersucht, so besteht es darin, dass er sich nach den Eigentümlichkeiten unseres gegenwärtigen Zeitraumes auf ökonomischer Grundlage eine Lebensinsel schaffen will, auf welcher er mit Bezug auf alle Verhältnisse schlafen kann, mit Ausnahme irgendeiner besonderen Lebensgewohnheit, die er je nach seinen subjektiven Antipathien oder Sympathien entwickelt. Also der Bourgeois, er kann dadurch sehr viel schlafen. Er strebt daher nicht nach jenem Schlaf, nach dem der Proletarier strebt, der immerfort wachgehalten wird, weil sein Bewusstsein nicht auf ökonomischer Grundlage eingeschläfert wird; der sehnt sich daher nach dem Schlafe der sozialen Ordnung. Das ist schon ein sehr wichtiges psychologisches Aperçu. Besitz schläfert ein; Notwendigkeit, im Leben zu kämpfen, weckt auf. Die Einschläferung durch den Besitz lässt einen antisoziale Impulse entwickeln, weil man sich nicht sehnt nach dem sozialen Schlafe. Das fortwährende Aufgefordertwerden durch die Erwerbsnotwendigkeit lässt Sehnsucht nach dem Einschlafen im sozialen Zusammenhange entstehen.

Diese Dinge müssen durchaus in Betracht gezogen werden, sonst versteht man die Gegenwart absolut nicht. Nun kann man sagen: Trotz alledem strebt in einer gewissen Weise unser fünfter nachatlantischer Zeitraum nach Sozialisierung in der Form, wie ich es Ihnen neulich hier auseinandergesetzt habe. Denn diese Dinge, die ich angegeben habe, werden kommen: entweder, wenn sich die Menschen dazu bequemen, durch menschliche Vernunft, oder, wenn sie sich nicht dazu bequemen, durch Kataklysmen, durch Revolutionen. Diese Dreigliederung strebt der Mensch an im fünften nachatlantischen Zeitraum, diese Dreigliederung muss kommen. Nach einer gewissen Sozialisierung strebt also unser Zeitraum.

Aber diese Sozialisierung ist nicht möglich – das wird Ihnen aus mancherlei Betrachtungen, die wir hier auch schon angestellt haben, hervorgehen –, ohne dass ein anderes sie begleitet. Sozialisierung kann sich nur beziehen auf die äußere Gesellschaftsstruktur. Die kann aber in unserem fünften nachatlantischen Zeitraum eigentlich nur in einer Bändigung des denkerischen Bewusstseins bestehen, in einer Bändigung der antisozialen menschlichen Instinkte. Es muss also durch die soziale Struktur gewissermaßen eine Bändigung der antisozialen Vorstellungsinstinkte geschehen. Das muss eine Widerlage haben, das muss durch irgendetwas ins Gleichgewicht gebracht werden. Ins Gleichgewicht aber kann das nur gebracht werden dadurch, dass alles, was aus früheren Zeiträumen – in denen es berechtigt war – an Knechtung der Gedanken, an Überwältigung der Gedanken eines Menschen durch den anderen stammt, dass das mit der zunehmenden Sozialisierung aus der Welt geschafft wird. Daher muss die Freiheit des Geisteslebens neben der Organisierung der wirtschaftlichen Verhältnisse, der ökonomischen Verhältnisse, in der Zukunft stattfinden. Diese Freiheit des Geisteslebens allein macht möglich, dass wir wirklich von Mensch zu Mensch so stehen, dass wir in dem andern den Menschen sehen, der vor uns steht, nicht den Menschen im Allgemeinen. Ein Woodrow Wilsonsches Programm redet vom Menschen im Allgemeinen. Aber diesen Menschen im Allgemeinen, diesen abstrakten Menschen gibt es nicht. Was es gibt, ist immer nur der einzelne, individuelle Mensch. Für den können wir uns nur wiederum als ganze Menschen, nicht durch das bloße Denken interessieren. Wir löschen das, was wir von Mensch zu Mensch entwickeln sollen, aus, wenn wir wilsonisieren, wenn wir ein abstraktes Bild des Menschen entwerfen. Das Wesentliche, worauf es ankommt, ist, dass zur Sozialisierung in der Zukunft die absolute Freiheit der Gedanken tritt; Sozialisierung ist nicht denkbar ohne Gedankenfreiheit. Daher wird die Sozialisierung verknüpft sein müssen mit der Ausmerzung aller Gedankenknechtschaft – sei diese Gedankenknechtschaft kultiviert durch das, was gewisse Gesellschaften der englisch sprechenden Bevölkerung treiben, die ich Ihnen hinlänglich charakterisiert habe, oder durch den römischen Katholizismus. Beide sind einander wert, und es ist außerordentlich wichtig, dass man die innere Verwandtschaft dieser beiden ins Auge fasst. Es ist außerordentlich wichtig, dass besonders in Bezug auf solche Dinge heute keine Unklarheit herrscht. Sie können das, was ich Ihnen vorgebracht habe über die Eigentümlichkeit jener Geheimgesellschaften der Englisch sprechenden Bevölkerung, heute einem Jesuiten erzählen. Er wird sehr erfreut sein, dass er eine Bestätigung dessen, was er vertritt, bekommt; aber Sie müssen sich klar sein, wenn Sie auf dem Boden der Geisteswissenschaft stehen wollen, dass Sie Ihre Ablehnung dieser Geheimgesellschaften nicht mit der Ablehnung, die von Jesuiten kommt, verwechseln dürfen. Es ist merkwürdig, dass man auf diesem Gebiete heute noch zu wenig Unterscheidungsvermögen an den Tag legt.

Ich habe neulich einmal auch in öffentlichen Vorträgen darauf aufmerksam gemacht, dass es heute nicht nur darauf ankommt, was einer sagt, sondern dass man immer darauf achte, von welchem Geist dasjenige durchdrungen ist, was gesagt wird. Ich habe das Beispiel angeführt von den gleichlautenden Sätzen bei Woodrow Wilson und bei Herman Grimm.[25] Ich sage das deshalb, weil Sie es jetzt in immer stärkerem Maße werden erleben können, dass zum Beispiel von jener Seite scheinbar ebenso aufgetreten wird gegen jene englisch-amerikanischen Geheimgesellschaften – aber eben nur scheinbar –, wie hier aufgetreten werden musste. Allein so etwas, wie es zum Beispiel jetzt im Dezemberheft der *Stimmen der Zeit*[26] steht, das macht auf einen Menschen, der auf das Sachliche sieht, einen fratzenhaft komischen Eindruck. Denn selbstverständlich ist dasjenige, was bekämpft werden muss an den englisch-amerikanischen Geheimgesellschaften, genau dasselbe, was bekämpft werden muss am Jesuitismus. Die beiden stehen einander gegenüber, die eine die andere bekämpfend, wie Macht gegen Macht, die nicht nebeneinander sein können. Bei dem einen und bei dem anderen ist nicht das geringste wirkliche, sachliche Interesse vorhanden, sondern nur ein parteimäßiges, ein ordengemäßes Interesse. Das müssen wir uns heute ganz besonders abgewöhnen, nur auf den Inhalt zu sehen und nicht zu sehen, von welchem Gesichtspunkte aus irgendetwas in die Welt gesetzt wird. Es kann etwas, wenn es von einem Gesichtspunkte aus, der für einen Zeitraum gültig ist, in die Welt gesetzt wird, ein Wohltätiges, ein Heilsames sein; wenn es von einer anderen Macht in Szene gesetzt wird, kann es entweder etwas ungeheuer Lächerliches oder sogar Schädliches sein. Das ist etwas, was heute ganz besonders berücksichtigt werden muss. Denn es wird sich immer mehr und mehr herausstellen: Wenn zwei dasselbe sagen, so ist es nicht dasselbe, je nach dem Hintergrunde, der dahinter liegt. Nach alledem, was uns das Leben jetzt an Prüfungen gebracht hat in den letzten drei bis vier Jahren, ist es ganz besonders notwendig, dass wir auf solche Dinge wirklich endlich einmal Rücksicht nehmen, dass wir auf solche Dinge wirklich eingehen.

Von einem wirklichen Eingehen auf diese Dinge merkt man noch nicht viel. Man wird beispielsweise heute noch immer fragen: Wie soll man das und jenes einrichten, wie soll man das und jenes machen, damit es richtig ist? Richten Sie da oder dort dies oder jenes ein – wenn Sie die Menschen nicht hineinsetzen, die im Sinne unseres Zeitalters denken, dann können Sie die beste oder die schlechteste Einrichtung machen, sie werden beide entweder zum Heil oder zum Unheil ausschlagen, je nachdem Sie Menschen hineinsetzen. Worauf es heute ankommt, ist, dass der Mensch wirklich begreife: Er muss werden, er kann nicht auf irgendetwas geben, was er schon ist, er muss fortwährend ein Werdender sein. Er muss sich auch dazu verstehen, wirklich in die Wirklichkeit hineinzuschauen. Dem ist man aber sehr, sehr abgeneigt; das habe ich ja von den verschiedensten Gesichtspunkten aus betont. In allen Dingen, namentlich in den Zeitverhältnissen, ist man so sehr geneigt, nur ja nicht an die Wirklichkeit heranzutippen, sondern die Dinge eben zu nehmen, wie es einem passt. Ein Urteil sich zu bilden, das sachgemäß ist, ist natürlich nicht so leicht wie ein Urteilen, das möglichst geradlinig lossteuert auf die Formulierbarkeit. Urteile, die sachgemäß sind, sind nicht ohne Weiteres formulierbar, namentlich dann nicht, wenn sie in das Soziale oder in das Menschliche oder in das politische Leben eingreifen, denn da ist fast immer auch das Gegenteil von dem richtig, was man annimmt – auch in demselben Grade richtig, wie das Gegenteil. Nur wenn man versucht, sich überhaupt kein Urteil zu bilden von solchen Verhältnissen, sondern sich Bilder zu machen, das heißt, wenn man schon aufsteigt in das imaginative Leben, dann wird man ungefähr den rechten Weg gehen können. Das ist in unserer Zeit von ganz besonderer Wichtigkeit, dass man versucht, sich Bilder zu machen, nicht eigentlich abstrakte, abgeschlossene Urteile. Bilder müssen es ja auch sein, welche zur Sozialisierung hindrängen. Dann, was weiter notwendig ist: es gibt keine Sozialisierung, ohne dass der Mensch geisteswissenschaftlich wird – also gedankenfrei auf der einen Seite, geisteswissenschaftlich auf der andern Seite.

Ich habe ja auf das, was da zugrunde liegt, auch schon in öffentlichen Vorträgen, auch in Basel im öffentlichen Vortrage[27] hingewiesen. Ich sagte, dass gewisse materialistisch denkende Menschen, die so alles aus der Entwickelung heraus, aus der Tierreihe herauf begreifen wollen, sagen: Nun ja, wir haben beim Tier die Anfänge von sozialen Instinkten, die entwickeln sich im Menschen zu der Moralität. Aber gerade das, was soziale Instinkte bei den Tieren sind: wenn es zum Menschen heraufgehoben wird, wird es eben antisozial. Gerade was bei den Tieren sozial ist, ist beim Menschen im eminentesten Sinne antisozial! Die Menschen wollen überhaupt nicht eingehen auf die verschiedenen Linien, die einem ein reales Bild von den Dingen geben, sondern sie wollen sich rasch Urteile bilden. Nur dann kommt man zurecht im Wechselverkehr von Mensch zu Mensch, wenn man den Menschen nicht bloß hinsichtlich seiner tierischen Natur auffasst, denn da ist er eben im eminentesten Sinne antisozial, sondern wenn man ihn auffasst als ein geistiges Wesen, jeden Menschen als ein geistiges Wesen. Das kann man aber nur, wenn man die ganze Welt mit Bezug auf ihre geistige Grundlage auffasst. Diese drei Dinge sind eben auch voneinander untrennbar: Sozialismus, Gedankenfreiheit, Geisteswissenschaft. Die gehören zusammen. Eines ist ohne das andere in unserem fünften nachatlantischen Zeitraum in seiner Entwickelung nicht möglich.

Besonders das wird notwendig sein, dass sich die Menschen bequemen, darauf, dass in jedem Menschen auch ein antisoziales Wesen steckt, nicht gedankenlos hinzuschauen. Man könnte auch sagen, wenn man trivial sprechen möchte: Es kommt sehr viel darauf an für das Heil dieses Zeitraumes, dass die Menschen aufhören, sich selbst so furchtbar gern zu haben. Das ist ja das Charakteristikon des gegenwärtigen Menschen, dass er sich selbst so gern hat. Und da müssen Sie wiederum unterscheiden: Er hat sein Denken, sein Fühlen, sein Wollen ganz besonders gern – und dann, wenn er einmal zum Beispiel sein Denken gern bekommen hat, dann lässt er davon nicht ab.

Sehen Sie, derjenige, der wirklich denken kann, der weiß etwas, was gar nicht unwichtig ist: Über alles das, was er richtig denkt, hat er irgendeinmal falsch gedacht. Eigentlich weiß man nur dasjenige richtig, von dem man die Erfahrung gemacht hat, was es in der Seele bewirkt, wenn man darüber falsch gedacht hat. Aber auf solche innere Entwickelungszustände lassen sich die Menschen nicht gern ein. Deshalb verstehen heute die Menschen einander so wenig. Ich will Ihnen ein Beispiel sagen. Die proletarische Weltanschauung, von der ich Ihnen öfter gesprochen habe, die behauptet, dass die Art, wie die Menschen vorstellen, der ganze ideologische Oberbau, abhängt von den wirtschaftlichen Verhältnissen, so dass die Menschen ihre politischen Gedanken nach ihren wirtschaftlichen Verhältnissen bilden.

Wer auf solche Gedanken eingehen kann, der wird finden, dass solch ein Gedanke eine breite Richtigkeit hat, insbesondere fast ganz richtig ist für die Zeitentwickelung seit dem sechzehnten Jahrhundert. Denn dasjenige, was die Menschen seit dem sechzehnten Jahrhundert denken, ist fast ganz ein Ergebnis der wirtschaftlichen Verhältnisse. Es ist nicht im absoluten Sinne richtig, aber es ist im relativen Sinne ganz weittragend richtig. Allein, in einen solchen Kopf, wie ein nationalökonomischer Professorkopf ist, will das nicht herein. Da doziert beispielsweise gar nicht weit weg von hier ein Nationalökonom, Michels heißt er,[28] an einer Universität, der sagt, das sei falsch, denn man könne nachweisen, dass nicht durch die wirtschaftlichen Verhältnisse die politischen Gedanken gemacht werden, sondern dass durch die politischen Gedanken die wirtschaftlichen Verhältnisse ganz besonders umgeändert werden. Und es weist dieser Professor Michels dann hin auf die Kontinentalsperre Napoleons,[29] wodurch gewisse Industriezweige etwa in Italien oder in England geradezu ausgerottet und andere eingeführt worden sind. Also, sagt er, da haben wir den eminentesten Fall, dass durch einen politischen Gedanken, durch die Kontinentalsperre, die ökonomischen Verhältnisse bestimmt werden. Solche Beispiele führt er noch mehrere an. Ich weiß, wenn hundert Menschen dieses Buch von diesem Professor Michels lesen, sind sie überzeugt, dass das stimmt, was er sagt, denn es wird mit einer ungeheueren Logik entwickelt. Es scheint absolut richtig zu sein, aber es ist doch lächerlich falsch. Es ist deshalb lächerlich falsch, weil alle Beispiele, die er anführt, nach demselben Schema zu behandeln sind wie diese Kontinentalsperre. Gewiss, die Kontinentalsperre hat bewirkt, dass in Italien gewisse Industrien verändert werden mussten, aber diese Veränderung der Industrien hat in dem ökonomischen Verhältnis zwischen Unternehmer und Arbeiter eben keine Veränderung hervorgerufen. Das ist gerade das Charakteristische. Alles das fällt heraus wie aus einem Sieb oder wie aus einem Fass ohne Boden. Es ist nämlich diese Michelssche ökonomische Theorie ein Fass ohne Boden. Es fällt alles das heraus, was er vorbringt, weil die proletarische Weltanschauung gar nicht behauptet, dass nicht durch irgendeinen solchen Gedanken wie die Kontinentalsperre, meinetwillen Florentiner Seidenindustrie sich entwickelt, die früher nicht da war, während sie sich in England nicht entwickelt. Die proletarische Weltanschauung behauptet vielmehr: Trotzdem die Kontinentalsperre eine Industrie dorthin, eine andere dorthin werfen kann, ändert sich nichts in den ökonomischen Verhältnissen zwischen Unternehmer und Arbeiter, und die sind das Entscheidende. So dass solche Dinge dann herausfallen aus dem großen Gang der wirtschaftlichen Ereignisse mit ihrem ideologischen Oberbau, und gerade die Kontinentalsperre in ihrer Wirksamkeit im eminentesten Sinne das, was der Professor Michels beweisen will, nicht beweist.

Nun fragen Sie: Warum besteht solch ein Mensch, wie

der Professor Michels, auf seiner Theorie gegenüber dem proletarischen Denken? Aus dem einfachen Grunde, weil er verliebt ist in sein Denken, und weil er gar nicht in der Lage ist, einzugehen auf das proletarische Denken. Er schläft nämlich gleich ein. Es ist ein latentes Einschlafen. In dem Augenblicke, wo er proletarische Gedanken nachdenken soll, schläft er ein. Da kann er sich nur aufrechterhalten, indem er denjenigen Gedanken entwickelt, in den er verliebt ist.

So muss man auf die seelischen Dinge eingehen. In unserer Zeit ist einmal das Zeitalter, in dem man im eminentesten Sinne auf die seelischen Dinge eingehen muss, sonst wird man nicht begreifen, was in unserer Zeit notwendig ist; sonst wird man doch über diese schwierigen, tragischen Verhältnisse zu keinem irgendwie heilsamen Urteile kommen können. Und heilsame Urteile sind es ja eigentlich, die aus der Misère der Gegenwart doch allein hinwegführen können und auch hinwegführen werden. Zum Pessimismus im Ganzen und Großen ist kein Anlass; aber zur Umkehrung des Urteils ist viel Anlass. Vor allen Dingen bei jedem einzelnen ist zur Umkehrung des Urteiles im höchsten Maße Veranlassung.

Man muss schon sagen: Es ist sehr, sehr merkwürdig, wenn man sieht, wie heute die Menschen gleichsam schlafend ihre Urteile abgeben, und wie sie rasch vergessen von einem Zeitraum auf den andern, wenn die Zeiträume auch noch so kurz sind. Wir werden es ja insbesondere jetzt erleben, wie die Menschen vergessen werden die Art, wie sie geurteilt haben, was sie über die ganze Welt hin alles phraseologiert haben über Recht, über die Notwendigkeit, für das Recht zu kämpfen gegen das Unrecht. Wir werden es erleben, dass die meisten Menschen, die in dieser Form vor einiger Zeit von dem Recht gesprochen haben, dieses vergessen und gar nicht sehen werden, wie es sich in der nächsten Zeit bei der größten Anzahl derjenigen, die vom Recht gesprochen haben, einfach um die Geltendmachung der ganz gewöhnlichen Macht handelt. Das soll ihnen natürlich nicht übelgenommen werden; aber man soll sich nur klar sein darüber, dass, wenn man auf der einen Seite vom Recht gesprochen hat, man dann kein Recht dazu hat, zu übersehen, dass es sich bei den größten Schreiern zuletzt um Macht und Machtimpulse handelt. Wie gesagt, das soll nicht übelgenommen werden, aber schön wird nicht sein, wie sich dasjenige geltend macht, was vor verhältnismäßig kurzer Zeit nur immer von Recht und Recht und Recht gesprochen hat. Nicht erstaunt kann man darüber sein. Aber erstaunt müssten diejenigen sein, die mitgesprochen haben, die mitgetan haben, wenn sie jetzt so merkwürdig das Bild verändert finden! Sie müssten dann wenigstens zu dem Bewusstsein kommen, wie sehr der Mensch geneigt ist, seine Urteile nach Illusionen und nicht nach Wirklichkeiten zu bilden.

Das Bewusstsein der Engel

Helsinki, 5. April 1912

Im Verlaufe der beiden schon gehaltenen Vorträge haben wir uns bekannt gemacht mit gewissen geistigen Wesenheiten, welche der okkulte Blick antreffen kann, wenn er sich vertieft in das geistige Leben unseres Planeten. Es wird nun heute notwendig sein, noch einen anderen Weg zu gehen, um uns in die geistige Welt zu erheben, weil wir erst durch eine Betrachtung von einer zweiten Seite her in die Lage kommen werden, uns rechte Vorstellungen zu bilden über die Natur der geistigen Wesenheiten, von denen wir gesprochen haben, bis zu dem sogenannten Planetengeist hinauf. Es wird immer außerordentlich schwierig sein, in den Worten irgendeiner Sprache jene geistigen Wesenheiten zu charakterisieren, welche uns das okkulte Wahrnehmen vermittelt, denn die menschlichen Sprachen, wenigstens die gegenwärtigen, sind ja nur gemacht für die Erscheinungen, für die Tatsachen des physischen Planes. Und daher kann man nur hoffen, dass man durch eine Charakteristik von verschiedenen Seiten aus dem nahekommen kann, was eigentlich gemeint ist, wenn von geistigen Wesenheiten gesprochen wird. Unserer heutigen Charakteristik wird es notwendig sein, dass wir ausgehen von der Natur des Menschen selber und uns zunächst klarwerden über gewisse Eigenschaften der menschlichen Natur, damit wir von da aus höhere Wesenheiten, die wir in den höheren Welten antreffen, charakterisieren können. Und da sei heute eine Eigenschaft der menschlichen Natur ganz besonders hervorgehoben. Das ist die Eigenschaft, die man so charakterisieren kann: Der Mensch ist ausgestattet mit der Möglichkeit, ein von allem Äußeren unabhängiges Innenleben zu führen. Diese Möglichkeit tritt uns ja in jeder Stunde unseres wachen Tageslebens vor Augen. Wir wissen, dass wir in Bezug auf dasjenige, was wir sehen mit unseren Augen, hören mit unseren Ohren, etwas Gemeinschaftliches haben mit allen anderen Wesenheiten, die sich auch ihrer Sinne bedienen können. Ein inneres Leben gegenüber der Außenwelt haben wir als Menschen mit anderen Menschen und vielleicht auch mit anderen Wesenheiten gemeinsam. Jeder für sich, das wissen wir ja nur zu gut als Menschen, hat seine besonderen Leiden, seine besonderen Freuden, hat seine Bekümmernisse und Sorgen, hat seine besonderen Hoffnungen und Ideale; und in einer gewissen Weise sind diese Sorgen, diese Leiden, diese Bekümmernisse, diese Hoffnungen und Ideale ein besonderes Reich, das man mit physischem Blicke nicht sogleich dem anderen Menschen ansehen kann, das er eben als ein selbständiges inneres Leben mit sich durch die Welt trägt. Wenn wir mit einem Menschen in demselben Raum sind, so wissen wir, was auf seine Augen, was auf seine Ohren wirken kann. Was in seiner Seele vorgeht, was er da drinnen erlebt, darüber können wir vielleicht Ahnungen haben aus demjenigen, was er uns äußern will durch seine Mienen, durch seine Gesten oder aber durch seine Sprache; wenn er aber sein Innenleben als seine besondere Welt für sich haben will, dann können wir nicht ohne Weiteres in diese seine besondere Innenwelt eindringen.

Wenn wir nun mit okkultem Blick in die Welten schauen, die zunächst für die äußere physische Welt verborgen sind, dann treffen wir da Wesenheiten an, welche gerade in Bezug auf diejenigen Eigenschaften, die jetzt eben charakterisiert worden sind, ganz anders geartet sind. Wir treffen Wesenheiten an, welche ein solches selbständiges Innenleben nicht so führen können, wie der Mensch es führt. Wir treffen als eine nächste Gruppe, als eine nächste Kategorie von geistigen Wesenheiten nämlich solche an, welche dann, wenn sie ihr Innenleben führen, sogleich durch dieses innere Leben in einen anderen Zustand versetzt werden, in einen anderen Bewusstseinszustand als dasjenige Leben, das sie in der Außenwelt und mit der Außenwelt führen. Versuchen wir uns zu verständigen. Nehmen wir an, es müsste ein Mensch so leben, dass, wenn er in seinem Inneren leben und den Blick nicht auf die Außenwelt lenken wollte, die ihn umgibt, wenn er nicht mit dieser Außenwelt leben wollte, er dann sogleich einfach durch diesen seinen Willen in einen anderen Bewusstseinszustand übergehen müsste. Wir wissen, dass der Mensch ohne seinen Willen in einen anderen Bewusstseinszustand in seinem normalen Leben übergeht, wenn er sich im Schlaf befindet. Aber wir wissen auch, dass dieser Schlaf dadurch herbeigeführt wird, dass sich der astralische Leib und das Ich des Menschen von dem ätherischen und physischen Leib absondern. Wir wissen also, dass mit dem Menschen etwas vorgeht, wenn er in einen anderen Bewusstseinszustand kommen soll. Dadurch, dass der Mensch zum Beispiel einfach sagt: Hier habe ich vor mir eine Wiese, mit vielen Blumen bedeckt; indem ich sie anschaue, macht sie mir Freude –, dadurch kommt der Mensch noch nicht in einen anderen Bewusstseinszustand; er erlebt sozusagen für sich selber seine Freude an der Wiese, an den Blumen, in der Gemeinschaft mit der Außenwelt. Diejenigen Wesenheiten nun, welche durch den okkulten Blick als die nächste Kategorie in einer höheren Welt angetroffen werden, verändern jedes Mal ihren Bewusstseinszustand, wenn sie ihre Wahrnehmung, ihr Tun ablenken von ihrer Außenwelt und auf sich selber hinlenken. Bei ihnen braucht also keine Trennung einzutreten zwischen verschiedenen Wesensgliedern, sondern in ihnen selbst, so wie sie sind, bewirken sie einfach durch ihren Willen einen anderen Bewusstseinszustand.

Nun sind die Wahrnehmungen dieser Wesenheiten, von denen wir hier sprechen als der nächsten Kategorie über dem

Menschen, nicht so wie die Wahrnehmungen des Menschen. Der Mensch nimmt dadurch wahr, dass eine Außenwelt an ihn herantritt für seine Sinne. Er gibt sich sozusagen dieser Außenwelt hin. Diese Wesenheiten, von denen wir hier zu sprechen haben, nehmen nicht eine solche Außenwelt wahr, wie der Mensch sie wahrnimmt mit seinen Sinnen, sondern sie nehmen so wahr, wie der Mensch – das ist aber vergleichsweise –, wenn er zum Beispiel selber spricht oder eine Handbewegung macht und seine eigene Handbewegung wahrnimmt, oder wenn er, sagen wir, in irgendeiner Mimik sein Inneres äußert, kurz, wenn er seine eigene Natur zum Ausdruck bringt. Es ist also in einer gewissen Weise bei jenen Wesenheiten einer höheren Welt, von denen wir hier zu sprechen haben, alle Wahrnehmung zugleich eine Offenbarung ihres eignen Wesens. Das bitte ich Sie zu berücksichtigen, meine lieben Freunde, dass, indem wir aufsteigen zu der höheren Kategorie von Wesenheiten, die nicht mehr äußerlich wahrnehmbar sind für den Menschen, wir solche Wesenheiten vor uns haben, welche wahrnehmen, indem sie offenbaren, indem sie zum Ausdruck bringen das, was sie selber sind. Und sie nehmen ihr eigenes Wesen eigentlich nur so lange wahr, solange sie offenbaren wollen, solange sie es in irgendeiner Weise nach außen zum Ausdruck bringen. Sie sind, wir könnten sagen, nur wach, indem sie sich offenbaren. Und wenn sie sich nicht offenbaren, wenn sie durch ihren Willen also nicht zu der Umwelt, zu der äußeren Welt in eine Beziehung treten, dann tritt für sie ein anderer Bewusstseinszustand ein, dann schlafen sie in einer gewissen Weise. Nur ist ihr Schlaf kein bewusstloser Schlaf wie beim Menschen, sondern ihr Schlaf bedeutet für sie eine Art Herabminderung, eine Art Verlust ihres Selbstgefühles. Sie haben ihr Selbstgefühl so lange, als sie nach außen sich offenbaren, und sie verlieren in einer gewissen Weise ihr Selbstgefühl, wenn sie sich nicht mehr offenbaren. Sie schlafen dann nicht wie die Menschen, sondern dann tritt in ihr eigenes Wesen etwas herein wie die Offenbarung von geistigen Welten, die höher sind als sie selber. Sie sind dann ausgefüllt in ihrem Innern von höheren geistigen Welten.

Also wohlgemerkt, wenn der Mensch den Blick nach außen richtet und wahrnimmt, dann lebt er mit der Außenwelt, dann verliert er sich an die Außenwelt. Er verliert sich zum Beispiel auf unserem Planeten an die verschiedenen Naturreiche. Wenn er den Blick von außen ablenkt, dann kommt er in sein Inneres hinein und lebt ein selbständiges Innenleben, dann wird er frei von dieser Außenwelt. Wenn diejenigen Wesenheiten, von denen wir als einer nächsten Kategorie über dem Menschen sprechen, nach außen wirken, dann offenbaren sie *sich*, und dann haben sie ihr Selbstgefühl, ihr eigentliches Selbsterlebnis in diesem Offenbaren, und wenn sie in ihr Inneres kommen, dann kommen sie nicht an ein selbständiges Innenleben wie der Mensch, sondern dann kommen sie dafür in ein Leben mit anderen Welten. Wie der Mensch zu einem solchen kommt, wenn er die Außenwelt wahrnimmt, so nehmen sie andere geistige Welten, die über ihnen stehen, wahr, wenn sie in sich hineinblicken; dann kommen sie zu diesem anderen Bewusstseinszustand, wo sie sich erfüllt finden von anderen Wesenheiten, die höher sind als sie selbst. So dass wir sagen können, wenn wir den Menschen ins Auge fassen: Der Mensch hat, indem er sich selbst an die Außenwelt verliert, sein Wahrnehmen, indem er sich von der Außenwelt zurückzieht, sein selbständiges Innenleben. Diejenigen Wesenheiten, die zu der nächsthöheren Kategorie gehören – wir nennen sie im Allgemeinen die Wesenheiten der sogenannten dritten Hierarchie –, haben statt des Wahrnehmens die Offenbarung, und im Offenbaren erleben sie sich. Statt des Innenlebens haben sie das Erlebnis höherer geistiger Welten, das heißt, sie haben statt des Innenlebens Geist-Erfüllung. Dies ist der wesentlichste

Unterschied zwischen dem Menschen und den Wesenheiten der nächsthöheren Kategorie.

Dritte Hierarchie:	Offenbarung, Geist-Erfüllung
Mensch:	Wahrnehmen, Innenleben

Wir können an einem, ich möchte sagen, krassen Fall des Lebens den Unterschied angeben zwischen dem Menschen und diesen Wesenheiten der nächsthöheren Kategorie. Der krasse Fall ist der, dass der Mensch in die Lage kommt, innerlich Erlebnisse zu haben, welche mit dem, was er äußerlich wahrnimmt, nicht stimmen, und wenn innere Erlebnisse des Menschen mit der Wahrnehmung der Außenwelt nicht zusammenstimmen, so haben wir als krassesten Fall die Lüge. Und wir können, um uns zu verständigen, eine für den Menschen mögliche Eigentümlichkeit dadurch ausdrücken, dass wir sagen: Der Mensch ist fähig, etwas wahrzunehmen und andere Vorstellungen in seinem Inneren zu erwecken, auch zu äußern, als sie den Wahrnehmungen entsprechen. Der Mensch kann durch diese seine Eigenschaft der Außenwelt durch die Lüge widersprechen. Das ist eine Möglichkeit, welche, wie wir später hören werden im Verlauf dieser Vorträge, dem Menschen gerade deshalb gegeben werden musste, damit er durch seinen freien Willen zur Wahrheit kommen könne. Indem wir aber den Menschen so, wie er einmal ist in der Welt, betrachten, müssen wir diese Eigenschaft ins Auge fassen, dass der Mensch in seinem inneren Leben Vorstellungen ausbilden und auch äußern kann, welche mit den Wahrnehmungen, mit den Tatsachen nicht übereinstimmen. Dies ist als eine Möglichkeit bei den Wesenheiten der höheren Kategorie, die hier angeführt worden sind, solange sie ihre Natur behalten, nicht gegeben. Die Möglichkeit der Lüge besteht bei den Wesenheiten der dritten Hierarchie, wenn sie ihre Natur beibehalten, nicht.

Denn was würde erfolgen, wenn eine Wesenheit der dritten Hierarchie lügen wollte? Dann müsste sie in ihrem Innern etwas erleben, was sie in einer anderen Weise, als sie es erlebt, in die Außenwelt übertrüge. Aber dann würde diese Wesenheit der nächsthöheren Kategorie dies nicht mehr wahrnehmen können, denn alles das, was diese Wesenheiten in ihrem Innern erleben, ist Offenbarung, tritt sogleich in die Außenwelt über. Diese Wesenheiten müssen im Reich der absoluten Wahrheit leben, wenn sie sich überhaupt erleben wollen. Nehmen wir an, diese Wesenheiten würden lügen, das heißt, etwas in ihrem Innern haben, was sie so umsetzen würden in ihren Offenbarungen, dass es mit den Offenbarungen nicht zusammenstimmt, dann würden sie es nicht wahrnehmen können, denn sie können nur ihre innere Natur wahrnehmen. Sie würden unter dem Eindruck einer Lüge sogleich betäubt werden, sogleich in einen Bewusstseinszustand versetzt werden, der eine Herabdämmerung, eine Herabstimmung wäre ihres gewöhnlichen Bewusstseins, das eben nur in der Offenbarung ihres Innern leben kann. So haben wir über uns eine Klasse von Wesenheiten, welche durch ihre eigene Natur leben müssen im Reich der absoluten Wahrheit und Wahrhaftigkeit, wenn sie diese Natur nicht verleugnen wollen. Und jede Abweichung von der Wahrhaftigkeit würde diese Wesenheiten betäuben, ihr Bewusstsein herabstimmen. Wenn diese Wesenheiten von uns mit dem okkulten Blick beobachtet werden sollen, dann handelt es sich darum, dass der Okkultist zunächst die richtigen Wege findet, auf denen er diese Wesenheiten antreffen kann. Ich werde versuchen, zu charakterisieren, wie der Okkultist diese Wesenheiten finden kann.

Das Erste, was derjenige, der eine okkulte Entwickelung durchmacht, als inneres Erlebnis haben muss, das ist ja, dass er anstrebt, in einer gewissen Weise gerade das Innenleben des gewöhnlichen normalen Bewusstseins zu überwinden. Wir bezeichnen ja dasjenige, was wir in unserem Innern erleben als unser egoistisches Erleben, als dasjenige, was wir von der Welt sozusagen nur für uns selbst haben wollen. Je mehr es der sich okkult entwickelnde Mensch dahin bringt, gelassen zu werden gegenüber dem, was sein egoistisches Erleben ist, gegenüber demjenigen, was nur ihn angeht, desto näher ist er der Eingangspforte zu den höheren Welten. Nehmen wir einen naheliegenden Fall an. Wir wissen alle, dass uns gewisse Wahrheiten, gewisse Dinge in der Welt rein um unser selbst willen gefallen und nicht gefallen, dass uns dieses oder jenes um unser selbst willen sympathisch oder antipathisch berührt. Solche Gefühle gegenüber der Welt, die wir nur um unser selbst willen hegen, muss der, der sich okkult entwickeln will, zunächst aus seinem Herzen herausreißen. Er muss in einer gewissen Weise frei werden von alle dem, was nur ihn angeht. Es ist dieses eine Wahrheit, die oftmals betont wird, die aber im Grunde genommen schwieriger zu beobachten ist, als man gewöhnlich denkt, denn im normalen Bewusstsein hat der Mensch außerordentlich wenige Anhaltspunkte, um von sich selber frei zu werden, um dasjenige zu überwinden, was nur ihn angeht. Bedenken wir nur einmal einen Augenblick, was das eigentlich heißen soll, von sich selber frei werden. Das Freiwerden von dem, was man gewöhnlich die egoistischen Regungen nennt, das ist ja vielleicht nicht so schwierig. Aber wir müssen bedenken, dass wir in der einen Inkarnation, in der wir leben, in einer gewissen Zeit, an einem gewissen Orte geboren sind, dass, wenn wir die Augen hinlenken auf das, was uns umgibt, diese Augen auf ganz andere Dinge fallen als zum Beispiel bei einem Menschen, der auf einem anderen Fleck der Erde lebt. Den müssen ja ganz andere Dinge in seiner Umgebung interessieren. So sind wir schon dadurch, dass wir als verkörperte, physisch verkörperte Menschenwesen in einer Zeit und an einem Ort geboren sind, mit allerlei Dingen umgeben, die unser

Interesse, unsere Aufmerksamkeit hervorrufen, die eigentlich uns speziell angehen und die bei einem anderen Menschen anders sind. Dadurch, dass wir als Menschen differenziert über unseren Planeten hin verteilt sind, sind wir in einer gewissen Weise in die Notwendigkeit versetzt, ein jeder seine besonderen Interessen, gleichsam seine besondere Heimat auf der Erde zu haben. Daher können wir niemals in dem, was wir von unserer unmittelbaren Umgebung lernen können, im höchsten Sinne dasjenige erleben, was uns frei macht von unseren speziell menschlichen Interessen, von unseren speziell menschlichen Aufmerksamkeiten. Also weil wir Menschen im physischen Leibe sind und insofern wir es sind, können wir schon durch unsere äußere Wahrnehmung überhaupt nicht das Tor erreichen, das uns in eine höhere Welt hineinführt. Von all dem, was unsere Sinne außen sehen können, was unser Verstand kombinieren kann an Dingen der Außenwelt zunächst, von all dem müssen wir absehen, das gehört zu unseren speziellen Interessen. Wenn wir aber nun blicken auf das, was wir gewöhnlich in unserm Inneren haben, unsere Leiden und Freuden, unsere Bekümmernisse und Sorgen, unsere Hoffnungen und Ziele, dann werden wir sehr, sehr bald gewahr werden, wie diese Innenwelt abhängig ist von dem, was wir draußen erleben, wie sie in einer gewissen Weise sich färbt nach dem, was wir draußen erleben. Aber ein gewisser Unterschied ist dennoch vorhanden.

Wir werden allerdings ohne Weiteres zugeben müssen, dass wir ein jeder unsere Welt in unserem Innern tragen. Dass der eine an einem Ort der Erde, in einer Zeit geboren ist, der andere an einem anderen Ort, in einer anderen Zeit, das färbt in einer gewissen Weise seine Innenwelt. Aber wir erfahren auch noch etwas anderes gegenüber dieser Innenwelt. Sie ist ja freilich unsere spezielle, gewissermaßen unsere differenzierte Innenwelt; sie trägt eine gewisse Farbe, aber wir können noch etwas anderes erfahren. Wenn wir einmal von dem Ort, an dem wir gewohnt sind, unsere Sinne tätig sein zu lassen, nach einem ganz entfernten Ort kommen, mit einem Menschen zusammentreffen, der ganz andere äußere Erfahrungen, Wahrnehmungen gemacht hat, dann können wir uns mit ihm verstehen, und deshalb verstehen wir uns mit ihm, weil er gewisse Leiden durchlebt hat, die wir selber in einer ähnlichen Weise durchlebt haben, weil er sich in einer gewissen Weise freuen kann über ähnliche Dinge, über die wir uns selber freuen. Wer hätte es denn nicht erlebt, dass er sich vielleicht schwer verständigen kann mit einem Menschen, den er in einer fernen Gegend trifft, über die Außenwelt, die beide haben, dass er sich aber leicht verständigen kann über dasjenige, was das Herz fühlt und sehnt. Mit unserer Innenwelt sind wir Menschen einander schon viel näher als mit unserer Außenwelt, und wahrhaftig, es würde wenig Hoffnung sein, hinüberzutragen die geisteswissenschaftliche Idee in die ganze Menschheit, wenn wir nicht das Bewusstsein haben könnten, dass im Innern eines jeden Menschen, wo er auch auf der Erde sich befindet, etwas lebt, das sich mit uns verständigen kann. Um nun aber zu etwas zu kommen, was ganz frei ist von dem speziellen, egoistischen Innern, muss der Mensch auch jene Färbung seines inneren Erlebens ablegen, welche noch von der Außenwelt beeinflusst ist. Das kann nur sein, wenn der Mensch sich die Möglichkeit verschafft, in seinem Innern etwas zu erleben, was ihm überhaupt nicht von der Außenwelt kommt, was dem entspricht, was man nennen kann innere Eingebungen, Inspirationen, dasjenige, was nur in der Seele innerlich selber wächst und gedeiht. Von dem speziellen Innenleben kann der Mensch aufsteigen so, dass er fühlt, dass sich seinem Innern etwas offenbart, was unabhängig ist von seiner speziellen, egoistischen Existenz. Das fühlen ja die Menschen, wenn sie immer wieder geltend machen, dass über den ganzen Erdball hin Verständnis sein kann für gewisse moralische

Ideale, für gewisse logische Ideale, an denen kein Mensch zweifeln kann, die jedem Menschen einleuchten können, weil sie sich nicht von der Außenwelt, sondern von der Innenwelt aus dem Menschen mitteilen.

Ein Gebiet – es ist freilich ein trockenes, nüchternes Gebiet – haben ja ganz zweifellos alle Menschen gemeinsam in Bezug auf solche Innenoffenbarungen. Das ist dasjenige, was sich bezieht auf die Zahlen und ihre Verhältnisse, kurz, auf das Mathematische, auf Zählen und Rechnen. Dass dreimal drei neun ist, können wir niemals von der Außenwelt erfahren, das müssen wir durch unser Inneres uns offenbaren lassen. Daher gibt es auch keine Möglichkeit, darüber zu streiten über den Erdball hin. Ob irgendetwas schön oder hässlich ist, darüber kann man über den ganzen Erdball hin viel streiten, wenn aber einer nur einmal in seinem Innern sich hat offenbaren lassen, dass dreimal drei neun ist, oder dass das Ganze gleich ist der Summe seiner Teile, oder dass ein Dreieck als Summe seiner Winkel 180° hat, so weiß er es, weil ihm das keine Außenwelt offenbaren kann, sondern nur sein Inneres. Es beginnt schon bei der trockenen, nüchternen Mathematik dasjenige, was wir Inspiration nennen können. Nur merken die Menschen gewöhnlich nicht, dass die Inspiration bei der trockenen Mathematik beginnt, weil die meisten Menschen diese trockene Mathematik für etwas ungeheuer Langweiliges halten und sich daher nicht gerne etwas von ihr offenbaren lassen. Aber in Bezug auf das innere Offenbaren ist es im Grunde genommen auch mit den moralischen Wahrheiten nicht anders. Wenn der Mensch etwas als recht erkannt hat, so wird er sagen: Dies ist recht und das Gegenteil ist unrecht, und keine äußere Macht der Welt auf dem physischen Plan kann mir beibringen, dass das, was sich mir als das Rechte offenbart in meinem Innern, unrichtig wäre. – Auch die moralischen Wahrheiten im höchsten Sinne offenbaren sich durch das Innere. Man kann, wenn man den geistigen Blick gefühls- und empfindungsmäßig hinlenkt auf diese Möglichkeit der Innenoffenbarung, sich daran erziehen. Es ist sogar die Erziehung durch die bloße Mathematik sehr gut. Wenn der Mensch zum Beispiel öfter einmal sich dem Gedanken hingibt: Ob dieses oder jenes Essen gut ist, darüber kannst du deine Meinung haben und ein anderer kann einer anderen Meinung sein. Das steht in der Willkür des Einzelnen. Die Mathematik, die moralischen Verpflichtungen aber stehen nicht in solcher Willkür. Bei ihnen weiß ich, dass sie mir etwas offenbaren, dem gegenüber ich mich, wenn ich es nicht als wahr anerkennen will, als unwürdig der Menschlichkeit erweise. – Diese Anerkennung einer Offenbarung durch das Innere, als Gefühl, als innerer Impuls gefasst, ist eine mächtige pädagogische Kraft in dem Innern des Menschen, wenn er sich ihm meditativ hingibt. Wenn er sich zunächst sagt: In der Sinnenwelt ist vieles, worüber meine Willkür bloß entscheidet, aber aus dem Geiste heraus offenbaren sich mir Dinge, über die meine Willkür nichts vermag und die mich doch angehen, deren ich mich würdig erweisen muss als Mensch –, wenn der Mensch diesen Gedanken immer stärker und stärker werden lässt, so dass der Mensch bezwungen werden kann durch sein eigenes Inneres, dann wächst er über den bloßen Egoismus hinaus, dann überwindet, wie wir auch sagen, ein höheres Selbst, das sich eins weiß mit dem Geist der Welt, das gewöhnliche willkürliche Selbst. So etwas müssen wir in uns als Stimmung entwickeln, wenn wir dahin kommen wollen, das Tor zu erreichen, das hineinführt in die geistige Welt. Denn wenn wir oftmals uns solchen Stimmungen, wie sie charakterisiert worden sind, hingeben, dann erweisen sie sich fruchtbar. Sie erweisen sich namentlich dann fruchtbar, wenn wir sie so konkret wie möglich in die Gedanken hineinbringen, und namentlich, wenn wir solche Gedanken hegen, solche Gedanken in uns aufnehmen, die als wahr uns einleuchten und die doch der äußeren Sinnenwelt widersprechen. Solche Gedanken können zunächst nur Bilder sein, aber solche Bilder sind außerordentlich nützlich für die okkulte Entwickelung des Menschen.

Ich will Ihnen ein solches Bild sagen, will Ihnen an einem solchen Bild zeigen, wie der Mensch seine Seele über sich selber hinaufrücken kann. Nehmen Sie zwei Gläser, in dem einen ist Wasser und in dem anderen keines. Das Glas, in dem Wasser ist, soll nicht ganz angefüllt sein, sondern nur zur Hälfte. Nehmen wir jetzt an, Sie beobachten in der Außenwelt diese zwei Gläser. Wenn Sie aus dem Glas mit Wasser nun etwas in das leere Glas herüberschenken, so wird das leere Glas etwas mit Wasser gefüllt sein, das andere aber wird nachher weniger Wasser haben. Wenn Sie ein zweites Mal aus diesem Glas, das zuerst halb mit Wasser gefüllt war, in das zuerst leere Glas Wasser herübergießen, wird das erste Glas noch weniger Wasser haben, kurz, durch das Herübergießen wird immer weniger und weniger in dem Glas sein, das zuerst halb mit Wasser gefüllt war. Das ist für die äußere physisch-sinnliche Welt eine wahre Vorstellung.

Jetzt bilden wir uns eine Vorstellung, die ganz anders ist. Denken Sie sich einmal, Sie würden probeweise sich die umgekehrte Vorstellung bilden, Sie würden sich vorstellen, Sie gießen aus dem halbgefüllten Glas Wasser in das leere Glas ein. Da kommt in das letztere Glas Wasser hinein, in dem halbvollen Glas aber, da, stellen Sie sich vor, würde durch das Herübergießen das Wasser mehr, und wenn Sie ein zweites Mal ausgießen würden, so würde wieder etwas hinübergehen in das früher leere Glas, aber das zuerst halbgefüllte Glas würde dadurch noch mehr Wasser haben. Durch das Ausgießen würde immer mehr und mehr Wasser in dem ersten Glas sein. Denken Sie sich, Sie bilden sich diese Vorstellung. Selbstverständlich wird jeder Mensch, der sich in unserer Gegenwart zu den absolut vernünftigen Menschen rechnet, sagen: Nun, das ist ein rechter Wahnsinn, den du dir da vorstellst. Du stellst dir vor, dass du Wasser ausgießest und dass dadurch immer mehr Wasser in das Glas kommt, aus dem du herausgießest. – Ja, wenn man diese Vorstellung anwendet auf die physische Welt, dann ist sie natürlich eine wahnsinnige Vorstellung, aber merkwürdigerweise lässt sie sich auf die geistige Welt anwenden. In einer sonderbaren Weise lässt sie sich anwenden. Nehmen wir einmal an, ein Mensch habe ein liebevolles Herz, und er erweist aus seinem liebevollen Herzen einem anderen Menschen, der der Liebe bedarf, eine liebende Tat, so gibt er etwas dem anderen Menschen ab, aber er wird dadurch nicht leerer, sondern indem er Liebestaten dem anderen Menschen hinübergibt, erhält er mehr, er wird voller, und wenn er ein zweites Mal eine Liebestat verrichtet, wird er noch voller, hat er noch mehr. Man wird nicht arm, nicht leer dadurch, dass man Liebestaten verrichtet, sondern man wird reicher, man wird voller. Man gießt in den anderen Menschen etwas hinüber, was einen selbst voller macht.

Wenden wir nun unser Bild, das für die gewöhnliche physische Welt unmöglich, wahnsinnig ist, auf das Ausgießen der Liebe an, dann ist es anwendbar, dann können wir es als ein Sinnbild, als ein Symbolum für geistige Tatsachen auffassen. Was Liebe ist, ist etwas so Kompliziertes, dass kein Mensch den Hochmut besitzen sollte, Liebe zu definieren, Liebe ihrem Wesen nach ohne Weiteres zu durchschauen. Liebe ist kompliziert. Wir nehmen sie wahr, aber keine Definition kann die Liebe ausdrücken. Aber ein Sinnbild, ein einfaches Sinnbild, ein Glas Wasser, das, indem es ausgegossen wird, voller wird, das gibt uns eine Eigenschaft des Liebeswirkens wieder. Wir tun im Grunde genommen, wenn wir uns so das Komplizierte der Liebestaten vorstellen, nichts anderes, als was der Mathematiker in seiner trockenen Wissenschaft tut. Nirgends ist ein wirklicher Kreis, nirgends ein wirkliches Dreieck; die müssen wir uns nur denken. Wenn wir einen Kreis aufzeichnen und ihn nur ein wenig durch ein Mikroskop besehen, so sehen wir lauter Kreide- oder andere Punkte; solcher Kreis wird nie die Regelmäßigkeit eines wirklichen Kreises haben. Wir müssen zu unserer Vorstellung, zu unserem Innenleben gehen, wenn wir den Kreis oder das Dreieck oder sonst etwas vorstellen wollen. So müssen wir, um uns so etwas wie eine geistige Tat vorzustellen – die Liebe zum Beispiel –, auch zum Bilde greifen und an eine Eigenschaft uns halten.

Solche Bilder sind nützlich für die okkulte Entwickelung. An ihnen merken wir, dass wir über die gewöhnliche Vorstellung hinausgehoben werden, dass wir, wenn wir zum Geiste aufsteigen wollen, uns geradezu entgegengesetzte Vorstellungen bilden müssen zu denen, die auf die Sinnenwelt anwendbar sind. Daher finden Sie, dass die Ausgestaltung solcher symbolischer Vorstellungen ein wichtiges Mittel ist, um in die geistige Welt hinaufzusteigen. Sie finden das ausgeführt in meinem Buch *Wie erlangt man Erkenntnisse der höheren Welten?* Dadurch kommt der Mensch dazu, etwas anzuerkennen, was als eine Welt über ihm steht, die ihn inspiriert, die er nicht in der Außenwelt wahrnehmen kann, die aber in ihn hereindringt. Wenn er immer mehr und mehr dieser Vorstellungswelt sich hingibt, dann kommt er dazu, anzuerkennen, dass durch ihn, durch jeden Menschen etwas geistig Wesenhaftes lebt, das höher ist als er selbst, der Mensch, in dieser einen Inkarnation mit seinem Egoismus.

Wenn man anzuerkennen beginnt, dass so etwas über uns ist wie ein uns gewöhnliche Menschen leitendes Wesen, dann hat man in der Reihe der Wesenheiten der dritten Hierarchie die erste Form, diejenigen Wesenheiten, die man da nennt Engel oder Angeloi. Der Mensch erlebt zunächst, indem er über sich selber in der geschilderten Weise hinausgeht, das Hereinwirken eines Engelwesens in seine eigene Wesenheit. Wenn man sich nun dieses Wesen, das uns inspiriert, verselbständigt denkt, so dass es die Eigenschaften hat, die geschildert worden sind als Offenbarung und als Geist-Erfüllung, dann kommt man zu dem Begriff der unmittelbar über dem Menschen stehenden nächsten Wesen der dritten Hierarchie. So dass man die ersten Wesenheiten über dem Menschen ansprechen kann als diejenigen, die jeden einzelnen, individuellen Menschen führen, leiten und lenken.

Auf diese Weise habe ich Ihnen ein wenig den Weg geschildert, wie der Mensch sich zunächst zu den ersten Wesen, die über ihm stehen, hinauferheben kann, so dass er eine Vorstellung von ihnen bekommt. So wie nun der Einzelne auf diese Weise seinen Führer hat und der okkulte Blick, wenn wir über uns selber hinauskommen, über unsere egoistischen Interessen, uns darauf aufmerksam macht: Du hast deinen Führer –, so gibt es nun auch die Möglichkeit, dass sich der okkulte Blick hinrichtet auf Menschengruppen, Stämme, Völker und so weiter. Solche zusammengehörigen Menschengruppen haben ebenso eine Führerschaft, wie der einzelne Mensch sie in der geschilderten Weise hat. Nur sind diejenigen Wesen, welche ganze Völker oder ganze Stämme führen, eben mächtiger als die Führer des einzelnen Menschen. In der abendländischen Esoterik nennt man solche Völker- oder Stammesführer, die in der geistigen Welt leben und Offenbarungen als ihre Wahrnehmungen, Geist-Erlebnisse als ihr Inneres haben und deren Taten zum Ausdruck kommen in dem, was ein ganzes Volk oder ein ganzer Stamm tut, Erzengel oder Archangeloi. Wenn der Mensch in seiner okkulten Entwickelung immer weiterschreitet, dann kann er dazu kommen, dass sich ihm nicht nur enthüllt, was ihn selbst speziell führt, sondern dann enthüllt sich ihm das, was die Gruppe von Menschen, zu der er zunächst gehört, führt.

Und dann, wenn unsere okkulte Entwickelung noch weiter geht, dann finden wir Wesenheiten als Führer der Menschen, welche nichts mehr zu tun haben mit einzelnen Stämmen, mit einzelnen Völkern, sondern welche Führer sind in den aufeinanderfolgenden Zeiten. Wenn der okkult geschulte Mensch verfolgt zum Beispiel jenes Zeitalter, in dem die alten Ägypter oder die alten Chaldäer gelebt haben, dann erscheint ihm das ganze Gepräge, der ganze Charakter der Zeit unter einer gewissen Führerschaft. Diese Führerschaft ändert sich. Wenn der okkulte Blick hinschaut auf das, was zum Beispiel auf die ägyptische, auf die chaldäische Zeit folgte, wenn der okkulte Blick sich hinrichtet auf das Zeitalter, in welchem die Griechen, die Römer den Ton angegeben haben in der abendländischen Geisteswelt, da zeigt sich, dass über einzelne Völker hinaus, mächtiger als die Erzengel, die Völkerführer, Geister walten, die ganze zusammengehörige Völkergruppen gleichzeitig leiten und die dann abgelöst werden nach einer bestimmten Zeit von anderen Zeitlenkern. So wie wir also im Raum verteilt finden die einzelnen Gebiete der Archangeloi, der Erzengel, die gleichzeitig Menschengruppen leiten, aber einzelne Menschengruppen, so finden wir, wenn wir den okkulten Blick hinschweifen lassen über die laufende Zeit, dass die einzelnen Zeitalter von ihren realen Zeitgeistern, die mächtiger sind als die Erzengel, geleitet werden und dass unter ihnen die verschiedensten Völker zugleich stehen. Diese dritte Kategorie der dritten Hierarchie nennen wir Zeitgeister oder Archai mit einem Ausdruck der abendländischen Esoterik.

All die Wesenheiten, die zu diesen drei Klassen der dritten Hierarchie gehören, haben die Eigenschaften, die Ihnen heute charakterisiert worden sind, sie alle haben das, was hier genannt worden ist als Offenbarung und als innere Geist-Erfüllung. Das nimmt der okkulte Blick wahr, wenn er sich zu diesen Wesenheiten erheben kann. Wir können also sagen: Wenn wir dasjenige, was in der geistigen Welt den Menschen umgibt, was gleichsam um den Menschen herum als sein eigener individueller

Führer ist, wenn wir das, was da geistig lebt, unsichtbar waltet und uns eigentlich anstiftet zu unseren unpersönlichen Handlungen und zu unserem unpersönlichen Denken und Fühlen, wenn wir das beobachten, so haben wir darin zunächst die Wesenheiten der dritten Hierarchie. Der okkulte Blick nimmt diese Wesenheiten wahr. Für ihn sind sie Realitäten. Aber auch das normale Bewusstsein lebt unter ihrer Gewalt, wenn auch dieses Bewusstsein den Engel nicht wahrnimmt, denn es steht unter seiner Führerschaft, wenn auch unbewusst. Und so stehen unter ihrem Erzengel die Menschengruppen und in der Führerschaft der Zeitgeister die Zeiten und die Menschen ihrer Zeiten.

Diese Wesenheiten nun der dritten Hierarchie, wir finden sie so, wie sie heute geschildert worden sind, in unserer geistigen Umgebung, in der allernächsten geistigen Umgebung. Wenn wir aber zurückgehen würden in der Entwickelung unseres Planeten bis zu einem bestimmten Zeitpunkt, den wir in den nachfolgenden Vorträgen kennenlernen werden, dann würden wir immer mehr und mehr finden, dass diese Wesenheiten, die so eigentlich nur in dem Kulturprozess des Menschen leben, fortwährend aus sich selber andere Wesenheiten hervorbringen. Geradeso, wie eine Pflanze einen Keim von sich abstößt, so bringen die Wesenheiten der dritten Hierarchie, die ich Ihnen geschildert habe, andere Wesenheiten hervor. Es ist nun nur ein gewisser Unterschied zwischen dem, was die Pflanze als Keim hervorbringt, wenn wir das als Vergleich heranziehen, und zwischen diesen Wesenheiten, die sich absondern von den Wesenheiten der dritten Hierarchie. Wenn die Pflanze einen Keim hervorbringt, so ist dieser gewissermaßen gerade so viel wert wie die ganze Pflanze, denn aus ihm kann wiederum eine ganze Pflanze gleicher Art werden. Diese Wesenheiten sondern gleichfalls andere ab, die sich gleichsam abschnüren, wie sich die Keime von den Pflanzen abschnüren: sie bekommen gleichsam Nachkommen, die aber jetzt in gewisser Beziehung von niedrigerer Sorte sind als sie selbst. Sie müssen von einer niedrigeren Sorte sein, weil sie andere Aufgaben bekommen, die sie nur verrichten können, wenn sie von einer niedrigeren Art sind. Das, was wir, wie es geschildert worden ist, geistig in unserem Umkreis haben als Engel, Erzengel und Zeitgeister, das sondert von sich ab gewisse Wesenheiten, welche aus der Umgebung des Menschen hinuntersteigen in die Naturreiche, und der okkulte Blick belehrt uns darüber, dass die Wesenheiten, welche wir gestern und vorgestern kennengelernt haben als Naturgeister, solche von den Wesenheiten der dritten Hierarchie, die wir heute kennengelernt haben, abgeschnürte Wesenheiten sind. Sie sind Nachkommen, die zu anderem Dienst als zum Menschheitsdienst, nämlich zum Naturdienst bestimmt worden sind. Und zwar sind gewisse Nachkommen der Archai diejenigen Wesenheiten, welche wir kennengelernt haben als die Naturgeister der Erde. Diejenigen, welche sich abschnüren von den Erzengeln und hinuntergesendet werden in die Natur, das sind die Naturgeister des Wassers, und solche, die sich von den Engeln abschnüren, haben wir als die Naturgeister der Luft anzusehen. Die des Feuers oder der Wärme werden wir noch kennenlernen. So sehen wir, dass gewissermaßen durch eine Spaltung der Wesenheiten, welche als dritte Hierarchie unsere Verbindung mit der nächsthöheren Welt darstellen, gewisse Wesenheiten hinuntergeschickt werden in die Reiche der Elemente, in Luft, Wasser, Erde, in das Gasförmige, Flüssige und Feste, um da unten Dienste zu leisten, um innerhalb der Elemente zu arbeiten und gewissermaßen als niedrigere Abkömmlinge der Wesenheiten der dritten Hierarchie, als Naturgeister zu fungieren. Wir können also sprechen von einer Verwandtschaft der Naturgeister mit den Wesenheiten der dritten Hierarchie.

Geistige Hierarchien und das Wesen des Regenbogens

Dornach, 4. Januar 1924

Im Anschluss an dasjenige, was ich Ihnen vorzubringen hatte in dem Kursverlauf während unserer Weihnachtstagung, möchte ich in diesen drei Vorträgen,[30] die nun an den Abenden werden zu halten sein, einiges von dem sagen, was die auf die Erforschung des geistigen Lebens hingehende Entwickelung in der neueren Zeit betrifft. Es wird ja vielfach gerade unter dem Namen der Rosenkreuzerei und anderer okkulter Bezeichnungen von dieser neueren geisteswissenschaftlichen Entwickelung gesprochen, und ich möchte einmal das Innere dieser Erforschung des geistigen Lebens hier Ihnen schildern. Dazu wird notwendig sein, dass wir heute einleitend etwas über die ganze Art der Vorstellungen sagen, die sich etwa um das 9., 10., 11. nachchristliche Jahrhundert festsetzte und dann allmählich verschwand, eigentlich erst am Ende des 18. Jahrhunderts, sich sogar noch erhalten hat bei einzelnen Nachzüglern im 19. Jahrhundert. Also ich möchte heute nicht historisch vorgehen, sondern ich möchte eine Summe von durch gewisse Persönlichkeiten innerlich erlebten Vorstellungen vor Ihre Seele hinstellen. Man denkt ja gewöhnlich gar nicht, wie anders die ganze Vorstellungswelt vor einer verhältnismäßig kurzen historischen Zeit war bei denjenigen, die sich zu den erkennenden Menschen gerechnet haben – wie ganz anders, als heute. Heute spricht man von chemischen Stoffen, siebzig oder achtzig chemischen Stoffen, und wird sich gar nicht bewusst, dass eigentlich wirklich furchtbar wenig damit gesagt ist, wenn man einen Stoff als Sauerstoff, als Stickstoff und so weiter bezeichnet. Denn

Sauerstoff ist ja nur etwas, was vorhanden ist unter bestimmten Voraussetzungen, unter bestimmten Voraussetzungen von Wärmezuständen, von anderen Zuständen gerade des irdischen Lebens. Es kann doch unmöglich eigentlich ein vernünftiger Mensch mit irgendetwas den Begriff der Realität verbinden, was bei Erhöhung einer Temperatur um soundso viele Grade nicht mehr in demselben Maße, in derselben Weise vorhanden ist, wie es gerade eben unter den Bedingungen vorhanden ist, in denen der Mensch als physischer Erdenmensch lebt. Und gerade solche Begriffe, solche Vorstellungen, die Tendenz über das Relative des Daseins hinauszugehen zu einem wirklichen Dasein, dieses Ziel lag eben dem Forschungsleben der ersten Zeit des Mittelalters, der mittleren Zeit des Mittelalters durchaus zugrunde.

Ich setze deshalb einen Übergang vom 9. ins 10. nachchristliche Jahrhundert, weil vorher die ganzen Anschauungen der Menschen noch sehr geistig waren. Es würde zum Beispiel einem wirklich Wissenden des 9. Jahrhunderts gar noch nicht haben beikommen können, in der Annahme von Engeln oder Erzengeln oder Seraphim irgendetwas zu sehen, was an Realität nicht gleichgekommen wäre – ich meine nur an Realität – den physischen Menschen, die man mit Augen sieht. Bei den Wissenden finden Sie, dass durchaus in dieser Zeit vor dem 10. Jahrhundert von den geistigen Wesenheiten, den sogenannten Intelligenzen des Kosmos, wie von Wesenheiten gesprochen wird, nun ja, denen man eben begegnet, wenn auch die Leute gewusst haben, sie sind schon längst aus dem Zeitalter hinaus, in dem das ein allgemeines Anschauungsgut der Menschen war. Sie haben aber gewusst, unter besonderen Verhältnissen ist die Wirkung da. Man darf zum Beispiel durchaus nicht übersehen, dass zahlreiche Priesternaturen, katholische Priesternaturen, bis ins 9., 10. Jahrhundert im Verlauf der Verrichtungen des Messopfers sich ganz klar darüber waren, dass sie bei dieser oder jener Handlung des Messopfers die Begegnung von geistigen Wesenheiten, von Intelligenzen des Kosmos gehabt haben.

Aber mit dem 9., 10. Jahrhundert verschwand allmählich aus dem Bewusstsein der Menschen der unmittelbare Zusammenhang mit den eigentlichen Intelligenzen des Weltenalls, und immer mehr und mehr tauchte auf nur das Bewusstsein von den Elementen des Kosmos, von dem Erdigen, dem Flüssigen oder Wässrigen, dem Luftartigen, dem Wärmeartigen, dem Feurigen. So dass, ebenso wie man früher von kosmischen Intelligenzen gesprochen hat, welche die Planetenbewegungen regeln, die Planeten vorbeiführen an den Fixsternen und so weiter, so sprach man nunmehr, ich möchte sagen, von der unmittelbaren Umgebung des Irdischen. Man sprach von den Elementen der Erde, des Wassers, der Luft, des Feuers. Chemische Stoffe im heutigen Sinne beachtete man nicht. Das kam erst viel später, dass man diese beachtete. Aber sehen Sie, Sie würden sich etwas ganz Falsches vorstellen, wenn Sie sich denken würden, dass die Wissenden selbst noch im 13., 14. Jahrhundert, ja sogar in einer gewissen Weise herein bis ins 18. Jahrhundert, sich unter Wärme, Luft, Wasser, Erde dasselbe vorgestellt hätten, was sich heute die Menschen darunter vorstellen. Heute reden die Menschen von der Wärme überhaupt nur noch als von einem Zustande, in dem die Körper sind. Von einem eigentlich Wärmeätherischen wird ja nicht mehr geredet. Aber Luft, Wasser, das ist ja für die Menschen heute, man möchte sagen, das Allerabstrakteste geworden, und es ist schon notwendig, dass man sich vertiefe in die Art, wie diese Vorstellungen einmal waren. Und so möchte ich Ihnen heute ein Bild geben, wie etwa die Redeweise bei den Wissenden in der bezeichneten Zeit war.

Ich war genötigt, als ich meine *Geheimwissenschaft*[31] schrieb, die Entwickelung der Erde doch wenigstens ein wenig mit den gebräuchlichen Vorstellungen der Gegenwart in Einklang zu bringen. Im 13., 12. Jahrhundert würde man sie haben anders machen können. Da würde zum Beispiel in einem gewissen Kapitel dieser Geheimwissenschaft das Folgende zu finden gewesen sein. Da hätte man zunächst eine Vorstellung hervorzurufen gehabt von den Wesenheiten, die man als die Wesenheiten der ersten Hierarchie bezeichnen kann: Seraphim, Cherubim, Throne. Man würde die Seraphim charakterisiert haben als Wesenheiten, bei denen es nicht Subjekt und Objekt gibt, sondern bei denen Subjekt und Objekt zusammenfällt, die nicht sagen würden: Außer mir sind Gegenstände – sondern: Die Welt ist, und ich bin die Welt, und die Welt ist Ich – die eben nur von sich wissen, und zwar so, dass diese Wesenheiten, diese Seraphim, von sich wissen durch ein Erlebnis, von dem der Mensch einen schwachen Nachglanz hat, wenn er, nun, sagen wir, die Erfahrung macht, die ihn in eine glühende Begeisterung versetzt.

Es ist sogar schwer manchmal, dem gegenwärtigen Menschen klar zu machen, was eine glühende Begeisterung ist, denn noch im Beginne des 19. Jahrhunderts wusste man besser, was glühende Begeisterung ist, als heute. Da kam es schon noch vor, dass das oder jenes Gedicht von diesem oder jenem Dichter vorgelesen worden ist, und die Leute benahmen sich vor Begeisterung so – verzeihen Sie, aber es war schon so –, dass der gegenwärtige Mensch sagen würde: Die sind ja alle wahnsinnig geworden! – So sind sie in Bewegung gekommen, so ist Wärme in sie eingezogen. Gegenwärtig erfriert man ja, gerade wenn man glaubt, die Leute sollten begeistert sein.

Und durch dieses Element der Begeisterung, das insbesondere in Mittel- und Osteuropa recht heimisch war, durch diese seelische Begeisterung, indem dieses Element zum Bewusstsein erhoben ist, einheitliches Bewusstseinselement ist, hat man sich das innere Leben der Seraphim vorzustellen. Und als ein völlig abgeklärtes Element im Bewusstsein, lichtvoll, so dass der

Gedanke unmittelbar Licht wird, alles beleuchtet, hat man das Bewusstseinselement der Cherubim vorzustellen. Und als in Gnade tragend, weltentragend, das Element der Throne.

Nun, das ist solch eine Skizze. Ich könnte darüber lange noch fortsprechen. Ich wollte Ihnen nur zunächst sagen, dass man versucht hätte in jener Zeit zunächst Seraphim, Cherubim, Throne in ihren wesenhaften Eigenschaften zu charakterisieren. Dann würde man gesagt haben: Der Chor der Seraphim, Cherubim, Throne wirkt zusammen, und zwar so wirkt er zusammen, dass die Throne einen Kern begründen (siehe Zeichnung unten; Mitte rotlila); die Cherubim lassen von diesem Kern ausströmen ihr eigenes lichtvolles Wesen (gelber Ring). Die Seraphim hüllen das Ganze in einen Begeisterungsmantel, der weithin in den Weltenraum strahlt (rote Umhüllung).

Aber das sind alles Wesenheiten in dem, was ich zeichne, in der Mitte die Throne, im Umkreis die Cherubim, in dem, was im Äußersten hier ist, die Seraphim. Das sind Wesenheiten, die

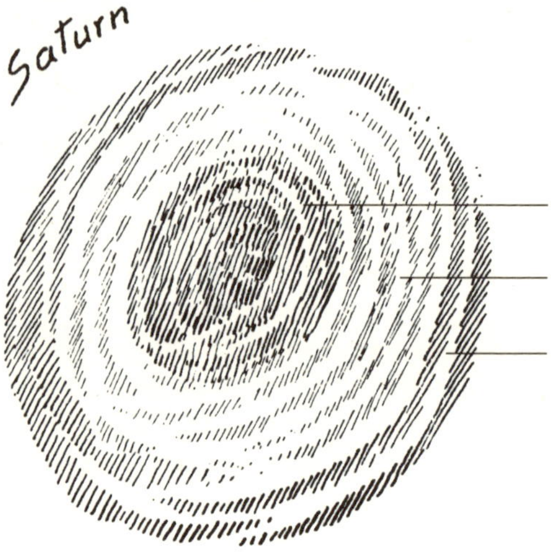

ineinanderschweben, -tun, -denken, -wollen, die ineinanderfühlen. Das sind Wesenhaftigkeiten. Und wenn ein Wesen, das die entsprechende Empfindungsfähigkeit gehabt hätte, nunmehr den Weg durch den Raum genommen hätte, wo in dieser Weise die Throne einen Kern begründet haben, die Cherubim eine Art von Umkreis, die Seraphim eine Art von Abschluss nach außen, wenn ein solches Wesen in den Bereich dieses Wirkens der ersten Hierarchie gekommen wäre, so hätte es Wärme in verschiedener Differenzierung, an verschiedenen Stellen Wärme gefühlt, da höhere Wärme, dort tiefere Wärme. Alles aber seelisch-geistig, aber so seelisch-geistig, dass das seelische Erlebnis auch zu gleicher Zeit in unseren Sinnen ein physisches Erlebnis ist, dass also, indem das Wesen sich seelisch warm fühlt, wirklich das da ist, was Sie fühlen, wenn Sie in einem geheizten Raume sind. Solch eine Zusammenbauung von Wesenheiten der ersten Hierarchie ist einmal im Weltenall entstanden, und das bildete das saturnische Dasein. Die Wärme ist bloß der Ausdruck dafür, dass diese Wesenheiten da sind. Die Wärme ist nichts, sie ist bloß der Ausdruck dafür, dass diese Wesenheiten da sind.

Ich möchte dafür ein Bild gebrauchen, das hier vielleicht etwas aufklärend sein kann. Denken Sie sich, Sie haben einen Menschen gern. Sie empfinden seine Gegenwart als Sie wärmend. Denken Sie sich, es kommt einer, der ein furchtbarer Abstraktling ist und sagt: Ja, der Mensch interessiert mich eigentlich nicht, den denke ich mir weg, mich interessiert nur die Wärme, die er verbreitet. – Aber er sagt gar nicht: Mich interessiert nur die Wärme, die er verbreitet –, sondern: Mich interessiert überhaupt nur die Wärme. – Er redet natürlich Unsinn, das verstehen Sie, denn wenn der Mensch weg ist, der die Wärme verbreitet, dann ist die Wärme auch nicht mehr da. Die Wärme ist überhaupt nur etwas, was da ist, wenn der Mensch da ist. Sie ist an sich nichts. Der Mensch muss da sein, wenn die Wärme da ist. So müssen Seraphim, Cherubim, Throne da sein, sonst ist auch die Wärme nicht da. Die Wärme ist nur die Offenbarung der Seraphim, Cherubim, Throne.

Sehen Sie, in jener Zeit, von der ich spreche, gab es ja in der Tat bis zu den kolorierten Zeichnungen herunter das, was ich Ihnen eben jetzt beschrieben habe. Man redete so, dass man, wenn man von Elementen redete, vom Elemente der Wärme, darunter eigentlich Cherubim, Seraphim, Throne verstand. Und das ist das saturnische Dasein.

Nun ging man weiter, und man sagte sich dann: Nur die Seraphim, Cherubim, Throne haben die Macht, so etwas hervorzubringen, so etwas hinzustellen in den Kosmos. Nur diese höchste Hierarchie hat die Fähigkeit, so etwas hinzustellen in den Kosmos. Aber indem diese höchste Hierarchie im Ausgangspunkte eines Weltenwerdens so etwas hingestellt hat, konnte die Entwickelung weitergehen. Es konnten gewissermaßen die Söhne der Seraphim, Cherubim und Throne die Entwickelung weiterleiten. – Und das geschah dann auf die Weise, dass wirklich die von den Seraphim, Cherubim und Thronen hervorgebrachten Wesenheiten der zweiten Hierarchie, die Kyriotetes, Dynamis, Exusiai, dass diese nun eindrangen in diesen Raum, sagen wir, der hier durch Seraphim, Cherubim und Throne saturnisch gestaltet worden war, saturnisch warm gebildet worden war. Da drangen dann die jüngeren, natürlich kosmisch jüngeren Wesenheiten ein. Diese kosmisch jüngeren Wesenheiten, wie wirkten sie? Während die Cherubim, Seraphim und Throne für sich im Elemente der Wärme sich offenbarten, so offenbarten sich die Wesenheiten der zweiten Hierarchie im Elemente des Lichtes. Hier (auf der Zeichnung S. 241, roter Hintergrund) das Saturnische ist dunkel, liefert Wärme. Und innerhalb der dunklen finsteren Welt des saturnischen Daseins ersteht dasjenige, was durch die Söhne der ersten Hierarchie, durch die Exusiai, Dynamis, Kyriotetes entstehen kann.

Was da entsteht innerhalb dieses saturnisch Warmen, das entsteht dadurch, dass das Eindringen der zweiten Hierarchie bedeutet ein innerliches Durchleuchtetwerden. Dieses innerliche Durchleuchtetwerden ist verknüpft mit einer Verdichtung der Wärme. Es wird aus dem bloßen Wärmeelement Luft.

Und wir haben auf der einen Seite eindringend in der Offenbarung des Lichtes die zweite Hierarchie. Aber Sie müssen sich jetzt klar vorstellen, in Wirklichkeit dringen Wesenheiten ein. Für ein Wesen mit entsprechender Wahrnehmungsfähigkeit dringt Licht ein. Licht ist dasjenige, was die Wege dieser Wesenheiten bezeichnet. Wenn irgendwo Licht hinkommt, so entsteht unter gewissen Bedingungen Schatten, Finsternis, finsterer Schatten. Durch das Eindringen der zweiten Hierarchie in Form des Lichtes entstand auch Schatten. Was war dieser Schatten? Die Luft. Und tatsächlich, bis ins 15., 16. Jahrhundert hat man gewusst, was die

Luft ist. Heute weiß man nur, die Luft besteht aus Sauerstoff, Stickstoff und so weiter, womit nicht viel anderes gesagt ist, als wenn einer meinetwillen von einer Uhr weiß, sie besteht aus Glas und Silber, womit über die Uhr gar nichts gesagt ist. Es ist über die Luft gar nichts gesagt als kosmische Erscheinung, wenn man sagt, sie besteht aus Sauerstoff und Stickstoff, aber es ist viel über die Luft gesagt, wenn man weiß: Aus dem Kosmos heraus ist die Luft der Schatten des Lichtes. – So dass man also jetzt tatsächlich mit dem Eindringen der zweiten Hierarchie in das saturnisch Warme das Eindringen des Lichtes hat (weiße Strahlen) und den Schatten des Lichtes, die Luft (grüne Schlangenlinien). Und wo das entsteht, ist Sonne. So hätte man eigentlich müssen im 13., 12. Jahrhundert sprechen.

Nun gehen wir weiter. Die weitere Entwickelung wird nun wiederum durch die Söhne der zweiten Hierarchie, durch Archai, Archangeloi, Angeloi geleitet. Diese Wesenheiten bringen ein Neues in das leuchtende Element, das zunächst durch die zweite Hierarchie eingezogen ist, das seinen Schatten, die luftige Finsternis nach sich gezogen hat – nicht die gleichgültige neutrale Finsternis, die saturnische, die einfach Abwesenheit des Lichtes war, sondern die, welche den Gegensatz des Lichtes herausgearbeitet hat. Zu dieser Entwickelung hinzu bringt die dritte Hierarchie, Archai, Archangeloi, Angeloi, durch ihre eigene Wesenheit ein Element hinein, das ähnlich ist unserem Begehren, unseren Trieben, etwas zu erlangen, nach etwas sich zu sehnen.

Dadurch kam folgendes, dadurch kam zustande, dass, sagen wir, ein Archai- oder Angeloiwesen hier hereinkam (siehe Zeichnung S. 241, Punkt auf dem Lichtstrahl rechts) und auftraf auf ein Element des Lichtes, ich möchte sagen, auf einen Ort des Lichtes. In diesem Ort des Lichtes empfing es durch die Empfänglichkeit für dieses Licht den Drang, das Begehren für die

Finsternis. Es trug das Angeloiwesen das Licht in die Finsternis herein, oder ein Angeloiwesen trug die Finsternis in das Licht herein. Diese Wesenheiten werden die Vermittler, die Boten zwischen Licht und Finsternis. Und die Folge davon war, dass dann dasjenige, was früher nur im Lichte erglänzte und seinen Schatten, die dunkle luftige Finsternis, nach sich gezogen hat, dass das anfing in allen Farben zu schillern, dass Licht in Finsternis, Finsternis in Licht erschien. Die dritte Hierarchie ist es, die die Farbe hervorgezaubert hat aus Licht und Finsternis.

Sehen Sie, hier haben Sie auch sozusagen etwas historisch Dokumentarisches vor Ihre Seele hinzustellen. In der Aristoteles-Zeit[32] hat man noch gewusst, wenn man, ich möchte sagen, innerhalb des Mysteriums sich gefragt hat, woher die Farben kommen, dass damit die Wesenheiten der dritten Hierarchie zu tun haben. Daher sprach es Aristoteles in seiner Farbenharmonie aus,[33] dass die Farbe ein Zusammenwirken des Lichtes und der Finsternis bedeutet. Aber dieses geistige Element, dass man hinter der Wärme die Wesenheiten der ersten Hierarchie, hinter dem Lichte und seinem Schatten, der Finsternis, die Wesenheiten der zweiten Hierarchie, hinter dem farbigen Aufglitzern in einem Weltenzusammenhange die Wesenheiten der dritten Hierarchie zu sehen hat, das ging verloren. Und es blieb nichts anderes übrig, als die unglückselige Newtonsche Farbenlehre,[34] über die bis ins 18. Jahrhundert herein die Eingeweihten gelächelt haben, und die dann das Glaubensbekenntnis derjenigen wurde, die eben physikalische Fachleute sind.

Man muss eben wirklich von der geistigen Welt gar nichts mehr wissen, wenn man im Sinne dieser Newtonschen Farbenlehre sprechen kann. Und wenn man noch innerlich aufgestachelt ist von der geistigen Welt, wie es bei Goethe der Fall war, da sträubt man sich dagegen. Man stellt, wie er es getan hat, das Richtige hin und schimpft furchtbar. Denn Goethe hat nie so geschimpft als bei der Gelegenheit, wo er über Newton zu schimpfen hatte; er schimpfte furchtbar über das unsinnige Zeug. Solche Dinge kann man ja heute nicht begreifen, aus dem einfachen Grunde, weil heute jemand vor den Physikern ein Narr ist, der nicht die Newtonsche Farbenlehre anerkennt. Aber die Dinge liegen doch nicht so, dass etwa in der Goethe-Zeit Goethe ganz allein dagestanden hätte. Unter denen, die nach außen diese Dinge aussprachen, stand er allein da, aber die Wissenden, auch noch am Ende des 18. Jahrhunderts, sie wussten eben durchaus auch, wie innerhalb des Geistigen die Farbe erquillt.

Aber sehen Sie, die Luft ist der Schatten des Lichtes. Und geradeso, wie, wenn das Licht ersteht, unter gewissen Bedingungen der finstere Schatten da ist, so ersteht, wenn Farbe da ist und diese Farbe als Realität wirkt – und das konnte sie, solange sie eindrang in das luftige Element –, so entsteht, wenn die Farbe hinsprüht im luftigen Elemente, wirkt im luftigen Elemente, also etwas ist, nicht bloß ein Abglanz ist, nicht bloß die Reflexfarbe ist, sondern eine Realität, die hinsprüht im luftigen Elemente: dann entsteht, wie durch Druck Gegendruck entsteht unter gewissen Bedingungen, aus dem realen Farbigen das flüssige, das wässrige Element. Wie der Schatten des Lichtes Luft ist, kosmisch gedacht, so ist das Wasser der Abglanz, die Schöpfung des Farbigen im Kosmos.

Sie werden sagen: Das verstehe ich nicht. – Aber versuchen Sie nur einmal, tatsächlich das Farbige zu fassen in seinem realen Sinne. Rot – nun ja, glauben Sie, dass das Rot wirklich in seiner Wesenheit nur die neutrale Fläche ist, als die man es gewöhnlich anschaut? Das Rot ist doch etwas, was eine Attacke auf einen macht. Ich habe es oftmals erwähnt. Man möchte davonlaufen vor dem Rot, es stößt einen zurück. Das Blauviolett, man möchte ihm nachlaufen, es läuft immer vor einem davon, es wird immer tiefer und tiefer. In den Farben lebt ja alles. Die

Farben sind eine Welt, und das seelische Element fühlt sich in der Farbenwelt tatsächlich so, dass es gar nicht auskommen kann ohne Bewegung, wenn es den Farben mit dem seelischen Erleben folgt.

Sehen Sie, der Mensch glotzt heute den Regenbogen an. Wenn man nur mit einiger Imagination nach dem Regenbogen hinschaut, da sieht man Elementarwesen, die am Regenbogen sehr tätig sind. Diese Elementarwesen zeigen sehr merkwürdige Erscheinungen. Hier (bei Rot und Gelb) sieht man fortwährend aus dem Regenbogen herauskommen gewisse Elementarwesen. Die bewegen sich dann so herüber. In dem Augenblicke, wo sie ankommen an dem unteren Ende des Grüns, werden sie angezogen. Man sieht sie hier verschwinden (bei Grün und Blau). Auf der anderen Seite kommen sie wieder heraus. Der ganze Regenbogen zeigt für den, der ihn mit Imagination anschaut, ein Herausströmen des Geistigen, ein Verschwinden des Geistigen. Er zeigt tatsächlich etwas wie eine geistige Walze, wunderbar. Und zu gleicher Zeit bemerkt man an diesen geistigen Wesenheiten, dass, indem sie da herauskommen, sie mit einer großen Furcht herauskommen, indem sie da hineingehen, gehen sie mit einem ganz unbesieglichen Mut hinein. Wenn man nach dem Rotgelb hinschaut, da strömt Furcht aus, wenn man nach dem Blauviolett hinschaut, bekommt man das Gefühl: Da lebt ja alles wie Mut, wie Courage.

Nun stellen Sie sich vor, dass nicht bloß der Regenbogen da ist, sondern wenn ich jetzt hier einen Schnitt zeichne (siehe Zeichnung S. 245), und der Regenbogen so steht (um 90° gedreht), so kommen die Wesenheiten da heraus, da verschwinden sie; hier Angst, hier Mut (siehe Zeichnung unten). Der Mut verschwindet wiederum. So wäre jetzt das Auge gerichtet, hier ist der Regenbogen, hier ist jetzt das Rot, Gelb und so weiter.

Da bekommt der Regenbogen eine Dicke. Und da werden Sie sich schon vorstellen können, dass wässriges Element daraus entsteht. Und in diesem wässrigen Element leben nun geistige Wesenheiten, die wirklich auch eine Art von Abbild sind der Wesenheiten der dritten Hierarchie.

Man kann schon sagen: Kommt man an die Wissenden des 11., 12., 13. Jahrhunderts heran, so muss man solche Dinge verstehen.

Sie können nicht einmal die Späteren mehr verstehen, Sie können nicht den Albertus Magnus[35] verstehen, wenn Sie ihn lesen mit dem, was heute der Mensch weiß. Sie müssen ihn lesen mit einer Art von Wissen, dass solches Geistiges für ihn noch eine Realität war; dann verstehen Sie erst, wie er die Worte gebraucht, wie er sich ausdrückt.

Und auf diese Weise treten auf wie ein Abglanz der Hierarchien Luft, Wasser. Indem die Hierarchien selber eindringen, dringt die zweite Hierarchie ein in Form des Lichtes, die dritte Hierarchie ein in Form des Farbigen. Damit aber, dass dieses sich bildet, ist das Mondendasein erreicht.

Und nun kommt die vierte Hierarchie. Ich erzähle jetzt so, wie man im 12., 13. Jahrhundert gedacht hat. Nun kommt die vierte Hierarchie. Wir sprechen gar nicht von ihr, aber im 12., 13. Jahrhundert hat man noch von dieser vierten Hierarchie sehr wohl gesprochen. Was ist diese vierte Hierarchie? Das ist der Mensch. Der Mensch selber ist die vierte Hierarchie. Aber beileibe nicht das hat man verstanden unter dieser vierten Hierarchie, was jetzt als zweibeiniges, alterndes, so höchst sonderbares Wesen herumgeht in der Welt, denn dem eigentlich Wissenden ist dazumal gerade der gegenwärtige Mensch als ein sonderbares Wesen vorgekommen. Sie haben gesprochen von dem ursprünglichen Menschen vor dem Sündenfall, der noch durchaus in einer solchen Form vorhanden war, dass er ebenso Macht über die Erde hatte, wie Angeloi, Archangeloi, Archai Macht über das Mondendasein, wie die zweite Hierarchie Macht über das Sonnendasein, die erste Hierarchie Macht über das Saturndasein hatte. Man sprach von dem Menschen in seinem ursprünglichen irdischen Dasein und konnte da von dem Menschen als der vierten Hierarchie sprechen. Und mit dieser vierten Hierarchie kam, allerdings als eine Gabe der oberen Hierarchien, aber wie etwas, was die oberen Hierarchien erst wie ein Besitztum gehabt haben, das sie gehütet haben, das sie nicht selber brauchten: es kam das Leben. Und in die farbenschillernde Welt, die ich Ihnen also in Andeutungen geschildert habe, kam das Leben hinein.

Sie werden sagen: Haben denn die Dinge nicht früher gelebt? – Meine lieben Freunde, wie das ist, können Sie am Menschen selber lernen. Ihr Ich und Ihr astralischer Leib haben nicht das Leben und wesen eben doch. Das Geistige, das Seelische braucht nicht das Leben. Erst bei Ihrem Ätherleib fängt das Leben an, und es ist das etwas äußerlich Hüllenhaftes. Und so kommt auch das Leben erst nach dem Mondendasein mit dem Erdendasein in den Bereich derjenigen Evolution hinein, der eben unsere Erde angehört. Die farbenschillernde Welt wurde durchlebt. Nicht nur, dass jetzt Angeloi, Archangeloi und so weiter Sehnsucht empfingen, Finsternis in Licht, Licht in Finsternis hineinzutragen und dadurch im Planeten das Farbenspiel hervorzurufen, sondern es trat dieses auf, innerlich zu erleben dieses Farbenspiel, es innerlich zu machen. Zu erleben, wenn Finsternis innerlich das Licht dominiert, Schwachheit zu fühlen, Lässigkeit zu fühlen; dagegen wenn Licht die Finsternis dominiert, Aktivität zu fühlen. Denn was ist es, wenn Sie laufen? Wenn Sie laufen, ist es eben so, dass Licht in Ihnen die Finsternis dominiert; wenn Sie sitzen und faul sind, dominiert die Finsternis das Licht. Es ist seelisches Farbenwirken, seelisches Farbenschillern. Von Leben durchsetztes, durchströmtes Farbenschillern trat auf, indem die vierte Hierarchie, der Mensch, kam. Und in diesem Augenblicke des kosmischen Werdens fingen die Kräfte, die da regsam wurden im Farbenschillern, an, Konturen zu bilden. Das Leben, das die Farben innerlich abrundete, abeckte, abkantete, rief das feste Kristallinische hervor. Und wir sind im Erdendasein drinnen.

Solche Dinge, wie ich sie Ihnen jetzt dargestellt habe, die waren eigentlich die Ausgangswahrheiten jener mittelalterlichen

Alchimisten, Okkultisten, Rosenkreuzer und so weiter, die, ohne dass heute die Geschichte viel von ihnen berichtet, namentlich geblüht haben vom 9., 10. bis ins 14., 15. Jahrhundert herein, und die noch die letzten Nachzügler gehabt haben, die man aber immer dann als Sonderlinge angesehen hat, bis ins 18. Jahrhundert, ja bis in den Beginn des 19. Jahrhunderts herein. Nur sind dann diese Dinge völlig zugedeckt worden. Nur hat es die moderne Weltanschauung dann dazu gebracht, Folgendes zu vollführen. Denken Sie sich, hier habe ich einen Menschen. Ich höre auf, mich für diesen Menschen zu interessieren und nehme ihm nur die Kleider ab und hänge die Kleider an einen Kleiderstock, der oben einen kopfförmigen Knopf hat, und für den Menschen interessiere ich mich nicht weiter. Ich stelle mir weiter vor: Das ist der Mensch (siehe Zeichnung S. 250); was geht mich das an, dass in diesen Kleidern so etwas drinnenstecken kann? Das ist der Mensch (der Kleiderständer)! – Ja, sehen Sie, so kam es mit den Naturelementen. Es interessiert einen nicht weiter, dass hinter der Wärme oder dem Feuer die erste Hierarchie, hinter dem Licht und der Luft die zweite Hierarchie, hinter dem sogenannten chemischen Äther, Farbäther und so weiter und dem Wasser die dritte Hierarchie, hinter dem Lebenselemente und der Erde die vierte Hierarchie oder der Mensch ist. Bloß den Kleiderrechen her und darauf die Gewänder gehängt! Nun, das ist der erste Akt. Der zweite Akt, der beginnt aber dann auf Kantisch![36] Da beginnt der Kantianismus, da fängt man an, indem man nun den Kleiderstock hat – die Kleider hängen darauf –, nun zu philosophieren, was das Ding an sich dieser Kleider sein könnte. Und man kommt darauf, dass man eigentlich dieses Ding an sich der Kleider nicht erkennen kann. Sehr scharfsinnig! Natürlich, wenn man den Menschen zuerst weggenommen hat und dann den Kleiderstock mit den Kleidern hat, so kann man über die

Kleider philosophieren, und dann kommt man darauf, dass man hübsche Spekulationen macht. Es ist ja eben der Kleiderstock da, nicht wahr, und da hängen die Gewänder daran, und da philosophiert man, entweder auf Kantisch: Das Ding an sich erkennt man nicht – oder auf Helmholtzisch,[37] und da denkt man sich: Diese Kleider, die können doch nicht Formen haben; nun ja, da sind eben lauter kleine wirbelnde Staubkörnchen, Atome drinnen, die schlagen da an, und da werden die Kleider in ihrer Form erhalten.

Ja, so hat sich das Denken dann später entwickelt. Das aber ist abstrakt, schattenhaft. Aber in diesem Denken, in diesem Spekulieren leben wir ja heute; aus dem prägen wir uns heute unsere gesamte naturwissenschaftliche Anschauung. Und wenn wir nicht zugeben, dass wir atomistisch denken, so tun wir es erst recht. Denn das wird man noch lange nicht zugeben, dass es nicht notwendig ist, den Wirbeltanz der Atome da hineinzuträumen, sondern wieder den Menschen in die Kleider hineinzutun. Das aber muss eben versuchen die Wiederaufrichtung der Geisteswissenschaft.

Ich wollte Ihnen heute in einer Anzahl von Bildern geben, wie dazumal noch gedacht worden ist, und was schon eigentlich zu lesen ist in älteren Schriften, was aber verglommen ist. Aber weil es verglommen ist, kommen solche interessanten Tatsachen zutage: Da hat ein nordischer Chemiker[38] von heute eine Stelle des Basilius Valentinus[39] wieder abgedruckt und die Sache im heutigen Sinne chemisch genommen. Und da konnte er natürlich nichts anderes sagen – weil das so aussieht, wenn man es heute chemisch denkt, als wenn man im Laboratorium stünde, Retorten und andere Instrumente hätte und heutige Experimente ausführte –, da konnte er nichts anderes sagen, als dass das ein Unsinn sei, was da bei Basilius Valentinus steht. Was aber bei Basilius Valentinus steht, ist ein Stück Embryologie, eben in Bildform ausgedrückt. Ein Stück Embryologie ist das. Wenn man einfach die heutige Denkweise anwendet, so bekommt man scheinbar einen bloßen Laboratoriumsversuch, der aber dann ein Unsinn ist. Denn im Laboratorium – wenn man nicht gerade der Wagner ist, der aber immerhin noch mehr auf den Standpunkt der früheren Jahrhunderte steht – kann man eben nicht ein Stück Embryologie ausführen.

Diese Dinge müssen heute wieder eingesehen werden. Und im Zusammenhange mit den großen Wahrheiten, die ich aussprechen durfte in den Tagen der Weihnachtstagung, möchte ich eben auch einiges noch sagen über die Schicksale des inneren Geisteslebens in den letzten Jahrhunderten der Weltentwickelung.

Der innere Aspekt der Erdenverkörperung des Erdplaneten

Berlin, 5. Dezember 1911

So haben wir uns denn in einer Reihe von Betrachtungen vor die Seele geführt, wie hinter alledem, was wir die Maja oder die große Illusion nennen, das Geistige steht. Wir wollen noch einmal uns die Frage stellen: In welcher Art hat sich uns denn gezeigt, dass hinter allem, was wir zunächst für unsere Sinne und für unsere sonstige an unseren Leib gebundene Weltenauffassung um uns herum haben, das Geistige zunächst von uns erkannt worden ist?

Wir haben es dadurch charakterisiert, dieses Geistige, dass wir im Laufe der letzten Betrachtungen genötigt waren, gleichsam vor unserem Blick hinwegzuschaffen die nächsten äußeren Welterscheinungen und durchzudringen bis zu solchen Eigenschaften des Wirklichen, wie die waren, die wir bezeichneten als Opferwilligkeit, schenkende Tugend, Resignation oder Verzicht, also lauter Eigenschaften, die wir nur kennenlernen können, wenn wir in unsere eigene Seele blicken, die wir sinnvoll zunächst nur unserer eigenen Seele beilegen können. Wenn wir nun demjenigen, was wir als das Wirkliche, wir könnten auch sagen, als das Wahrhaftige hinter der Welt der Illusion zu denken haben, in seiner Wahrheit solche Eigenschaften beilegen müssen, wie die eben genannten, so müssen wir sagen: In dieser Welt des wahrhaftigen Daseins, in dieser Welt des Wirklichen lebt dasjenige, was wir seinen Eigenschaften nach im Grunde genommen nur vergleichen können mit Eigenschaften, die wir zunächst in unserer eigenen Seele wahrnehmen. Wenn wir zum Beispiel das, was sich äußerlich ausdrückt im Scheine der

Wärme, zu charakterisieren haben in Bezug auf seine Wahrheit als Opferdienst, als strömendes Opfer in der Welt, so heißt das eben, dass wir das Element der Wärme zurückgeführt haben auf ein Spirituelles, auf ein Geistiges, gleichsam also hinweggeschafft haben, was der äußere Schleier des Daseins ist, und das aufgezeigt haben, was in der Außenwelt gleich ist demjenigen, was wir als unser eigenes Spirituelles erkennen.

Bevor wir nun in den Betrachtungen weitergehen, ist uns eine andere Idee notwendig. Das ist die: Verfliegt denn nun wirklich alles, was wir innerhalb der Welt der Maja oder der großen Illusion haben, in eine Art von Nichtigkeit? Ist wirklich in all dieser uns umgebenden Sinnenwelt und der Welt unserer äußeren Auffassung gar nichts, was sich sozusagen darstellt als das Wahrhaftige oder als ein Wahrhaftiges?

Es wäre ja gewiss ein guter Vergleich, wenn man sagen würde: die Welt der Wahrheit, die Welt der Wirklichkeit sei zunächst verborgen, wie die inneren Kräfte eines Teiches oder selbst des Ozeans in der Wassermasse verborgen sind; und die Welt der Maja könnten wir vergleichen mit dem Wellenkräuselspiel, das sich an der Oberfläche abspielt. Der Vergleich wäre gut, aber er zeigt uns gerade, dass doch etwas herauffließt von dem, was unten im Ozean ist und was das Wellenkräuselspiel oben bewirkt, das Substantielle des Wassers und auch eine gewisse Konfiguration der Kräfte. So ist es gleichgültig, ob wir diesen oder einen anderen Vergleich wählen. Wir können wohl die Frage aufwerfen: Gibt es nicht auch im weiten Reiche unserer Maja oder Illusion etwas, was «wirklich» ist?

Wir wollen es heute ebenso machen, wie wir es bei den letzten Betrachtungen gemacht haben. Wir werden uns dem, was wir uns vor die Seele führen wollen, langsam nähern, indem wir ausgehen von inneren Erlebnissen unserer Seele. Und zwar, weil wir uns durch das Saturn-, Sonnen- und Mondendasein spirituell vorwärtsbewegt haben und jetzt zum Erdendasein heranrücken, wollen wir von noch naheliegenderen, man möchte sagen, gewöhnlicheren Seelenerlebnissen ausgehen, als wir es das letzte Mal taten. Das letzte Mal gingen wir aus von den verborgenen Tiefen des Seelenlebens, von dem, was heraufragt aus dem, was wir in der Geisteswissenschaft kennengelernt haben als unseren astralischen Leib. Da haben wir heraufragen gefühlt die Sehnsucht, und wir haben gesehen, wie die Sehnsucht arbeitet in den Wesen – zunächst für uns also in dem Menschen –, und wie sie es ist, die eigentlich das Seelenleben dahin führt, Befriedigung nur in dem Entgegenkommen jener Bilderwelt zu finden, die wir als die innere Bewegung dieses Seelenlebens haben auffassen können. Und dadurch haben wir den Weg gefunden von der mikrokosmischen einzelnen Seele bis zu jenem makrokosmischen Weltenschaffen, das wir zugeschrieben haben den Geistern der Bewegung.

Heute wollen wir von einem noch näherliegenden Erlebnis der Seele ausgehen, und zwar von einem Erlebnis, auf das schon aufmerksam gemacht worden ist im alten Griechenland, das aber in seiner Wahrheit noch heute ein tief bedeutsames ist, und das angedeutet wird durch die Worte: Alle Philosophie, also alles Streben nach einem gewissen menschlichen Wissen gehe aus von dem Staunen.[40] – Das ist in der Tat richtig. Wer nur ein wenig reflektiert und achtgibt auf den ganzen Vorgang im Erleben seiner Seele, wie er sich nähert irgendeinem Wissen, der wird schon an sich selbst erfahren können, dass ein gesunder Weg zum Wissen immer seinen Ausgangspunkt findet von dem Staunen, von der Verwunderung über irgendetwas. Dieses Staunen, diese Verwunderung, von der jeder Wissensprozess auszugehen hat, gehört geradezu zu jenen seelischen Erlebnissen, die wir bezeichnen müssen als diejenigen, welche in alles Nüchterne Hoheit und Leben hineinbringen. Denn, was wäre irgendein Wissen, das in unserer Seele Platz greift, das nicht ausginge von dem Staunen? Es wäre wahrhaftig ein Wissen, das ganz eingetaucht sein müsste in Nüchternheit, in Pedanterie. Allein jener Prozess, der sich abspielt in der Seele, der von der Verwunderung hinführt zu der Beseligung, die wir empfangen von den gelösten Rätseln, und der sich zuerst über der Verwunderung erhoben hat, macht das Hoheitsvolle und das innerlich Lebendige des Wissensprozesses aus. Man sollte eigentlich fühlen das Trockene und Vertrocknende eines Wissens, das nicht von diesen beiden Gemütsbewegungen sozusagen eingesäumt ist. Eingerahmt von Staunen und von Beseligung über das gelöste Rätsel ist das wahre, das gesunde Wissen. Alles andere Wissen kann von außen angeeignet sein, kann von dem Menschen aus diesem oder jenem Grund herangebracht sein. Aber ein Wissen, das nicht eingerahmt ist von diesen beiden Gemütsbewegungen, ist nicht wirklich im Ernste aus der Menschenseele entsprungen. Alles Aroma des Wissens, das die Atmosphäre des Lebendigen im Wissen bildet, geht aus von diesen zwei Dingen, von Staunen und Beseligung über das erfüllte Staunen.

Was für einen Ursprung hat aber das Staunen selbst? Warum tritt Staunen – also Verwunderung über irgendein Äußeres – in unserer Seele auf? Es tritt Staunen, Verwunderung aus dem Grunde auf, weil wir uns zunächst irgendeinem Wesen oder einem Ding oder einer Tatsache gegenüber, die vor uns auftritt, fremd angemutet fühlen. Die Fremdheit ist das erste Element, das zur Verwunderung, zum Staunen führt. Aber nicht allem Fremden gegenüber empfinden wir das Staunen, die Verwunderung, sondern nur einem solchen Fremden gegenüber, mit dem wir uns doch in einer gewissen Weise verwandt fühlen, so verwandt fühlen, dass wir uns sagen: Es ist etwas in dem Ding oder Wesen, das jetzt noch nicht in mir ist, das aber in mich übergehen kann. – Also zugleich verwandt und fremd fühlen wir uns einer Sache gegenüber, die wir durch Verwunderung, durch ein Staunen zunächst erfassen.

Mit dem Worte «Verwunderung» hängt dann auch das Wort «Wunder» zusammen, das wir einem Ereignis beilegen, zu dem der Mensch zunächst in seiner Erkenntnis keine verwandtschaftliche Beziehung finden kann. Aber das kann ja nur an ihm liegen, oder braucht wenigstens nur an ihm zu liegen. Und er würde sich gar nicht selbst in ablehnender Weise zu dem verhalten, was er als «Wunder» bezeichnet, wenn er nicht in einer gewissen Weise doch Anspruch darauf machen würde, dass es sich ihm erschließt, also in einer gewissen Weise doch verwandt mit ihm sein sollte. Denn warum leugnen die Menschen, die von materialistischen oder rein verstandesmäßigen Begriffen ausgehen, zum Beispiel dasjenige, was andere anerkennen als Wunder, wenn sie nicht direkte Beweise dafür haben, dass eine Lüge, eine Unwahrheit vorliegt? Das müssen heute selbst schon Philosophen zugeben, dass man aus den Erscheinungen der Welt, welche dem Menschen vorliegen, niemals beweisen könne, dass zum Beispiel der in dem Jesus von Nazareth inkarnierte Christus nicht auferstanden sei. Man kann Gründe dagegen anführen. Aber wie sind diese Gründe? Sie sind logisch nicht haltbar! Das geben heute schon aufgeklärte Philosophen zu. Denn die Gründe, welche von materialistischer Seite beigebracht werden, zum Beispiel dass alle Menschen, welche diese Leute bisher gesehen haben, zunächst nicht so auferstehen wie der Christus, diese Gründe stehen logisch auf derselben Höhe wie der, dass jemand, der bisher nur Fische gesehen hat, aus der Beschaffenheit der Fische nun nachweisen wollte, dass es keine Vögel gibt. Man kann nie aus der einen Klasse von Wesenheiten in logisch berechtigter Weise ableiten, dass andere Wesen nicht existieren. Ebenso wenig kann man aus den Erfahrungen, welche man über die Menschen des physischen Planes machen kann, etwas ableiten – was als Wunder zunächst bezeichnet wird – über die Ereignisse von Golgatha. Wenn Sie aber einem Menschen etwas mitteilen, was er als Wunder bezeichnen müsste, wenn die Sache auch wahr wäre, und er sagt: Ich kann sie nicht verstehen – so widerspricht er damit nicht dem, was wir über den Begriff der Verwunderung gesagt haben; denn er zeigt in seinem Verhalten ganz klar, dass dieser Ausgangspunkt alles Wissens für ihn auch begründet ist. Er verlangt nämlich, dass das, was ihm mitgeteilt wird, ein ihm Verwandtes habe. Er will, dass es in einer gewissen Weise sein Eigentum werden kann im Geistigen, und da er glaubt, dass er das nicht haben könne, dass es nicht mit ihm verwandt ist, so lehnt er es ab. Selbst wenn wir bis an die Grenze, bis zum Wunderbegriff selbst herangehen, würden wir sehen, dass Verwundern oder Erstaunen, von dem schon im Sinne des alten Griechentums alle Philosophie ausgegangen ist, darauf beruht, dass sich der Mensch gegenüber befindet einem Fremden, es aber doch als ein Verwandtes anerkennen muss. Versuchen wir nun eine Verbindungsbrücke zu schaffen zwischen diesen Begriffen und dem, was wir das letzte Mal vor unsere Seele geführt haben.

Wir haben das letzte Mal gezeigt, wie ein gewisser Fortschritt in der Evolution dadurch herbeigeführt wird, dass Wesen bereit sind zu opfern, Opfer darzubringen, dass aber diese Opfer verweigert, zurückgewiesen werden, und wir haben in den zurückgewiesenen Opfern eine der Haupttatsachen erkannt, welche während der alten Mondenentwickelung gespielt haben. Es gehört zu dem Wesentlichsten der alten Mondenentwickelung, dass damals von gewissen Wesen an höhere Wesenheiten Opfer dargebracht werden sollten, auf welche diese höheren Wesenheiten verzichteten, so dass also gleichsam der Opferrauch der alten Mondwesen hinaufdrang zu den höheren Wesenheiten, aber von ihnen nicht angenommen wurde und zurückgeleitet wurde als Substanz in die Wesenheiten, welche das Opfer darbringen wollten. Und wir haben gesehen, dass ein großer Teil der Eigentümlichkeit der Wesen des alten Mondes darin bestand, dass sie dasjenige in sich zurückgestoßen fühlen, was sie von sich selbst hinaufsenden wollten zu höheren Wesenheiten als Opfersubstanz. Ja, wir haben gesehen, dass das, was da hinauf wollte zu den höheren Wesenheiten und nicht konnte, eben zurückblieb in den betreffenden Wesenheiten, und sich dadurch in diesen Wesenheiten des zurückgewiesenen Opfers als die Kraft der Sehnsucht herausgebildet hatte. Und wir haben noch immer in alledem, was wir in unserer eigenen Seele als Sehnsucht empfinden, eine Erbschaft jener alten Mondenvorgänge, die darin bestehen, dass Wesen damals ihr Opfer nicht angenommen fanden. Der ganze Charakter der alten Mondenentwickelung, spirituell erfasst, die ganze geistige Atmosphäre des alten Mondes lässt sich in vieler Beziehung so charakterisieren, dass Wesen auf dem alten Monde sind, die ihre Opfer darbringen wollen, aber finden, dass diese Opfer, weil die höheren Wesenheiten in Bezug auf sie resignieren, nicht angenommen werden. Das ist der eigenartige melancholische Grundzug in der alten Mondenatmosphäre: das zurückgewiesene Opfer. Und das zurückgewiesene Opfer des Kain, in dem symbolisch einer der Ausgangspunkte unserer Erdenmenschheitsevolution angedeutet ist, erscheint uns wie eine Art Wiederholung des Grundzuges der alten Mondenentwickelung, der sich da abspielt in der Seele des Kain, der sein Opfer nicht angenommen sieht. Das ist etwas, was uns wie versinnbildlichen kann ein Leid, einen Schmerz, welche die Sehnsucht gebären, wie es bei den Wesen des alten Mondendaseins der Fall war.

Wir haben nun das letzte Mal schon gesehen, dass zwischen diesen nicht angenommenen Opfern und zwischen der Sehnsucht, die dadurch in den Wesenheiten entstanden ist, dass das Opfer nicht angenommen worden ist, gewissermaßen ein

Ausgleich geschaffen wurde, indem auf dem alten Monde die Geister der Bewegung auftraten. Dadurch wurde wenigstens die Möglichkeit geschaffen, dass die Sehnsucht, die entstanden war bei den Wesen des zurückgewiesenen Opfers, in einer gewissen Art befriedigt werden konnte. Stellen Sie sich das recht lebendig vor: Sie haben höhere Wesenheiten, denen geopfert werden soll, aber die Opfersubstanzen werden zurückgewiesen. Sehnsucht entsteht dadurch in diesen Wesen, welche opfern wollten, und die nun fühlen: Hätte ich mein Opfer jenen höheren Wesen darbringen können, so würde das Beste meines eigenen Wesens bei diesen Wesen leben, ich selber würde in diesen höheren Wesenheiten leben, so aber bin ich ausgeschlossen von diesen Wesenheiten, so stehe ich hier, und diese höheren Wesenheiten stehen dort! – Die Geister der Bewegung aber – wir können das fast wörtlich verstehen – bringen diese Wesenheiten, in denen durch das zurückgewiesene Opfer aufglimmt die Sehnsucht nach den höheren Wesenheiten, in solche Lagen, dass sie sich von den verschiedensten Seiten nähern können den höheren Wesenheiten. So dass das, was in ihnen ruht als nicht darzubringendes Opfer, wenigstens durch die Fülle der Eindrücke, die empfangen werden von den höheren Wesen, welche gleichsam umkreist werden von den Wesen des zurückgewiesenen Opfers, ausgeglichen werden kann; ausgeglichen werden kann dasjenige, was durch das Zurückweisen des Opfers nicht befriedigt wird, indem in den Positionen dieser Wesen zu den höheren Wesenheiten eine Beziehung entsteht, wie sie durch ein dargebrachtes Opfer eingetreten wäre.

Wir machen uns völlig verständlich, was damit gemeint ist, wenn wir uns denken, symbolisch zusammengefasst, die höheren Wesenheiten als Sonne, und dann in einer einzigen Position, als einen Planeten, niedrigere Wesenheiten zusammengefasst. Nehmen wir nun an, die Wesen des niederen Planeten wollten dem höheren Planeten, also der Sonne, ihre Opfer darbringen. Aber die Sonne weist sie zurück, und die Opfersubstanzen müssen bleiben bei den Wesenheiten des nicht angenommenen Opfers, dabei fühlen sich diese Wesen voll von Sehnsucht in ihrer Einsamkeit, in ihrer Abgeschlossenheit. Nun bringen die Geister der Bewegung sie in den Umkreis der höheren Wesenheiten; dadurch ist es ihnen erst möglich, an die Stelle des unmittelbaren Hinauffließens ihrer Opfersubstanz, diese Opfersubstanz selbst in Bewegung zu bringen und sie dadurch in eine Beziehung zu bringen zu den Wesen höherer Art. Es ist das geradezu so, als wenn ein Mensch nicht in der Lage ist, durch eine einmalige große Befriedigung mit seiner Sehnsucht zurechtzukommen und dann eine Reihe Teilbefriedigungen erlebt: so dass also sein ganzes Gemüt in Bewegung kommt, wenn er so eine Reihe Teilbefriedigungen erlebt. Das haben wir das letzte Mal genauer beschrieben. Wir haben gesehen, wie durch die Eindrücke, die nun von außen kommen, weil sich das Wesen nicht innerlich in der Opferung mit den höheren Wesenheiten vereinigt fühlt, ein Ersatz entsteht; das konnte uns zeigen, wie solche Wesen dennoch zu einer gewissen Befriedigung kommen.

Nun aber kann doch nicht geleugnet werden, dass das, was hätte geopfert werden sollen, in anderer Weise bei den höheren Wesen fortbestehen würde als bei den niederen Wesen. Denn die eigentlichen Daseinsbedingungen dessen, was hätte geopfert werden sollen, liegen bei den höheren Wesen. Bei den niederen Wesen müssen also andere Daseinsbedingungen dafür eintreten. – Wiederum können wir uns dazu bildlich vorstellen: Wenn von einem Planeten die ganze Substanz, die er enthält, in die Sonne fließen könnte und die Sonne sie nicht zurückweisen würde, so würden die Wesen dieses Planeten in der Sonne andere Daseinsbedingungen finden als sonst, wenn die Sonne sie zurückweist, außerhalb der Sonne, in dem Planeten. Kurz: Eine

Entfremdung dessen, was wir den «Inhalt des Opfers» nennen müssen, tritt ein, eine Entfremdung dieser Opfersubstanz von ihrem Ursprung.

Fassen Sie nun diesen Gedanken, dass Wesenheiten etwas in sich behalten müssen, was sie gern als Opfer darbringen würden, und wovon sie das Gefühl und die Empfindung haben, dass es erst dann seinen rechten Sinn fände, wenn es als Opfer dargebracht werden könnte. Vergegenwärtigen Sie sich die Empfindungen solcher Wesenheiten, dann werden Sie das haben, was man nennen kann: Abgeschlossenheit eines gewissen Teiles der Weltenwesenheit gegenüber seinem eigentlichen Sinn und gegenüber seinem eigentlichen großen Weltenzweck. Es haben Wesen etwas in sich, was eigentlich – wenn wir bildlich sprechen dürften – an einem anderen Orte als bei ihnen selber seinen Sinn hätte. Die Folge davon ist, dass diese Deplatzierung – wenn wir wieder bildlich sprechen – des zurückgewiesenen Opferrauches, der zurückgewiesenen Opfersubstanz, ein Ausgestoßenwerden zunächst dieser Opfersubstanz von dem übrigen Weltenprozess bewirkt.

Wenn Sie diesen Gedanken nicht mit Ihrem Verstande – denn der geht nicht auf solche Dinge –, sondern wenn Sie mit ihrem Gefühl das fassen, was damit ausgesprochen ist, so werden Sie die Empfindung haben: Es ist etwas wie herausgerissen aus dem allgemeinen Weltenprozess. Für die Wesen, die das Opfer zurückgewiesen haben, ist es nur etwas, was sie von sich abgestoßen haben. Für die anderen Wesen, in denen die Opfersubstanz geblieben ist, ist es etwas, dem der Charakter der Fremdheit seines eigenen Ursprunges aufgedrückt wird. Wir haben also dadurch Wesen, denen in ihrer Substantialität die Fremdheit von seinem Ursprunge aufgedrückt ist. Das aber ist, wenn man das gefühlsmäßig versteht, wenn man diese Idee sich gefühlsmäßig vor die Seele malt – wenn man sich vor die Seele malt etwas, dem die Fremdheit seines Ursprunges innewohnt –, das ist der Tod. Und nichts anderes ist der Tod im Weltenall als das, was notwendig eintritt mit der zurückgewiesenen Opfersubstanz bei den Wesen, die eben diese Opfersubstanz behalten müssen. So kommen wir von der Resignation, von dem Verzicht, den wir gefunden haben auf der dritten Stufe der Evolution, gegenüber dem, worauf von den höheren Wesen verzichtet worden ist, zum Tod. Und der Tod in seiner wahren Bedeutung ist nichts anderes als die Eigenschaft von Wesensinhalten, die nicht an ihrem wahren Orte sind, die ausgeschlossen von ihrem wahren Orte sind.

Auch wenn der Tod im konkreten Leben beim Menschen eintritt, liegt dasselbe zugrunde. Denn wenn wir uns den Leichnam besehen, der in der Welt der Maja zurückbleibt, so ist in ihm nichts anderes enthalten als eine Substantialität, die mit dem Moment des Todes ausgeschlossen ist von Ich, Astralleib und Ätherleib, die entfremdet ist demjenigen, innerhalb dessen sie nur einen eigentlichen Sinn hat. Denn des Menschen physischer Leib hat keinen Sinn ohne Ätherleib, Astralleib und Ich, ist sinnlos, ist in diesem Moment von seinem Sinn ausgeschlossen. Was wir nicht mehr durchschauen können, wenn ein Mensch stirbt, das stellt sich uns eben dar im Makrokosmos. Dadurch, dass die Weltenwesen höherer Sphären zurückweisen, was ihnen als Opfer dargebracht werden soll, verfällt diese zurückgewiesene Opfersubstanz in den Wesenheiten, denen sie zurückgewiesen worden ist, dem Tode, denn der Tod ist Ausgeschlossenwerden irgendeiner Weltensubstanz, irgendeiner Weltenwesenheit von ihrem eigentlichen Sinn.

Damit aber sind wir eingetreten in eine spirituelle Charakteristik desjenigen, was wir das vierte Element im Weltall nennen. Wenn uns das Feuer reinster Opfersinn war – und überall, wo uns Feuer oder Wärme entgegentritt, liegt spirituell dahinter Opferung –, wenn wir hinter allem, was als Luft ausgebreitet ist um unsere Erde herum, schenkende oder spendende Tugend, hinströmende Tugend in Wahrheit fanden, wenn wir charakterisieren konnten das fließende Wasser, also Flüssigkeit als Element, als spirituelle Resignation oder Verzicht, so müssen wir das Element der Erde, das allein der Träger des Todes werden kann – denn der Tod würde nicht da sein, wenn das Element der Erde nicht da wäre –, als dasjenige charakterisieren, was abgespalten worden ist von seinem Sinn durch den Verzicht. Jetzt haben Sie förmlich konkret irgendetwas, wo sich aus Flüssigem Festes bildet. Denn das spiegelt in einer gewissen Weise auch einen spirituellen Prozess. Stellen wir uns vor, es gliedert sich ein in die Wassermasse eines Teiches Eis, das Wasser also wird fest. In Wahrheit liegt da nichts anderes zugrunde, als dass dasjenige, was das Wasser zu Eis werden lässt, es abschnürt von dem Sinn des Wassers. Da haben Sie das Spirituelle des Festwerdens, das Spirituelle des Erdewerdens. Denn in Bezug auf die Charakteristik der vier Elemente ist das Eis ebenfalls «Erde» und nur das Flüssige «Wasser». – Eine Abschnürung von seinem Sinn ist das, was wir Tod nennen können, und das, worin der Tod sich darstellt, sich auslebt, das ist das Element der Erde.

Wir sind ausgegangen davon, dass wir die Frage aufgeworfen haben, ob es innerhalb unserer Welt der Illusion, der Maja, gar nichts Wahrhaftiges gibt, ob es dort gar nichts von dem gibt, was sozusagen einer Wirklichkeit entspricht. Nehmen Sie einmal jetzt recht genau den Begriff, den wir eben vor unsere Seele hingestellt haben. Ich habe Ihnen von Anfang an gesagt: die Begriffe dieser unserer Betrachtungen sind einigermaßen kompliziert. Es wird also notwendig sein, dass wir sie nicht nur verstandesmäßig aufnehmen, sondern darüber meditieren, dann werden sie uns erst ganz klar werden. Aber nehmen wir jetzt diesen Begriff vom Tode, beziehungsweise den vom Erdigen; er zeigt uns ein ganz merkwürdiges Gesicht. Während wir bei allen anderen Begriffen uns sagen konnten: In Bezug auf das, was da in der Welt der Maja um uns herum ist, liegt eigentlich gar nichts Wahrhaftiges vor, sondern das Wahrhaftige ist ein ihm zugrunde liegendes Spirituelles –, haben wir jetzt etwas herausbekommen, wo dasjenige, was wir innerhalb der Maja haben, eigentlich gerade deshalb, weil es getrennt ist von seinem Sinn, weil es im Spirituellen sein sollte, sich als das Tote charakterisiert. Es ist damit in die Maja hinein etwas abgeschnürt, was eigentlich nicht in der Maja sein sollte. Überall im ganzen weiten Reiche der Maja oder der großen Illusion haben wir eben lauter Täuschungen, lauter Illusionen vor uns. Aber wir bekommen etwas in die Maja hinein, was dadurch einem Wahrhaftigen entspricht, dass es abgeschnürt wird von seinem eigentlichen Sinn im Spirituellen, und in dem Augenblick, wo es hereinkommt, tritt an es die Vernichtung, der Tod heran. Das sagt uns aber nichts Geringeres als die große okkulte Wahrheit: Innerhalb der Welt der Maja ist das Einzige, das sich in seiner Wirklichkeit zeigt, der Tod! – Alle anderen Erscheinungen müssen wir zurückverfolgen auf ihr Wirkliches, alle anderen Erscheinungen, die in der Maja auftreten, haben hinter sich das Wahrhaftige: Nur der Tod ist innerhalb der Maja das Wahrhaftige, denn er besteht darin, dass von dem Wahrhaftigen etwas abgeschnürt und hereingenommen ist in die Maja. Daher ist der Tod innerhalb der Maja das einzig Wahrhaftige.

Und wenn wir jetzt von dem, man möchte sagen, in der allgemeinen Maja sich Ausbreitenden übergehen zu den großen Prinzipien der Welt, dann stellt sich für die okkulte Wissenschaft eine sehr wichtige und wesentliche Konsequenz dieses Satzes dar, dass innerhalb unserer Welt der Maja nur der Tod eigentlich das Wahrhaftige ist. Wir können uns dem, was ich hier sagen will, noch von einer anderen Seite nähern. Wir können zunächst die Wesenheiten der anderen Reiche betrachten, die um uns herum sind.

Wir können fragen: Sterben zum Beispiel Mineralien? – Für den Okkultisten hat es keinen Sinn zu sagen: Mineralien sterben. – Das wäre ungefähr ebensoviel, als wenn man sagen würde, der Fingernagel, den wir uns abschneiden, sei gestorben. Der Fingernagel ist eben nicht irgendetwas, was als Totalität Anspruch hat auf Dasein, sondern er ist nur etwas an uns, und wenn wir ihn abschneiden, so haben wir ihn von uns getrennt und ihm das mit uns zusammenhängende Leben entrissen. Er stirbt im Grunde genommen erst dann, wenn wir selber sterben. Also in demselben Sinne, sagt die okkulte Wissenschaft, sterben die Mineralien nicht. Denn die Mineralien sind nur Glieder an einem großen Organismus, wie der Fingernagel an unserem Organismus ein Glied ist; und wenn ein Mineral scheinbar zugrunde geht, so ist es nur losgerissen von diesem großen Organismus, wie das Stück Fingernagel losgerissen ist von unserem Organismus, wenn wir es abschneiden. Die Zerstörung des Minerals ist kein Tod, denn das Mineral lebt nicht in sich selber, sondern in dem großen Organismus, von dem es ein Glied ist.

Wenn Sie sich erinnern an den Vortrag über das Wesen der Pflanzen,[41] so werden Sie wissen, dass gesagt worden ist: Die Pflanze ist als solche auch nicht selbständig, sondern sie ist ein Glied, nun nicht wie das Mineral an einem großen Organismus, sondern an dem ganzen Erdenorganismus; und es hat für eine okkulte Betrachtung keinen Sinn, vom Leben einer einzelnen Pflanze zu sprechen, sondern man muss sprechen von dem Erdenorganismus, an dem die Pflanzen überall Teile sind. Und wenn wir sie zu ihrem «Tode» bringen, dann ist es so, wie wenn wir uns einen Fingernagel abschneiden. Wir können nicht sagen, der Fingernagel ist gestorben. Ebenso wenig können wir dies von den Pflanzen sagen, denn sie gehören einem großen Organismus an, der identisch ist mit der ganzen Erde und der ein Organismus ist, der im Frühling einschläft, die Pflanzen als seine Organe der

Sonne entgegensendet und im Herbst aufwacht und das Geistige der Pflanzen wieder in sich aufnimmt, wenn er die Samen der Pflanzen in sich aufnimmt. Es hat keinen Sinn, die Pflanzen für sich allein zu betrachten, denn der Erdenorganismus stirbt nicht ab, wenn die einzelnen Pflanzen an ihm verwelken, ebenso wie wir, wenn wir graue Haare bekommen, auch nicht sterben, wenn wir die grauen Haare nicht wieder auf naturgemäße Weise in schwarze färben können. Nur sind wir da in einer anderen Lage als die Pflanzen. Aber die Erde ist da in einer solchen Lage, die sich vergleichen ließe mit dem Menschen, wenn er graue Haare wieder in schwarze zurückverwandeln könnte. Also die Erde stirbt nicht, sondern was sich da zeigt im Welken der Pflanzen, ist ein Prozess, der sich an der Oberfläche abspielt. So können wir niemals sagen, dass die Pflanzen in Wahrheit sterben.

Aber auch von den Tieren können wir zunächst nicht sagen, dass sie wie wir sterben. Denn das einzelne Tier ist in Wahrheit auch nicht vorhanden, es ist nur die Gruppenseele vorhanden, die im Übersinnlichen ist. Was das Tier im Wahrhaftigen ist, das ist nur auf dem Astralplan vorhanden als die Gruppenseele, und das einzelne Tier ist aus der Gruppenseele heraus verdichtet. Und wenn es stirbt, so ist es ein abgelegtes Glied der Gruppenseele, und diese ersetzt es durch ein anderes.

Was wir also als den Tod im Mineral-, Pflanzen- und Tierreich antreffen, das ist nur scheinbar, ist nur innerhalb der Maja Tod. In Wahrheit stirbt wirklich nur der Mensch, der es mit seiner Individualität so weit bringt, dass er hinunter kommt zu seinem physischen Leibe, in dem er während des Erdendaseins real sein muss. In Wahrheit hat von «Tod» zu sprechen nur einen Sinn für das Erdendasein des Menschen.

Wenn wir dies ins Auge fassen, müssen wir sagen: Nur der Mensch kann eigentlich den Tod wirklich erleben. – Beim Menschen ist also das, was wir durch die okkulte Forschung kennenlernen, ein wirkliches Überwinden des Todes, ein wirkliches Besiegen des Todes. Denn bei anderen Wesen ist der Tod nur scheinbar, ist er nicht in Realität vorhanden. Wenn wir höher hinaufkommen würden, von dem Menschen wieder zu den Wesenheiten der höheren Hierarchien, so würden wir ebenso finden, dass diese den Tod nach Menschenart nicht kennen; so dass es im Grunde genommen nur bei jenen Wesenheiten einen realen Tod, das heißt, einen Tod auf dem physischen Plan gibt, die sich auch etwas zu holen haben auf dem physischen Plan. Der Mensch aber hat sich auf dem physischen Plan sein Ich-Bewusstsein zu holen. Das könnte er ohne den Tod nicht finden. Weder bei den Wesenheiten, die unter dem Menschen stehen, noch bei den Wesenheiten, die höher stehen als der Mensch, hat es einen Sinn, von wahrhaftem Tod zu sprechen. Dann aber wird es begreiflich erscheinen, dass wir für jene Wesenheit, die wir die Christus-Wesenheit nennen, gar keine Möglichkeit haben, ihre bedeutendste Erdentat auszulöschen. Denn wir haben ja gesehen, dass bei dieser Christus-Wesenheit das Mysterium von Golgatha als das Wesentlichste in Betracht kommt: die Besiegung des Todes durch das Leben. Wo aber kann diese Besiegung des Todes nur vor sich gehen? Kann sie vor sich gehen in den höheren Welten? Nein! Denn schon bei den niederen Wesen, die wir angeführt haben, im Mineral-, Pflanzen- und Tierreich, kann von Tod nicht gesprochen werden, weil sie eigentlich ihr wahres Wesen in den höheren, übersinnlichen Welten haben. Und wir werden im Laufe der Winterbetrachtungen noch weiter ausführen, dass auch bei den höheren Wesenheiten nicht von Tod gesprochen werden kann, sondern nur von Verwandlungen, von Metamorphosen, von Umgestaltung. Von einem Einschnitt in das Leben, den wir als «Tod» bezeichnen, kann nur beim Menschen gesprochen werden. Und der Mensch kann diesen Tod nur erleben auf dem physischen Plan. Wäre der Mensch niemals auf den physischen Plan gekommen, so würde er nichts wissen vom Tod, denn kein Wesen, das den physischen Plan nicht betreten hat, weiß etwas vom Tod. Es gibt in den anderen Welten nicht das, was man «Tod» nennen kann, sondern nur Verwandlungen, Metamorphosen. Sollte der Christus durch den Tod gehen, so musste er auf den physischen Plan heruntersteigen! Denn nur dort konnte er den Tod erleben.

So sehen wir, dass auch im geschichtlichen Werden des Menschen in einer merkwürdigen Weise das Wahrhaftige der höheren Welten hereinspielt in die Maja. Während wir für alle anderen geschichtlichen Ereignisse mit unserem Denken nur dann zurechtkommen, wenn wir sagen: Hier auf dem physischen Plan ist das geschichtliche Ereignis, aber die Ursache dafür liegt oben in der geistigen Welt, zu der müssen wir gehen –, können wir von dem Ereignis von Golgatha nicht sagen: Dieses Ereignis ist hier unten auf dem physischen Plan, und etwas Entsprechendes liegt in der höheren Welt. – Gewiss, der Christus selbst gehört den höheren Welten an und stieg herunter auf den physischen Plan. Aber ein Urbild, wie wir es für alle anderen geschichtlichen Ereignisse suchen müssen, gibt es nicht für das, was sich auf Golgatha vollzogen hat. Das hat sich nur auf dem physischen Plan abgespielt.

Unter den vielen Beweisen, die aus der okkulten Wissenschaft für diese Tatsache gegeben werden könnten, ist zum Beispiel dieses, dass das Ereignis von Damaskus[42] sich, wie wir dies schon öfter dargestellt haben,[43] im Laufe der nächsten drei Jahrtausende für eine genügend große Anzahl von Menschen erneuern wird. Das heißt, es werden sich bei den Menschen solche Fähigkeiten entwickeln, dass sie den Christus auf dem astralischen Plan als Äthergestalt wahrnehmen werden, wie es bei Paulus vor Damaskus der Fall war. Dieses Ereignis des Wahrnehmens des Christus durch nach und nach bei den Menschen im Laufe der nächsten drei Jahrtausende sich entwickelnde höhere Fähigkeiten macht seinen Anfang in unserem 20. Jahrhundert. Von da ab kommen diese Fähigkeiten allmählich heraus und werden in den nächsten drei Jahrtausenden bei einer genügend großen Anzahl von Menschen sich ausbilden. Das heißt, eine genügend große Anzahl von Menschen wird wissen durch den Hineinblick in die höheren Welten, dass der Christus eine Realität ist, dass er lebt, sie werden ihn kennenlernen, wie er jetzt lebt. Und sie werden nicht nur die Art kennenlernen, wie er jetzt lebt, sondern sie werden sich genau wie Paulus die Überzeugung verschaffen, dass er gestorben und auferstanden ist. Aber die Grundlage dazu kann nicht gelegt werden in den höheren Welten, die muss auf dem physischen Plan gelegt werden.

Wenn also heute schon jemand dazu kommt, diese Dinge zu verstehen und zu begreifen, wie die Entwickelung des Christus selber vorwärtsgeht und damit die Entwickelung gewisser menschlicher Fähigkeiten, wenn es jemand begreift, dadurch begreift, dass er die Geisteswissenschaft heute versteht, so hindert nichts daran, dass er, wenn er durch die Pforte des Todes gegangen ist, an diesem Ereignis teilnimmt, wenn es wirklich als ein erstes Hereinleuchten des Christus in die Welt des Menschen eintritt. Derjenige also, der heute im physischen Leibe sich auf dieses Ereignis vorbereitet, kann es auch erleben in dem Leben zwischen dem Tode und einer neuen Geburt. Diejenigen Menschen aber, die sich nicht darauf vorbereiten, die sich in dieser Inkarnation kein Verständnis dafür erwerben, sie können in dem Leben, das sich an dieses anschließt zwischen dem Tode und einer neuen Geburt, nichts wissen von dem, was in Bezug auf den Christus von unserem Jahrhunderte ab durch die nächsten drei Jahrtausende geschieht. Sie müssen warten, bis sie wieder inkarniert sind und weiter sich die Vorbereitung dazu auf der Erde schaffen. Das also, was als die Ursache aller folgenden

Christus-Entwickelung auf der Erde sich abspielen musste, der Tod auf Golgatha und das dadurch Geschaffene, das kann auch nur innerhalb des physischen Leibes begriffen werden. Das ist unter allen Tatsachen, die uns wichtig sind für das höhere Leben, das Einzige, was nur innerhalb des physischen Leibes begriffen werden kann. Dann wird es weiter verarbeitet, wird es weiter ausgebildet in den höheren Welten. Aber begriffen müssen wir es zunächst haben innerhalb des physischen Leibes. Gerade wie das Mysterium von Golgatha niemals sich hätte in den höheren Welten abspielen können, wie es auch kein Urbild hat in den höheren Welten, sondern ein Ereignis ist, das, weil es den Tod in sich schließt, abgeschlossen ist innerhalb des physischen Planes, so muss auch das Verständnis dafür auf dem physischen Plan erworben werden. Ja, es gehört sogar geradezu zu den Aufgaben des Menschen auf der Erde, in irgendeiner seiner Inkarnationen sich dieses Verständnis zu erwerben.

Wir müssen also sagen, damit haben wir auch im Großen etwas gefunden, was sozusagen auf dem physischen Plan uns ein unmittelbar Reales, ein unmittelbar Wahrhaftiges zeigt. Was also ist denn real auf dem physischen Plan? Real auf dem physischen Plan so, dass wir dabei stehenbleiben können und sagen: Hier haben wir etwas Wahres! – ist der Tod in der Menschenwelt, nicht in den anderen Reichen der Natur. Und bei den geschichtlichen Ereignissen, die im Laufe der Erdenentwickelung geschehen, müssen wir, wenn wir diese geschichtlichen Ereignisse kennenlernen wollen, von jedem solchen geschichtlichen Ereignis zu einem geistigen Urbild gehen – nur nicht bei dem Mysterium von Golgatha. In diesem haben wir etwas, was so, wie es ist, unmittelbar in die Welt des Wahrhaftigen hineingehört.

Nun ist es außerordentlich interessant, dass sich gewissermaßen auch die andere Seite des eben Auseinandergesetzten zeigt. Es ist wirklich außerordentlich bedeutsam, zu sehen, wie dieses Ereignis von Golgatha heute als ein reales Ereignis überhaupt abgeleugnet wird, wie die Leute, wenn wir von äußerer Historie reden, sagen, es lässt sich im Zusammenhange der historischen Tatsachen nicht beweisen. Es gibt nun unter den historischen Tatsachen, die wesentlich sind, auch kaum eine, die sich so schlecht durch äußere, historisch-realistische Gründe beweisen lässt wie das Mysterium von Golgatha. Denken Sie, wie leicht es im Verhältnis dazu ist, in Bezug auf die Existenz eines Sokrates oder Plato oder irgendeines griechischen Helden, insofern sie bedeutend sind für den Fortschritt der Menschheit in der äußeren Welt, mit historischen Gründen zu arbeiten; und wie die Menschen bis zu einem gewissen Grade mit vollem Recht kommen und sagen: Keine Historie darf behaupten, dass ein Jesus von Nazareth gelebt habe! – Äußere historische Widergründe gibt es da nicht. Wie man andere historische Tatsachen behandelt, so lässt sich diese nicht behandeln.

Es ist höchst merkwürdig: diese auf dem äußeren physischen Plan geschehene Tatsache hat dies eine gemeinschaftlich mit allen übersinnlichen Tatsachen, die lassen sich auch nicht äußerlich beweisen. Und es sind so ziemlich dieselben Leute, welche die übersinnliche Welt leugnen und denen die Möglichkeit fehlt, dieses Ereignis, das gar kein übersinnliches ist, zu erfassen. Man kann es in Bezug auf seine Wirkungen darstellen. Aber da machen sich die Leute den Gedanken, dass solche Wirkungen auch eintreten könnten, ohne dass das reale Ereignis in der Geschichte aufgetreten wäre, und erklären sie dann als Folge soziologischer Verhältnisse. Für den jedoch, der den inneren Gang des Weltenwerdens kennt, ist die Idee, dass Wirkungen wie die des Christentums ohne eine dahinterstehende Macht geschehen könnten, ebenso gescheit, wie wenn man sagte, dass auf einem Felde Kohlköpfe wachsen können, ohne dass vorher Samen ausgestreut wird. Ja, wir können noch weitergehen und sagen, dass für die, welche an der letzten Ausgestaltung der Evangelien beteiligt waren, keine Möglichkeit vorhanden war, das historische Ereignis des Mysteriums von Golgatha als historisches Ereignis mit historischen Gründen nachzuweisen, denn es ging wirklich ziemlich spurlos für alle äußere Beobachtung vorüber. Wissen Sie, wie die, welche an der späteren Ausgestaltung der Evangelien beteiligt waren, sich selber von diesen Ereignissen überzeugt haben – mit Ausnahme des Schreibers des Johannes-Evangeliums, der ja der unmittelbare Zeitgenosse dieser Ereignisse war? Sie haben sich überzeugt, zunächst nicht aus historischen Urkunden, denn sie haben ja auch nichts anderes gehabt als mündliche Mitteilungen und die Mysterienbücher – wie diese Verhältnisse dargestellt sind in dem *Christentum als mystische Tatsache*[44] –, aber von dem wirklichen Dasein des Christus Jesus haben sie sich überzeugt aus der Sternkonstellation, indem sie noch große Kenner waren des Zusammenhanges des Makrokosmos mit dem Mikrokosmos. Sie haben eine Kenntnis davon gehabt, die man sich heute auch schon beschaffen kann, indem man die Sternkonstellation für den betreffenden Punkt der Weltgeschichte berechnet und sagt: Wenn die Sternkonstellation so und so ist, so muss Der auf der Erde gelebt haben, welcher als der Christus bezeichnet wird. – So haben sich die Schreiber des Matthäus-, Markus- und Lukas-Evangeliums von dem geschichtlichen Geschehen überzeugt. Denn den Inhalt haben sie auf hellseherischem Wege gewonnen, aber die Überzeugung haben sie sich verschafft auf eine Weise, wie man sich durch die Konstellationen des Makrokosmos eine Überzeugung davon verschafft, dass auf der Erde dieses oder jenes vor sich gehen kann. Daher kann ihnen auch nur Glauben beibringen der, welcher so etwas weiß. Beweisen die Unrichtigkeit dessen, was da vorgebracht wird gegen die Historizität der Evangelien, ist eine vergebliche Aufgabe. Wir müssen uns vielmehr als Anthroposophen klar sein, dass wir uns auf einen ganz anderen Boden stellen müssen: auf den Boden desjenigen, was wir uns nur durch eine Einsicht in die okkulte Wissenschaft verschaffen können.

Ich möchte gerade auch hier dieser Anschauung gegenüber auf etwas hinweisen, wodurch ich schon in diesen Tagen an einem anderen Orte zu begründen versuchte, wie man mit richtigen Einwänden, das heißt mit Einwänden, die an sich richtig sind, die Wirklichkeiten nicht treffen kann, von denen die Geisteswissenschaft redet, so dass die Menschen noch so viel Richtiges sagen können, was nach ihrem Wissen richtig ist – es widerlegt die Geisteswissenschaft nicht. Ich habe in dem Vortrag: «Wie begründet man Theosophie?»[45] ein Gleichnis gebraucht und habe gesagt: Ein kleiner Junge musste in einem Dorfe immer die Semmeln holen zum Frühstück seiner Familie. Man bekam nun in jenem Orte für zwei Kreuzer eine Semmel, und er bekam immer zehn Kreuzer mit. Nun brachte er – und es sei hierbei bemerkt, dass er kein großer Arithmetikus war – die Anzahl der Semmeln vom Greisler – so nannte man dort den Bäcker – nach Hause und kümmerte sich nicht weiter darum. Nun wurde aber in die Familie ein Pflegesohn aufgenommen, der jetzt anstelle des anderen zum Greisler nach Semmeln geschickt wurde. Da der nun ein guter Arithmetikus war, so sagte er sich: Du gehst Semmeln holen, zehn Kreuzer hast du mitbekommen, für zwei Kreuzer gibt es eine Semmel, zehn durch zwei geteilt gibt fünf: also wirst du fünf Semmeln nach Hause bringen. Er ging fort, aber er brachte sechs Semmeln nach Hause. Da sagte er sich: Das ist falsch, so viel kannst du nicht bekommen, und da deine Rechnung richtig ist, so wirst du morgen schon fünf Semmeln nach Hause bringen. – Am nächsten Tage bekam er wieder zehn Kreuzer mit und brachte wieder sechs Semmeln nach Hause. Die Rechnung war richtig, nur stimmte sie nicht mit der Wirklichkeit, denn in der Wirklichkeit war es anders. In der Wirklichkeit war es nämlich an jenem Orte üblich, dass jemand, der für zehn Kreuzer Semmeln kaufte, auf fünf eine drauf bekam, also statt fünf sechs. Der Einwand des Knaben war also richtig – nur stimmte er nicht mit der Wirklichkeit.

So können die scharfsinnigst ausgedachten Einwände gegen die Geisteswissenschaft alle stimmen, brauchen aber nichts zu tun zu haben mit der Realität, denn die Realität kann auf ganz anderen Untergründen fußen. Es ist dieses angeführte Beispiel ganz prächtig, um sich klarzumachen, auch erkenntnistheoretisch, die Beziehung zwischen dem, was in der Berechnung richtig ist, und dem, was in dem Wahrhaftigen wahr ist.

Damit haben wir in unseren Bemühungen, die Welt der Maja zurückzuführen auf das Wahrhaftige – wobei sich uns gezeigt hat, dass alles Feuer Opfer ist, alles Luftartige strömende, spendende oder schenkende Tugend, und alles Flüssige Verzichtleistung, Resignation –, heute zu diesen drei Wahrheiten diejenige hinzugefügt, dass das wahre Wesen der Erde oder des Festen der Tod ist, das Abgeschnürtsein von seinem Weltensinn bei irgendeiner Substantialität. Dadurch aber, dass diese Abgeschnürtheit eintritt, tritt der Tod selber als ein Wahrhaftiges herein in die Welt der Maja oder der Illusion. Die Götter selbst könnten den Tod nicht einmal kennenlernen, wenn sie nicht in irgendeiner Weise herunterstiegen in die physische Welt, um den Tod in der physischen Welt, in der Welt der Maja oder der Illusion, in seiner Wahrheit zu begreifen.

Das ist es, was wir heute hinzufügen wollen zu den Begriffen, die wir schon aufgenommen haben. Noch einmal sei es bemerkt, dass wir zur Klarheit über diese Begriffe, die uns aber notwendig sein werden zu einem gründlichen Eingehen auf so mancherlei im Markus-Evangelium,[46] nur kommen können durch sorgfältige Meditation, und indem wir es öfter und öfter vor die Seele ziehen lassen. Denn das Markus-Evangelium ist nur zu begreifen, wenn man die allerbedeutsamsten Weltbegriffe dem zugrunde legt.

Erkenntnisarten des Nichtsinnlichen und ihre Schulung

Wien, 2. Juni 1922

Meine sehr verehrten Anwesenden! Wenn die Daseinsrätsel des Lebens die menschliche Seele selbst betreffen, so werden sie nicht nur zu großen Lebensfragen, sondern sie werden in einem intimen Sinn zum Leben selbst. Sie werden Glück oder Leid des Daseins des Menschen. Und zwar nicht bloß vorübergehendes Glück oder Leid, sondern Glück oder Leid, das der Mensch durch eine gewisse Dauer durch das Leben tragen muss, so dass er durch dieses Glücks- oder Leideserlebnis tüchtig oder untüchtig für das Leben wird.

Nun steht der Mensch seiner eigenen Seele so gegenüber, dass ihm die wichtigsten Daseinsfragen in Bezug auf diese Seele und ihre geistige Wesenheit eigentlich nicht aus dem Grunde aufgehen, weil er irgendwie zweifeln könnte an dem Geistig-Seelischen seines eigenen Wesens. Gerade weil er in einer gewissen Beziehung dieser seiner eigenen geistigen und seelischen Wesenheit gewiss ist, weil er in dieser geistigen und seelischen Wesenheit seine eigentliche Bedeutung als Mensch und seine Würde als Mensch sehen muss, wird ihm die Frage nach dem Weltenschicksal seiner Seele zum großen, gewaltigen Daseinsrätsel. Das Geistige in dem Menschen selbst zu leugnen, fällt ja selbstverständlich auch dem strammsten Materialisten nicht ein. Er wird das Geistige als solches anerkennen, es gewissermaßen nur ansehen als Ergebnis der physischen, materiellen Vorgänge. Derjenige aber, der ohne solche Theorie, einfach aus den tiefsten Empfindungsbedürfnissen seiner Seele, nach dem Schicksal dieses seelischen Selbstes fragt, der wird sich im Leben gegenübergestellt finden einer Unsumme von Erscheinungen, von Erfahrungen, die ihm gerade deshalb zu Rätselfragen werden, weil er sich des seelisch-geistigen Lebens voll bewusst ist, und weil er gerade deshalb fragen muss: Ist dieses geistig-seelische Leben ein vorübergehender Hauch, aufsteigend aus dem physischen Dasein und mit ihm wiederum in die allgemeine Naturtatsachenwelt zurückkehrend, oder hängt dieses Geistig-Seelische mit einer geistig-seelischen Welt selbst zusammen, innerhalb welcher es eine ewige Bedeutung hat?

Ich möchte von den vielen Erlebnissen des Seelischen, die an den Menschen herantreten und die ihm die Rätselfragen der Seele vor das geistige Auge führen, nur zwei herausgreifen.

Man kann sagen: Wenigen Menschen werden sich vielleicht diese Erlebnisse so aufdrängen, dass sie sie zu bewussten oder gar zu theoretischen Seelenfragen machen. Das ist aber auch gar nicht das Wichtige. Das Wichtige ist, dass solche Erlebnisse gerade die unterbewussten oder unbewussten Seelenregionen ergreifen, in diesen sich festlegen und in das Bewusstsein nur heraufströmen als allgemeine Seelenstimmung oder auch Seelenverstimmung, als dasjenige, was uns mutig und kraftvoll im Leben macht, oder als dasjenige, was uns niedergeschlagen macht, so dass wir an keiner Stelle in der Lage sind, uns selbst richtig in das Leben hineinzufinden oder auch dieses Leben in der für uns geeigneten Weise zu erfassen. Wie gesagt, nur zwei von diesen Erlebnissen möchte ich herausheben.

Das eine tritt dem Menschen jeden Abend, wenn er einschläft, vor das Seelenauge, wenn das, was während des wachen Tageslebens auf und ab wallt und webt im seelischen Erleben, wie ausgelöscht hinuntersinkt in die Unbewusstheit. Dann, wenn der Mensch hinschaut auf dieses Erlebnis oder, wie es bei den meisten Menschen der Fall ist, wenn er die unbewussten

Empfindungen dieses Erlebnisses in seiner Seele wirksam hat, dann überkommt ihn etwas wie die Ohnmacht dieses Seelenlebens gegenüber dem äußeren Weltengang. Und gerade weil der Mensch im Seelenleben sein Wertvollstes, sein Würdigstes sieht, weil er nicht ableugnen kann, dass er im wahren Sinn des Wortes eben ein geistig-seelisches Wesen ist, so bestürmt ihn von innen heraus dasjenige, was er also als Ohnmacht des seelischen Lebens empfindet, und er muss sich fragen: Übernimmt, wenn der Mensch durch die Pforte des Todes schreitet, das allgemeine Naturgeschehen ebenso die seelischen Erlebnisse, wie dieses allgemeine Naturgeschehen sie jedes Mal beim Einschlafen übernimmt? – Ich möchte sagen, das eine Erlebnis ist die Ohnmacht des Seelenlebens.

Das andere Erlebnis ist dem ersten in einer gewissen Weise polarisch entgegengesetzt. Wir erfühlen es mehr oder weniger bestimmt oder unbestimmt, bewusst oder unbewusst, wenn wir im Aufwachen, vielleicht nach dem Übergang durch eine phantastisch chaotische, mit der Wirklichkeit nicht übereinstimmende Traumwelt, mit dem, was wir als unser Geistig-Seelisches erfühlen und erleben, untertauchen in unsere Leiblichkeit. Wir empfinden dann, wie dieses Geistig-Seelische unsere Sinne ergreift, wie wir durch die Wechselbeziehungen zwischen der Außenwelt und unseren Sinnen, die ja physisch-physiologischer Natur sind, unser seelisches Erleben durchsetzt haben. Wir empfinden, wie dieses Geistig-Seelische weiter hinuntersteigt in unsere Leiblichkeit, wie wir unsere Willensorgane mit diesem Geistig-Seelischen ergreifen und dann zum wachen, besonnenen Menschen werden, der sich seines Leibes, seines Organismus bedienen kann. Aber wenn wir uns nun besinnen, so müssen wir uns sagen: Trotz aller Anatomie und Physiologie, die ja von außen in großartiger Weise die Leibesfunktionen zu durchschauen, zu analysieren bestrebt sind: von innen angeschaut, wissen wir Menschen durch das gewöhnliche Bewusstsein zunächst nichts von dem, was da als ein Wechselverhältnis besteht zwischen unserem Geistig-Seelischen und unseren leiblichen Verrichtungen. Wenn wir die einfachste Leibesverrichtung, die aus dem Willen hervorgeht, ins Auge fassen, das Erheben des Armes, das Bewegen der Hand, müssen wir uns sagen: Zunächst sitzt in uns die Vorstellung, der Gedanke dieses Armhebens, dieser Handbewegung. Wie aber dieser Gedanke, diese Vorstellung hinunterströmt in unseren Organismus, wie er eingreift in unser Muskelsystem, wie zuletzt das zustande kommt, was wir doch wiederum nur durch Anschauung selber kennen: was da im Innern eigentlich vorgeht, es bleibt dem gewöhnlichen Bewusstsein verborgen ebenso wie verborgen bleibt in jenem wunderbaren Mechanismus, den uns die Physik und Physiologie zeigen, im menschlichen Auge oder in einem anderen Sinnesorgan das Geistig-Seelische, das in diesen wunderbaren Mechanismus eingreift.

So, müssen wir sagen, ist es die Ohnmacht des Seelenlebens auf der einen Seite, die uns Rätsel aufdrängt, so ist es die Finsternis, in die wir untertauchen mit unserem Geistig-Seelischen, wenn wir in den eigenen Leib dieses Geistig-Seelische einströmen fühlen, was uns die Rätselfragen weiter aufwirft. Wir müssen uns sagen – gewiss, die meisten Menschen tun das wieder nicht bewusst, aber sie empfinden es als die Stimmung ihrer Seele –: Dieses Geistig-Seelische in seinem Wechselverhältnis mit dem Organismus ist uns als Schöpferisches unbekannt, es ist uns da unbekannt, wo es gerade im physischen Erdenleben seine eigentliche Bestimmung nach außen im Dasein offenbart.

Was auf diese Art jeder naive Mensch erlebt, erstreckt sich in einer etwas veränderten Form hinein in die Seelenwissenschaft. Es müsste allerdings lange gesprochen werden, wenn die Art und Weise, wie sich diese Rätselfragen in die Wissenschaft hineinschleichen, wissenschaftsgemäß erörtert werden sollten; aber es kann wenigstens, mit einer gewissen Äußerlichkeit vielleicht, in der folgenden Weise gesagt werden.

Auf der einen Seite sieht die Wissenschaft nach dem Seelischen hin und fragt sich: Wie steht dieses Seelische mit dem Körperlichen, mit dem Äußerlich-Leiblichen im Wechselverhältnis? Indem sie nach der anderen Seite, nach dem Körperlichen hinschauen und nach all dem, was die äußere Naturwissenschaft über dieses Körperliche zu sagen hat, sind dann die einen – und die Seelenkunde hat in dieser Beziehung eine lange Geschichte – der Meinung, man müsse das Seelische vorstellen als die eigentlich wirksame Ursache des Leiblichen; die andern sind der Meinung, man müsse das Leibliche ansehen als das, was das eigentlich Kraftende dabei ist, und das Seelische nur als eine Art Wirkung des Leiblichen. Das Unbefriedigende dieser beiden Anschauungen haben neuere Seelenforscher oder -denker durchschaut, und sie haben daher die sonderbare Anschauung von dem psychophysischen Parallelismus[47] aufgestellt, nach welcher man nicht sagen kann, das Leibliche wirke auf das Seelische oder das Seelische auf das Leibliche, sondern nur: leibliche Vorgänge seien dem seelischen Geschehen parallel und seelische Vorgänge dem leiblichen; man könne immer nur sagen, welche seelischen Vorgänge die leiblichen begleiten oder welche leiblichen die seelischen.

Aber diese Seelenkunde empfindet ja selbst auf der einen Seite etwas wie die Ohnmacht des Seelenlebens. Wenn man mit dem gewöhnlichen Bewusstsein dieses Seelenleben, auch wie es dem Seelenforscher, dem Psychologen, vorliegt, zu durchschauen unternimmt, so hat es etwas innerlich Passives, es hat etwas, dem man nicht anschauen kann, dass es kraftend eingreift in das Leibesleben. Wer die seelischen Wesenhaftigkeiten von Denken und Fühlen – beim Wollen ist es so, dass es nicht durchschaut werden kann; daher gilt in einer gewissen Beziehung für die

Seelenforschung gegenüber dem Wollen dasselbe wie gegenüber dem Denken und Fühlen –, wer dieses Denken und Fühlen mit den Mitteln der Seelenkunde anschaut, dem kommt es kraftlos vor, so dass er nirgends etwas finden kann, was wirksam wirklich eingreifen könnte in das Leibliche. Da empfindet dann der Seelenforscher, was man nennen könnte die Ohnmacht des Seelenlebens für das gewöhnliche Bewusstsein. Allerdings ist ja in der verschiedensten Weise versucht worden, dieses Gefühl der Ohnmacht des Seelenlebens zu überwinden. Aber der Streit der Philosophen, die Wandlungen der einzelnen philosophischen Weltanschauungen, die im Laufe der Zeit aufgetaucht sind, liefern dem unbefangenen Menschenbetrachter einen Tatsachenbeweis, wie unmöglich es dem gewöhnlichen Bewusstsein ist, diesem seelischen Erleben beizukommen, weil sich überall das Gefühl von der Ohnmacht jenes Seelischen aufdrängt, das eben dieses gewöhnliche Bewusstsein beobachten kann.

Gerade in Bezug auf eine solche Beobachtung des Seelenlebens vor dem gewöhnlichen Bewusstsein ist hier in Wien eine Reihe klassischer Literaturwerke aufgetreten, die wie Marksteine dastehen innerhalb der philosophischen Entwickelung. Ich meine, trotzdem ich nicht im Entferntesten mich selber irgendwie zu dem Inhalt dieser Bücher bekennen kann, dass diese Bücher gerade vom Standpunkt des gewöhnlichen Bewusstseins aus außerordentlich bedeutsam sind. Ich meine Richard Wahles *Das Ganze der Philosophie und ihr Ende*,[48] in dem dargestellt werden soll, wie dieses gewöhnliche Bewusstsein eigentlich zu keinen erheblichen Resultaten gegenüber dem Seelenleben kommen könne, wie dann abgegeben werden müsse, was philosophische Forschung in dieser Richtung zu erstreben versucht, an Theologie, Physiologie, Ästhetik, Sozialpädagogik. Und in einer noch schärferen Weise hat dann Richard Wahle die Gedanken dieses Buches in seinem *Mechanismus des geistigen Lebens* ausgeführt.

Wir können sagen: da wird wirklich einmal gezeigt, dass das gewöhnliche Bewusstsein im Grunde genommen ohnmächtig ist, irgendwie etwas auszusagen gegenüber den Fragen des seelischen Lebens. Das Ich, die seelische Einheit, alles das, was eine ältere Psychologie an die Oberfläche gebracht hat, sie zerfallen vor der Kritik, die dieses gewöhnliche Bewusstsein gegenüber sich selbst ausübt.

Auf der anderen Seite ist in der neueren Zeit in begreiflicher, ja man muss sagen, in notwendiger Weise versucht worden, mit der Seelenkunde nicht direkt auf das Seelische loszugehen, demgegenüber das gewöhnliche Bewusstsein eben ohnmächtig ist, sondern auf dem Umwege durch die Leibeserscheinungen, die aus dem sogenannten Seelischen hervorquellen, irgendetwas zu erkunden über dasjenige, was man gewöhnlich seelische Erscheinungen nennt. So ist experimentelle Psychologie entstanden. Diese ist durchaus ein notwendiges Produkt unserer gegenwärtigen Weltanschauung und unserer gegenwärtigen Forschungsmethoden. Und wer auf dem Boden steht, von dem aus ich hier heute zu Ihnen spreche, der wird die volle Berechtigung dieser experimentellen Seelenkunde niemals leugnen. Er wird vielleicht im Einzelnen sowohl mit den Forschungswegen wie auch mit den Forschungsergebnissen nicht ganz einverstanden sein; aber die Berechtigung dieser experimentellen Psychologie oder Seelenkunde darf nicht geleugnet werden.

Da erhebt sich dann gerade das andere Seelenrätsel. Wenn wir noch soviel erfahren über das, was durch experimentelle Seelenkunde mit dem menschlichen Leibe erlebt werden kann, so müssen wir doch sagen: Alles was in dieser Weise auf dem Umwege durch den Leib erkundet wird, oder auch was erkundet wird scheinbar über reine Seelenfunktionen, ist doch nur, wenn man sich nicht täuschen will, auf dem Umweg durch den Leib erkannt. Alles das gehört doch einer Sphäre an, die mit dem

Tod des Menschen übergeben wird dem allgemeinen Naturgeschehen, so dass dadurch nichts erfahren werden kann über das Geistig-Seelische, dessen Weltschicksal dem Menschen eine so große, gewaltige Angelegenheit ist. Und so können wir sagen, in einer gewissen Weise ist auch für diese Seelenkunde das große Seelenrätsel neu aufgetaucht.

Wieder ist es ein neuerer Seelenforscher, der lange hier in Wien gelebt und gewirkt hat,[49] der allen denen unvergesslich sein wird, die jemals vor ihm auf den Schulbänken hier in Wien gesessen haben, wie ich selber, der ich zu Ihnen spreche. Es ist ein moderner Seelenforscher, der in dem ersten Bande seines unvollendet gebliebenen Werkes über Psychologie es ausgesprochen hat: Was könnte uns alle Seelenkunde bringen, wenn sie uns aufklärte – sei es nun, das füge ich ein, auf experimentellem oder nichtexperimentellem Wege – über die Art und Weise, wie sich die Vorstellungen verbinden oder lösen, wie die Aufmerksamkeit wirkt, wie das Gedächtnis etwa zustande kommt im Leben zwischen Geburt und Tod und so weiter, wenn wir gerade wegen der Wissenschaftlichkeit dieser Seelenkunde, die der Naturwissenschaft nacheifern will, verzichten müssten, zu erkennen, welches das Schicksal der menschlichen Seele ist, wenn der menschliche Leib in seine Elemente zerfällt? Das, meine sehr verehrten Anwesenden, hat nicht irgendein Phantast ausgesprochen, sondern der strenge Denker Franz Brentano, der die Seelenkunde im Wesentlichen zur Aufgabe seines Lebens gemacht hat und der in der Seelenkunde so arbeiten wollte, wie es der strengen naturwissenschaftlichen Methode der neueren Zeit gemäß ist. Dennoch hat gerade er das Seelenrätsel in der Weise, wie ich es eben angedeutet habe, als ein wissenschaftlich Notwendiges vor seine Mitwelt hingestellt.

Aus alledem muss doch der unbefangene Mensch heute eine Konsequenz ziehen. Es ist diese, dass wir mit den naturwissenschaftlichen Methoden bis zu dem Punkt, bis zu dem sie heute ausgebildet sind, in der Erforschung des Menschen kommen können, dass wir aber, wenn wir mit dem gewöhnlichen Bewusstsein, das für die Naturwissenschaft vollberechtigt ist, wie es auch vollberechtigt ist für das gewöhnliche Leben, an das Seelische herangehen, gegenüber dem Seelischen nicht zurecht kommen. Und aus diesem Grunde, weil diese Einsicht gerade aus wissenschaftlichen Untergründen sich heute dem unbefangenen Menschen ergeben muss, spreche ich zu Ihnen vom Gesichtspunkt einer Weltanschauung, die sich nun sagt: Es kann eben nicht mit den Seelenkräften, die sich für das gewöhnliche Bewusstsein offenbaren, die da im gewöhnlichen Leben und in der gewöhnlichen Wissenschaft arbeiten, das seelische Leben erforscht werden. Da müssen in dieser Seele andere Seelenkräfte entwickelt werden, die für das gewöhnliche Bewusstsein in der Seele nur mehr oder weniger schlummern oder, wenn ich mich eines wissenschaftlichen Ausdrucks bedienen will, latent sind.

Wenn man die richtige Stellung zu einer solchen Lebensauffassung gewinnen will, dann braucht es allerdings etwas, was heute im Menschen nur in einem geringen Maße – lassen Sie mich das schon aussprechen – eigentlich vorhanden ist. Es braucht das, was ich nennen möchte intellektuelle Bescheidenheit. Es muss ein Moment im Leben kommen, wo man sich sagt: Ich war ein kleines Kind, ich habe dazumal seelisches Leben entwickelt, das so hindämmernd traumhaft war, dass es auch so vergessen ist wie ein Traum. Erst allmählich tauchte aus diesem traumhaften kindlichen Seelenleben nach und nach dasjenige auf, was mich dazu bringt, dass ich mich im Leben orientieren kann, dass ich meine Gedanken, meine Gefühlsimpulse, meine Willensentschlüsse einfügen kann dem Gang der Welt, dass ich ein arbeitsfähiger Mensch geworden bin. Aus dem Unbestimmten und Undifferenzierten des mit dem Leibe verwobenen kindlichen

Seelenlebens ist aufgetaucht dasjenige Erleben, das wir durch unsere vererbten Eigenschaften haben, die sich dann mit dem Heranwachsen des Leibes ausbilden, das wir auch durch unsere gebräuchliche Erziehung haben.

Wer so zurückschaut, in intellektueller Bescheidenheit, wie er in diesem Erdenleben geworden ist, wird es auch nicht verschmähen, sich in einem gewissen Zeitpunkt seines Lebens zu sagen: Warum sollte denn das nicht weitergehen? Diejenigen seelischen Kräfte, die mir heute die wichtigsten sind, durch die ich mich im Leben orientiere, durch die ich ein arbeitsfähiger Mensch werde, sind schlummernde gewesen während meines kindlichen Daseins. Warum sollten in meiner Seele nicht auch Kräfte schlummern, die ich weiter aus ihr hervorentwickeln kann?

Man muss zu diesem aus der intellektuellen Bescheidenheit hervorgehenden Entschluss kommen. Intellektuelle Bescheidenheit nenne ich das aus dem Grunde, weil der Mensch geneigt ist zu sagen: Die Form des Bewusstseins, die ich einmal als erwachsener Mensch habe, ist die des normalen Menschen; was anders sein will im inneren Seelenleben als dieses sogenannte normale Bewusstsein, das ist entweder Phantasterei oder Halluzination oder Vision oder dergleichen. Die Weltanschauung, von der ich hier spreche, geht durchaus vom gesunden Seelenleben aus und versucht vom gesunden Seelenleben aus, in der Seele schlummernde Kräfte, auch Erkenntniskräfte, zu entwickeln, die dann Seherkräfte werden in dem Sinn, wie ich gestern von exakten Seherkräften gesprochen habe. Das, was die Seele da mit sich vorzunehmen hat, habe ich gestern in einem gewissen Sinne angedeutet. Ich habe auch auf mein Buch *Wie erlangt man Erkenntnisse der höheren Welten?* hingewiesen, auf meine *Geheimwissenschaft*, auf *Von Seelenrätseln* und so weiter. Dort findet man die Einzelheiten jener Seelenübungen, die, ausgehend vom gesunden Seelenleben, hinaufführen zu einer

Entwickelung der Seele, so dass diese tatsächlich zu einer Art geistigen Schauens kommt, durch das sie hineinblicken kann in eine geistig-seelische Welt, wie sie durch die gewöhnlichen Sinnesorgane wahrnehmen kann die physisch-sinnliche Welt. Sie werden in den genannten Büchern überall einen ersten Teil finden; dieser erste Teil, der wird selbst von manchen Gegnern der Weltanschauung, die ich hier vertrete, als etwas anerkannt, was dem Menschen durchaus nütze sein könnte. Er handelt davon, dass sich der Mensch durch gewisse Übungen intellektueller, gefühlsmäßiger, moralischer Art in eine Seelenverfassung und in eine Leibesverfassung bringt, die durchaus als gesund gelten können, die durchaus dahin streben, dass der Mensch auch in die Lage komme, wachsam innerlich sein zu können gegenüber all dem, was, aus krankhaftem Seelenleben herauskommend, zum Mediumismus, zu Halluzinationen und Visionen führt. Denn alles das, was auf diesem Wege zustande kommt, muss abgewiesen werden für eine wirkliche Seelenkunde. Gerade zu Visionen kommt der Mensch nicht aus dem Seelischen heraus, sondern dadurch, dass krankhafte Bildungen innerhalb seines Organismus sich finden; ebenso zum Mediumismus. Das alles hat mit einer gesunden Seelenkunde und Seelenentwickelung nichts zu tun, muss selbst seiner Bedeutung nach vom Gesichtspunkt dieser gesunden Seelenkunde beurteilt werden. Gegner finden heute aber die Übungen, die dann als Fortsetzung dieser vorbereitenden auftreten, die nun aus der Seele hervorholen sollen diejenigen Kräfte des Denkens, Fühlens und Wollens, die, wenn sie ausgebildet sind, den Menschen in eine geistige Welt so einführen, dass er sich in ihr orientieren lernt, dass er auch mit seinem Willen in sie einzutreten in die Lage kommt, phantastisch und schädlich.

Andeutungsweise habe ich gestern schon davon gesprochen, wie wir zunächst als moderne Menschen durch gewisse

Denkübungen dazu kommen, das Denken aus dem gewöhnlichen Zustand herauszubringen, in dem es sich passiv hingibt an die Erscheinungen der Außenwelt und an das, was innerlich als Erinnerungen auftaucht, was sich ja auch an die Außenwelt anknüpft. Wir kommen dadurch über dieses Denken hinaus, dass wir Meditationsübungen in ernster, geduldiger und energischer Weise machen, dass wir sie immer wieder und wiederum machen. Je nach den Anlagen dauert es bei dem einen jahrelang, bei dem andern weniger lang; aber jeder kann merken, wenn er an dem entscheidenden Punkt angelangt ist, wie sein Denken dann aus dem, was ich gestern das abstrakte, tote Denken nannte, ein innerlich lebendiges Denken wird, ein innerlich lebendiges Denken, das den Weltrhythmus mitzuerleben in der Lage ist. Da strebt eine besonnene Welt- und Lebensauffassung nicht danach, Visionen oder Halluzinationen aus der Seele herauszuzaubern, sondern danach, das, was Vorstellungsleben, was Gedankenleben ist, in einer solchen Intensität zu erleben, wie man sonst nur erlebt, was den äußeren Sinnen gegeben wird.

Sie brauchen ja nur ehrlich zu vergleichen die Lebendigkeit, mit der wir leben in den Farben, wenn wir durch das Auge diese Farben wahrnehmen, in den Tönen, wenn wir durch das Ohr die Töne hören, mit der Blassheit des Gedankenerlebens im gewöhnlichen Bewusstsein. Durch jenes Energisieren des Gedankenlebens, von dem ich gestern gesprochen habe, machen wir allmählich das bloße Vorstellungsleben, das bloße Gedankenleben innerlich so intensiv, wie sonst nur das Sinnenleben ist. Nicht also sucht der moderne Mensch, der Geistiges erkennen will, wenn er ein besonnener Mensch ist, die auftauchenden Halluzinationen und Visionen; er strebt gerade nach dem Ideal, möchte ich sagen, des Sinneslebens in Bezug auf dessen Intensität und dessen Bildhaftigkeit, in voll besonnener Weise im Gedankenleben, im Vorstellungsleben selbst. Und wenn Sie sich solchen Meditationen als Geistesforscher hingeben, wie ich sie charakterisiert habe, so dürfen Sie nicht irgendwie abhängig sein vom Unbewussten oder Unterbewussten, sondern das, was da vollzogen wird – Sie können die Übungen nachlesen, alle sind sie auf das gestimmt, was ich jetzt charakterisieren will –, alles, was da im intimen Seelenleben an Übungen vollführt wird, verläuft so bewusst, so besonnen, man darf sagen, so exakt, wie sonst nur die mathematischen oder geometrischen Verrichtungen verlaufen.

Daher darf gesagt werden: Man hat es hier nicht mit dem alten nebulosen Hellsehen, sondern mit einem Hellsehen zu tun, das durch vollbewusste, besonnene Seelenerlebnisse und Seelenübungen herbeigeführt ist. Die Besonnenheit ist dabei auf jedem Schritt so, dass man das, was der Mensch erlebt und aus sich selber macht, eben mit dem vergleichen kann, was man sonst an einem geometrischen Problem erlebt. Sonst ist dieses Üben nicht tauglich.

Dann aber, wenn der moderne Mensch zu einem solchen Vorstellungsleben kommt, das nun energisiert ist, das nun auch unabhängig wird vom Atmungsleben, das aber auch leibfrei wird, das eine bloße geistig-seelische Funktion ist, demgegenüber man durch die unmittelbare Wahrnehmung weiß: man vollzieht nicht mit dem Körper dieses Denken, sondern im rein Geistig-Seelischen –, dann fühlt er erst dieses Denken gegenüber dem abstrakten Denken wie ein Lebendiges gegenüber dem Toten. Geradeso wie wenn wir einen toten Organismus plötzlich zum Leben erwacht fänden, so erleben wir, wenn wir den Übergang gewahr werden von dem gewöhnlichen abstrakten Denken zu dem lebendigen Denken. Und dieses lebendige Denken ist, trotzdem es geistig-seelischer Vorgang ist, nicht so linienhaft, nicht so flächenhaft nur wie das gewöhnliche abstrakte Denken. Es ist innerlich gesättigt und bildhaft. Und auf diese Bildhaftigkeit kommt es an.

Dann aber kommt des Weiteren außerordentlich viel darauf an, dass wir jene Besonnenheit, die wir während des Übens haben müssen, ausdehnen auf den Augenblick, wo dieses belebte Denken, dieses bildsame Denken in uns auftritt. Wenn wir in diesem Augenblicke uns hingeben den Bildern, zu denen wir uns selber hingerungen haben, und glauben, in ihnen schon Realitäten geistiger Art zu finden, dann sind wir nicht Geistesforscher, dann sind wir eben Phantasten. Das dürfen wir gewiss nicht werden; denn das könnte uns nicht eine auf festem Grunde erbaute Weltanschauung für den modernen Menschen geben. Erst dann, wenn wir uns sagen: Wir haben einen Inhalt des seelischen Lebens erlangt, aber dieser Inhalt ist ein Bildinhalt, dieser Inhalt sagt uns nur etwas über Kräfte, die in uns selber walten, über das, was wir selber durch unsere eigene menschliche Wesenheit im Innern vermögen; erst wenn wir uns im vollen Sinn des Wortes sagen: Über keinerlei Außenwelt, auch nicht über das, was wir sind in der Außenwelt, vermag uns diese, ich nenne sie gewöhnlich imaginative Erkenntnis, eine Auskunft zu geben; sondern allein, wenn wir uns in diesem Bildwerden, in diesem Bildweben erfühlen, wenn wir uns drinnen lebend wissen als eine Kraftheit: erst dann stehen wir auf dem rechten Standpunkt diesem Erlebnis gegenüber, dann fühlen wir uns in unserem Selbst, dann fühlen wir uns als geistig-seelisches Wesen außerhalb des Leibes – fühlen uns aber eben nur in unserem Selbst, mit einem innerlichen Bildcharakter unseres Wesens.

Und erst wenn wir dann den Mut haben, die Übungen bis zur nächsten Stufe fortzusetzen, kommen wir zu einer wirklichen geistigen Anschauung. Dieser nächste Schritt muss nicht nur darin bestehen, dass wir jetzt die Fähigkeit entwickeln, gewisse Vorstellungen, die wir leicht überschauen – so etwa, wie wir geometrische Vorstellungen überschauen, denen gegenüber wir wissen: es ist nicht etwas Unbewusstes in ihnen wirksam –, in den Mittelpunkt unseres Bewusstseins zu rücken, um an ihnen unsere seelische Kraft zu verstärken, sondern darin, dass wir in die Lage kommen, diese Vorstellungen mit Besonnenheit und Willkür aus unserem Bewusstsein fortzuschaffen. Das ist unter Umständen eine schwierige Aufgabe. Im gewöhnlichen Leben ist das Vergessen nicht etwas so Schwieriges, wie ja das gewöhnliche Bewusstsein weiß. Aber wenn man sich erst angestrengt hat – auch ohne dass man sich in irgendeine Selbstsuggestion hineintreibt; das kann ja bei Besonnenheit nicht stattfinden –, gewisse Vorstellungen in den Mittelpunkt seines Bewusstseins zu rücken, dann hat man eine stärkere Kraft, als sie sonst im Seelenleben angewendet zu werden braucht, nötig, um diese Vorstellungen wiederum aus dem Bewusstsein fortzuschaffen. Man muss aber diese starke Kraft allmählich entwickeln, so dass man ebenso, wie man zuerst alle Aufmerksamkeit, alle innere Seelenkraft, Seelenspannkraft zusammengenommen hat, um zu ruhen auf einer solchen Vorstellung im Meditationszustand, nun dazu kommen muss, diese Vorstellungen, und überhaupt alle Vorstellungen, mit besonnener Willkür aus dem Bewusstsein fortzuschaffen. Und es muss eintreten können aus unserem Willen heraus, was man nennen könnte «leeres Bewusstsein». Was «leeres Bewusstsein» heißt, auch nur für einige Augenblicke, das wird der ermessen, der unbefangen darüber nachdenkt, wie es dem Menschen mit dem gewöhnlichen Bewusstsein ergeht, wenn dieses Bewusstsein entbehren muss der Sinneseindrücke, entbehren muss auch der Erinnerungsvorstellungen, wenn durch irgendwelche Vorkommnisse dem Menschen die äußeren Eindrücke, auch die Erinnerungen genommen werden: er kommt zum Einschlafen, das heißt, das Bewusstsein wird herabgedämpft und herabgedämmert. Das Gegenteil davon muss eintreten; vollständig besonnenes, bewusstes Wachsein, trotzdem alles durch inneren Willen aus dem Bewusstsein herausgeschafft worden ist.

Wenn man so erst die Seele erkraftet und sie dann leer gemacht und bei Bewusstsein erhalten hat, dann tritt ebenso, wie vor das Auge die Farbe tritt, wie vor das Ohr die Töne treten, vor dieser Seele, die sich also dazu vorbereitet hat, eine geistige Umwelt auf. Wir schauen in die geistige Welt hinein. Und so können wir sagen: Gerade der hier gemeinten Geistesforschung ist es vollkommen begreiflich, dass für das gewöhnliche Bewusstsein Geist und Seele nicht erreicht werden können, ja dass sich als ein Richtiges – wie zum Beispiel für Richard Wahle – herausstellen muss: das gewöhnliche Bewusstsein sollte gar nicht von einem Ich reden. Denn alles, was da, ich möchte sagen, wie Dunkelheit gegenüber der Helligkeit hereintaucht und im gewöhnlichen Leben eigentlich nur mit Worten bezeichnet wird, das taucht eben erst auf, wenn solche Kräfte entwickelt werden, die gewöhnlich noch nicht da sind. Gerade die nüchterne Erkenntnis, was das gewöhnliche, an den Leib gebundene Bewusstsein vermag, spornt uns an, solche Kräfte in uns zu entwickeln, die nun die Seele und den Geist erst wirklich entdecken können.

Dabei ist aber noch eins zu berücksichtigen, wenn man auf diesem Wege zu einer gesunden und nicht zu einer krankhaften Seelenkunde kommen will. Nehmen Sie als krankhaft das Mediumistische, Visionäre, Halluzinatorische, so ist es so, dass der, der in ein solches krankhaftes Seelenleben verfällt, mit seiner ganzen Wesenheit in ihm aufgeht. Er wird eins – wenigstens für den Verlauf seiner seelischen Erkrankung – mit dem, was als krankhaftes Seelenleben auftritt. Nicht so ist es, wenn solche Übungen vorgenommen werden, wie sie hier angegeben wurden. Derjenige, der auf diese Art ein Seelenforscher wird, der lässt zwar seinen physischen Leib zurück mit den Fähigkeiten, die da sein müssen für das gewöhnliche Denken, für gewöhnliche Orientierung im Leben; er tritt heraus aus diesem Leibe, lernt leibfrei imaginativ schauen; ein schauendes Denken entwickelt er: aber keinen Moment geht er vollständig auf in diesem – wenn ich es so nennen darf, es ist nicht im Hochmut so genannt –, in diesem höheren Menschen, sondern er ist immer in der Lage, ebenso besonnen wiederum innerhalb seines Leibes zu wirken wie sonst, so dass der gewöhnliche Mensch mit seinem gesunden Menschenverstand immer neben diesem höherentwickelten Menschen steht – der gewöhnliche Mensch mit seinem gesunden Menschenverstand, der ein nüchterner Kritiker alles dessen ist, wozu im Schauen dieser höhere Mensch kommt.

Gegenüber der eigenen seelischen Wesenheit gelangen wir zunächst dadurch, dass wir das bildhafte lebendige Denken ausbilden und dann das leere Bewusstsein herstellen, zu einer Anschauung, die als eine Bildeinheit alles umfasst, was wir durchgemacht haben in dem Erdenleben seit unserer Geburt, seit wir eingetreten sind in dieses Erdenleben. Nicht so wie es sonst in der Erinnerung ist, in der einzelne Reminiszenzen auftauchen – selbständig oder durch Anstrengung –, nicht so steht dieses vergangene Erdenleben jetzt vor der Seele, sondern es wird auf einmal überschaut wie ein mächtiges Tableau, das aber nicht im Raum, sondern in der Zeit vor uns steht. Wir überblicken auf einmal, mit einem Seelenblick, dieses Leben; aber so, wie es auch eingreift in unsere Wachstumsverhältnisse, in die Kraftwirksamkeiten unseres physischen Leibes. Wir schauen uns, wie wir auf dieser Erde hier als denkende, fühlende, wollende Wesen waren, aber so, dass Denken, Fühlen und Wollen sich jetzt verdichten und sich zu gleicher Zeit hineinorganisieren in die menschliche Wesenheit. Wir durchschauen unser geistig-seelisches Leben, wie es in unmittelbarer Verbindung steht mit dem Körperlichen. Wir geben es auf, durch philosophische Spekulation zu ergründen, wie die Seele auf den Leib wirkt. Wenn wir die Seele schauen, dann schauen wir auch, wie in jedem Augenblick das, was uns so in dem Tableau erscheint, in unser physisches

Erdenleben eingegriffen hat. Die Einzelheiten werden in den nächsten Tagen zu schildern sein.

Der nächste Schritt muss nun darin bestehen, dass wir, indem wir die Kraftvorstellungen, die wir selbst in uns versetzt haben, wegschaffen aus unserem Bewusstsein, diese Kraftvorstellungen immer mehr und mehr verstärken. Wir verstärken sie, indem wir diese Übungen immer mehr und mehr fortsetzen, wie wir die Muskeln verstärken, wenn wir sie immer und immer üben. Und indem wir diese Kraftvorstellungen fortsetzen, gelangen wir dahin, dieses ganze Tableau des Seelenlebens, zu dem wir uns selbst erst durchgerungen haben, dieses ganze Tableau des Seelenlebens zwischen unserer Geburt und dem Moment, wo wir stehen, nun auch aus dem Bewusstsein wegzuschaffen. Das erfordert allerdings eine größere Anstrengung, als bloß Bildvorstellungen wegzuschaffen; aber man gelangt zuletzt dazu. Und wenn es uns gelingt, dieses eigene Leben, das wir im Erdendasein unser Innenleben nennen, aus dem Bewusstsein so fortzuschaffen, dass jetzt nicht nur unser Bewusstsein gegenüber gegenwärtigen Eindrücken leer wird, sondern dass es leer wird von alledem, was wir innerlich als in einem zweiten Leibe, in einem feineren Leibe, der aber in unsere Wachstums- und Erinnerungsverhältnisse selbst eingreift, erleben, was wir so wie in einem feineren Menschen, gleichsam in einem ätherischen Menschen, einem ersten übersinnlichen Menschen erleben – dann wird unser Bewusstsein, das nun bei vollständigem Wachsein zwar leer ist, aber eine stärkere innere Kraft sich errungen hat, weiter schauen können in der geistigen Welt. Und es kann jetzt auf das schauen, was das eigene Seelenwesen war, bevor es aus geistig-seelischen Welten heruntergestiegen ist zu einem physischen Erdendasein. Jetzt wird das, was wir die Ewigkeit der Menschenseele nennen, Anschauung, wird herausgehoben aus der Sphäre der bloß philosophischen Spekulation. Jetzt lernen wir hinschauen auf ein rein Geistig-

Seelisches, das wir waren in einer geistig-seelischen Welt, bevor wir heruntergestiegen sind, um durch Konzeption, Keimleben und Geburt uns mit einem physischen Erdenleib zu umkleiden.

So phantastisch das schon für manchen Menschen der Gegenwart ist – wenn es auch auf einem so exakten Weg erworben ist wie nur die mathematischen Vorstellungen –, noch paradoxer mag erscheinen, was nun noch gesagt werden muss: nicht nur über die Seele, als sie noch ein geistig-seelisches Dasein hatte, sondern über das Konkrete dieses Erlebnisses. Nur andeutungsweise kann darüber gesprochen werden in diesem Vortrage; Weiteres wird in den nächsten Vorträgen gesagt werden. Was so angedeutet werden soll, kann vielleicht auf die folgende Art verständlich gemacht werden.

Fragen wir uns zunächst: Was schauen wir denn eigentlich, wenn wir im gewöhnlichen Erdenleben als erkennender, als verstehender, als wahrnehmender Mensch in das Wechselverhältnis treten mit unserer natürlichen Umgebung? Wir schauen eigentlich nur die Außenwelt. Schon aus dem, was ich heute eingangs erwähnt habe, geht das hervor. Wir schauen eigentlich nur die Außenwelt, den Kosmos. Aber das, was sich in unserem Innern abspielt, schauen wir auch nur dadurch, dass wir es zu einem Äußerlichen machen in Physiologie, Anatomie. Wenn es auch großartig ist, wir schauen das Innere doch nur, indem wir es zuerst zu einem Äußerlichen machen und die Untersuchungen dann so machen, wie wir sie an äußeren Vorgängen zu machen gewohnt sind. Aber es ist Finsternis da unten in dem Gebiet, in das wir eintauchen, in das wir unser Geistig-Seelisches hinunterströmen fühlen in die Organe. Wir schauen im gewöhnlichen Leben, zwischen Geburt und Tod, im Grunde genommen nur das, was außer uns ist; durch unmittelbares Anschauen können wir nicht ins Innere des Menschen hineinblicken und sehen, wie das Geistig-Seelische eingreift in die Leibesorgane. Der aber, der ein wenig in unbefangener Weise von dem Standpunkt einer geistigen Anschauung, wie ich ihn entwickelt habe, auf das Leben forschend hinzuschauen vermag, wird zu dem Folgenden kommen. Er wird sagen: Großartig und gewaltig ist schon der äußere Anblick, sind die Gesetzmäßigkeiten, die wir erkunden in der äußeren Welt der Sterne, in der äußeren Welt der Sonne, die uns zusendet Licht und Wärme; großartig und gewaltig ist das, was wir erleben, wenn wir entweder nur anschauen und ganze Menschen sind bei diesem Anschauen, oder wenn wir wissenschaftlich erkunden, was da an Gesetzmäßigkeiten vorliegt, wenn die Sonne uns Licht und Wärme zusendet und hervorzaubert das Grün der Pflanzen; großartig und gewaltig ist das. Aber könnten wir hineinschauen in den Bau des menschlichen Herzens, so wäre die innere Gesetzmäßigkeit dieses Herzens eine großartigere und gewaltigere als das, was wir äußerlich erblicken!

Das kann der Mensch mit dem gewöhnlichen Bewusstsein ahnen. Aber die Wissenschaft, die auf exaktem Hellsehen beruht, kann es auch zu einem wirklichen Forschungsresultat erheben. Sie kann sagen: Groß und gewaltig erscheinen uns die Veränderungen im Luftkreis; und es liegt ein Ideal vor der Wissenschaft, die auch hier in größere und gewaltigere Gesetzmäßigkeiten hineinschauen wird; aber noch größer ist das, was im Bau und in den Funktionen der menschlichen Lunge vorhanden ist und vor sich geht! Nicht auf die Größe kommt es an. Der Mensch ist eine kleine Welt gegenüber der großen. Allein schon *Schiller* sagt:[50] Im Raum wohnt, Freund, das Erhabene nicht. – Er meint das höchste Erhabene. Dieses höchste Erhabene kann erst erlebt werden, wenn man es in der menschlichen Organisation selber erlebt.

Zwischen Geburt und Tod wird es vom Menschen mit seinem gewöhnlichen Bewusstsein nicht erkundet. Aber in dem Dasein, in dem wir sind, bevor wir uns mit dem Leibesdasein vereinigen, in dem geistig-seelischen Dasein, in einer geistig-seelischen Umgebung, da liegt gerade das Umgekehrte vor. Wie uns hier finster ist die innere Menschenwelt und hell und tonvoll die äußere Welt des Kosmos, so ist uns in dem rein geistig-seelischen Leben vor unserer Erdenverkörperung dunkel die äußere kosmische Welt; dagegen ist unsere Welt dann das menschliche Innere. Wir schauen das menschliche Innere! Und wahrhaftig, es erscheint uns da nicht kleiner und ungewaltiger, als uns der Kosmos erscheint, wenn wir ihn durch unsere physischen Augen während unseres Erdendaseins erschauen. Wir finden uns hinein als in unsere «Außenwelt» in dasjenige, was die Gesetzmäßigkeit unseres menschlichen Innern, unseres geistig-seelischen menschlichen Innern ist, und wir bereiten uns vor, nun im Geistig-Seelischen innere Bearbeiter unserer Leibesfunktionen zu werden, Bearbeiter dessen zu werden, was wir sind zwischen Geburt und Tod. Was wir zwischen Geburt und Tod sein werden, das liegt offen als eine Welt vor uns ausgebreitet, bevor wir heruntersteigen in dieses physische Erdendasein.

Meine sehr verehrten Anwesenden! Das ist keine Spekulation. Das ist unmittelbare Anschauung, die sich dem exakten Hellsehen ergibt. Das ist etwas, was vom Gesichtspunkt dieses exakten Hellsehens aus uns ein Stück hineinführt in das, was wir den Zusammenhang des menschlichen Ewigen mit dem Leben zwischen Geburt und Tod nennen können – des menschlichen Ewigen, das uns verborgen bleibt zwischen Geburt und Tod, das uns erst aufleuchtet, wenn wir es anzuschauen vermögen in dem noch unverkörperten Zustand. Es ist ein Teil der menschlichen Ewigkeit selbst damit erkundet. Für diesen Teil der menschlichen Ewigkeit haben wir in den neueren Sprachen nicht einmal ein Wort. Wir reden von Unsterblichkeit mit Recht; aber wir sollten auch reden von Ungeborenheit. Denn diese tritt uns als unmittelbare Erkenntnis zunächst auf.

Das ist die eine Seite des exakten Hellsehens, die eine Seite der menschlichen Ewigkeit, der großen Rätselfrage des menschlichen Seelenlebens, damit der höchsten Frage der Psychologie überhaupt. Die andere Seite ergibt sich, wenn wir jene anderen Übungen machen, die ich gestern als Willensübungen bezeichnet habe, durch die wir unseren Willen so in die Hand nehmen, dass wir uns dieses Willens leibfrei, unabhängig vom Leib bedienen lernen. Ich habe ausgeführt, dass diese Übungen dazu führen, Schmerz und Leid innerhalb der Seele überwinden zu müssen, um diese Seele, uneigentlich gesprochen, ganz zum «Sinnesorgan», eigentlich gesprochen, zum geistigen Anschauungsorgan zu machen, so dass wir das Geistige nicht nur anschauen, sondern in seiner Verbürgtheit anschauen. Dann aber, wenn wir lernen, in dieser Art außerhalb unseres Leibes nicht nur mit unseren Gedanken, sondern mit unserem Willen selbst, also mit unserer ganzen menschlichen Wesenheit, leibfrei zu erleben, dann tritt vor die Anschauung der Seele das Bild des Todes in der Art, dass wir jetzt wissen, wie das Erleben ist ohne den Leib: sowohl im Denken, wie im Willen und in dem, was dazwischenliegt, im Fühlen. Wir lernen in bildhafter Weise ohne den Leib leben. Das gibt uns ein Bild davon, wie wir hinausgehen durch die Pforte des Todes, wie wir den Leib auch in der Realität entbehren können und wie wir, durch die Pforte des Todes hindurchgehend, wiederum in jene geistig-seelische Sphäre kommen, aus der wir heruntergestiegen sind in diese Leiblichkeit. Nicht nur zu einer philosophischen Gewissheit, sondern zu unmittelbarer Anschauung wird das, was in uns als Ewiges, Unsterbliches lebt. Durch die Willensbildung wird die andere Seite der Ewigkeit, die Unsterblichkeit, ebenso enthüllt für die seelische Anschauung, wie die Ungeborenheit für die Gedankenbildung enthüllt wird.

Dann aber, wenn die Seele in dieser Art ein Geistorgan wird, dann ist es in der Tat so, als ob, in einer niedrigeren Region, ein Blindgeborener operiert würde. Der Blindgeborene war bisher gewohnt, das, was für den Sehenden Farbenwelt ist, nur durch das Tasten wahrzunehmen. Er schaut ganz Neues, wenn er nun operiert worden ist. Dieselbe Welt, in der er früher lebte, wird jetzt für ihn eine andere. So wird für den, dessen seelisches Auge in der geschilderten Weise geöffnet wird, diese Umwelt eine andere. Und ich will nur in Bezug auf einen Punkt heute noch hervorheben, inwiefern sie eine andere wird.

Wir sehen sonst im Leben mit dem ungeöffneten Seelenauge, wie zum Beispiel ein Mensch da lebt, indem er zuerst seine kindlichen Lebensschritte unternimmt, dann heranwächst, zu einem Schicksalsereignis seines Lebens kommt: Er trifft einen anderen Menschen; die Seelen verbinden sich so, dass die beiden Menschen durch diese Verbindung der Seelen ihr Schicksal aneinanderbinden, ihren Lebensweg nun weiter zusammen verfolgen – nur ein einzelnes Ereignis will ich, wie gesagt, herausgreifen. Wir sind angewiesen im gewöhnlichen Bewusstsein, das, was eintritt im Leben, wie eine Summe von Zufälligkeiten anzusehen und mehr oder weniger auch als einen Zufall, dass wir zuletzt zu diesem Schicksalsereignis, zu dem Treffen mit dem andern Menschen geführt worden sind. Nur einzelne Menschen, wie Goethes Freund Knebel,[51] erwerben sich, gewissermaßen rein durch ihr Alter, eine innere Lebensweisheit. Er sprach es einmal aus seinem Freund Goethe gegenüber: Wenn man zurückschaut in vorgerückterem Alter auf seine Lebensschritte, da findet man etwas in ihnen, was wie planvoll geordnet erscheint, so dass von vornherein alles so keimhaft veranlagt erscheint und sich das Weitere so entwickelt, dass man wie durch innere Notwendigkeit hingeführt wird zu dem, was dann als Schicksalsereignis erscheint. Mit dem geöffneten Seelenauge erblicken wir allerdings ein Leben der Menschen, das sich zu dem Leben, welches man mit dem ungeöffneten Auge schaut, verhält wie die farbige Welt zu der bloß getasteten des Blinden.

Man schaut hin, wie aus dem kindlichen Seelenleben, aus dem Wechselspiel von Sympathie und Antipathie, sich die ersten Schritte des Kindes entwickeln, wie dann, aus dem innersten Menschenwesen hervorquellend, der Mensch selbst, wie aus innersten Sehnsüchten, seine Schritte lenkt, wie er sich selbst hinführt zu dem Schicksalsereignis. Das ist nüchterne Lebensbeobachtung. Wenn man aber das Leben so ansieht, dann steht es vor einem wie etwa das Leben eines Greises: wir werden nicht sagen, das Leben des Greises sei «an und für sich da»; durch die Logik wissen wir das Greisenleben auf ein Kindesleben zurückzuführen; durch seine eigenen Eigentümlichkeiten müssen wir es auf ein Kindesleben zurückführen. Was für das Greisenleben die bloße Logik tut, das tut für das Menschenleben überhaupt, durch das exakte Hellsehen, das Anschauen: Wenn wir das Leben, wie es sich aus den innersten Seelensehnsüchten entwickelt, wirklich schauen, dann müssen wir es schauend zurückverfolgen. Und dann kommen wir zu früheren Erdenleben, in denen sich dasjenige vorbereitet hat, was in der Gegenwart als Seelensehnsüchte sich herausentwickelt, was dann zu unseren Betätigungen führt und so weiter.

Ich konnte heute nur andeuten, dass nicht irgendeine Phantasterei, sondern ein ganz exakter Weg zu einer solchen umfassenden Lebensbetrachtung führt, die in der Tat durch eine entwickelte Seelenkunde hineindringt zu dem Ewigen in der Menschennatur. Dann aber erhebt sich auf einem solchen Unterboden, der manchem noch abstrakt erscheinen mag, etwas, was nun Gewissheit wird, etwas, was aus der gegenwärtig uns als modernen Menschen angemessenen Erkenntnis herausquillt und eine Erkenntnisgrundlage für eine wahre innere Frömmigkeit, für ein wahres inneres religiöses Leben bietet.

Wer einmal eingesehen hat, und zwar meine ich jetzt das Wort «eingesehen» im wörtlichen Sinn, wer geschaut hat, wie sich die einzelne Seele aus dem Leibe losringt, um in ein geistig-seelisches Reich einzugehen, der schaut auch unser soziales Leben anders an. Er schaut, ausgerüstet in seiner Gesinnung, hin, wie unter den Menschen sich Freundschaften, Liebesverhältnisse, andere soziale Zusammenhänge bilden; er schaut hin, wie Seele zu Seele sich findet aus der Familie, aus anderen Gemeinschaften heraus; er findet, wie das körperliche Beisammensein die seelische Gemeinschaft, das seelische Ineinanderfühlen und Ineinanderleben vermittelt; er weiß nun, dass ebenso wie von der einzelnen Seele der Leib abfällt, so die irdischen Leiblichkeiten und Geschehnisse abfallen von den Freundschaften, von den Liebeszusammenhängen, und er schaut, wie sich das, was seelisch geworden ist von Mensch zu Mensch, fortsetzt in eine geistig-seelische Welt, wo es auch geistig-seelisch erlebt werden kann.

Und dann kann gesagt werden, jetzt auf einer Erkenntnis-, nicht auf einer Glaubensgrundlage: Die Menschen finden sich, indem sie durch die Pforte des Todes schreiten, wiederum zusammen. Und gerade wie in der geistigen Welt der Leib als Hindernis für das Schauen des Geistigen wegfällt, so fällt jedes Hindernis für Freundschaft und Liebe nun hinweg in der geistigen Welt. Die Menschen sind da näher zusammen als in der Leiblichkeit. Eine Erkenntnis, die noch abstrakt ausschauen mag in Bezug auf wahre Psychologie, gipfelt in diesem religiösen Empfinden, in diesem religiösen Schauen, ohne dass diejenige Weltanschauung, von deren Boden aus ich hier spreche, irgendein Religionsbekenntnis antasten will. Sie kann tolerant sein, sie kann jedes einzelne Religionsbekenntnis in seinem Wert voll anerkennen, es auch praktisch ausüben; aber sie führt zu gleicher Zeit als eine Helferin des religiösen Lebens eine Erkenntnisgrundlage auch dieses religiösen Lebens herbei.

Nun, damit wollte ich heute nur einiges Grundlegende über das Verhältnis einer modernen geistmäßigen Weltanschauung zur Seelenkunde ausführen. Ich weiß vielleicht besser als mancher Gegner, was heute noch alles eingewendet werden kann, wenn so die Anfänge einer solchen Weltanschauung dargestellt werden. Aber ich glaube auch zu wissen, dass die Sehnsüchte nach einer solchen Seelenkunde, wenn auch ganz im Unbewussten, bei unzähligen Seelen heute vorhanden sind, so dass es immer und immer wiederum gesagt werden muss: Wie man kein Maler zu sein braucht, um die Schönheit eines Bildes zu empfinden, so braucht man selbst nicht Geistesforscher zu sein – obwohl man es bis zu einem gewissen Grade werden kann –, um prüfen zu können, ob das wahr ist, was ich hier sage. Wie man die Schönheit eines Bildes empfinden kann, ohne selbst Maler zu sein, so kann man mit dem gewöhnlichen, gesunden Menschenverstand heute einsehen, was der Geistesforscher der Seele sagt. Dass man es einsehen kann, das glaube ich um so mehr erhärtet zu haben, als ich zu erkennen glaube, wie die Seelen nach einer Vertiefung der Seelenkunde, der großen Daseinsrätsel des Lebens in Bezug auf die Seele dürsten, wie tatsächlich das, was mit einer solchen modernen Weltanschauung, wie sie hier skizziert wurde, versucht wird, heute den Drang zahlloser Menschen bildet, die es auch gar nicht wissen in ihrem gewöhnlichen Bewusstsein, wie es den Schmerz, das Leid, die Entbehrung, den Wunsch unzähliger Menschen bildet, all derer, die es ernst meinen mit dem, was wir finden müssen als aufsteigende Kräfte gegenüber so vielen in unserer Gegenwart vorhandenen Niedergangskräften.

Und dessen muss sich heute jeder, der von einer zeitgemäßen Weltanschauung spricht, bewusst sein: dass er im Einklang sprechen, denken und wollen muss mit dem, was unsere so ernste Zeit in den Seelen, wenn auch vielfach unbewusst, erstrebt. Und ich glaube – lassen Sie mich damit schließen –, dass gerade in solchen Weltanschauungsansätzen, wie ich sie heute entwickelt habe, etwas von dem liegt, was zahlreiche Seelen heute erstreben, weil sie es brauchen als geistigen Inhalt, als lebendiges Geistesleben für die Gegenwart und für die nächste Zukunft.

Anmerkungen

Einleitung des Herausgebers

1 Thomas Fuchs, *Das Gehirn – ein Beziehungsorgan*, Stuttgart 2010, S. 296f.

2 ders., a.a.O., S. 297.

3 Johannes Wirz, *Die Evolutionstheorie aus der Perspektive Charles Darwins, des jungen Rudolf Steiner und der aktuellen Biologie*, Teil 1, in: *Die Drei – Zeitschrift für Anthroposophie*, 1/2009, S. 11ff.

4 Thomas Fuchs, a.a.O., S. 296.

5 Immanuel Kant, 1724-1804, deutscher Philosoph der Aufklärung, zählt zu den bedeutendsten Vertretern der abendländischen Philosophie; Arthur Schopenhauer, 1788-1860, deutscher Philosoph, Autor und Hochschullehrer.

6 Rudolf Steiner, *Von Jesus zu Christus*, GA 131, Vortrag vom 4. Oktober 1911, Dornach 1988, S. 15.

7 Hartmut Böhme und Gernot Böhme, *Das Andere der Vernunft. Zur Entwicklung von Rationalitätsstrukturen am Beispiel Kants*, Frankfurt/M. 1985, S. 279.

Zu den Vorträgen Rudolf Steiners

1 Helena Petrovna Blavatsky (1831-1891), war eine Schriftstellerin deutsch-russischer Herkunft, die vor allem als Mitgründerin der Theosophischen Gesellschaft (1875) und Autorin von *The Secret Doctrine* (1888, deutsch *Die Geheimlehre*) bekannt wurde. Die Geheimlehre beschäftigt sich mit der Entstehung der Welt und Menschheit. Darin setzt sich Blavatsky mit den bestehenden Anschauungen von Wissenschaft, Religion und Philosophie auseinander.

2 *Wir haben ja gesehen:* vgl. Rudolf Steiner, *Anthroposophie als Kosmosophie–*

Erster Teil: Wesenszüge des Menschen im irdischen und kosmischen Bereich, (11 Vorträge), GA 207, Dornach 1990.

3 *ich habe das auch schon im Zusammenhange mit früheren Darstellungen der letzten Wochen hier auseinandergesetzt:* vgl. Anm. 2, dort Vortrag vom 9. Oktober 1921.

4 *Die Sonne hat keine materielle Beschaffenheit. Was die Physiker darüber aussagen, ich habe ja öfter gesagt, ist nur eitel Phantasterei:* vgl. hierzu Anm. 2, dort Vortrag vom 16. Oktober 1921 und folgende Vorträge: 1. März 1920, in: *Geisteswissenschaftliche Impulse zur Entwickelung der Physik II. Zweiter naturwissenschaftlicher Kurs: Die Wärme auf der Grenze positiver und negativer Materialität,* (14 Vorträge, Stuttgart 1920), GA 321; 16. April 1920, in: *Entsprechungen zwischen Mikrokosmos und Makrokosmos,* GA 201; 24. Juni 1921, in: *Menschenwerden, Weltenseele und Weltgeist,* GA 205.

5 *das wird auch das Jupiterdasein sein. Ich habe das ja anschaulich auseinandergesetzt:* vgl. hierzu Rudolf Steiner, *Aus der Akasha-Chronik* (1904-1908), GA 11, Kap. «Die Erde und ihre Zukunft»; und *Die Geheimwissenschaft im Umriss* (1910), GA 13, Kap. «Gegenwart und Zukunft der Welt- und Menschheits-Entwicklung»; ferner den Vortrag vom 3. Januar 1915 in: *Kunst im Lichte der Mysterienweisheit* (1914/15), GA 275; sowie Anmerkung 3.

6 Vgl. Friedrich Hebbel (1813-1863), deutscher Dramatiker und Lyriker, *Sämtliche Werke,* besorgt von Richard Maria Werner, Berlin 1901 ff., 2. Abtlg.: Tagebücher, 1. Bd., Seite 392, Nr. 1745: «Nach der Seelenwanderung ist es möglich, dass Plato jetzt wieder auf einer Schulbank Prügel bekommt, weil er den Plato nicht versteht.» Plato (428/427-348/347 v. Chr.), antiker griechischer Philosoph.

7 *was wir gelernt haben zum Beispiel über die Art, wie die verschiedenen einzelnen menschlichen Glieder herauskommen im Verlaufe des Lebens:* vgl. dazu den Aufsatz «Die Erziehung des Kindes vom Gesichtspunkte der Geisteswissenschaft», (1907), in: *Lucifer-Gnosis* 1903-1908, GA 34.

8 Siehe Anm. 7.

9 Vgl. Gotthold Ephraim Lessing (1729-1781), Dichter, Dramatiker und Schriftsteller der deutschen Aufklärung, *Die Erziehung des Menschengeschlechts* (1780); § 94: «... – Aber warum könnte jeder einzelne Mensch auch nicht

mehr als einmal auf dieser Welt vorhanden gewesen sein?» – und §95: «Ist diese Hypothese darum so lächerlich, weil sie die älteste ist? weil der menschliche Verstand, ehe ihn die Sophisterei der Schule zerstreut und geschwächt hatte, sogleich darauf verfiel?»

10 Henri Bergson (1859-1941), französischer Philosoph. Vgl. *Matière et mémoire. – Materie und Gedächtnis, Essays zur Beziehung zwischen Körper und Geist,* Jena 1908, z. B. S. 254: «... Man begreift jetzt, warum die Erinnerung nicht aus dem Gehirnzustande hervorgehen konnte. Der Gehirnzustand setzt die Erinnerung fort; er gibt ihr Macht über die Gegenwart durch die Materialität, die er ihr verleiht; aber die reine Erinnerung ist eine geistige Kundgebung. Mit dem Gedächtnis sind wir recht eigentlich in das Gebiet des Geistes eingetreten.» (Übersetzt von W. Windelband.)

11 *Korrektur aufgrund Prüfung der Nachschriften. Text in bisherigen Auflagen:* «Geradeso wie wenn ein Spiegel hier hinge und Sie sich ihm nähern würden; wie Sie nicht sich sehen oder sich erfühlen würden, sondern das Spiegelbild, geradeso verhalten Sie sich, indem Sie Ihr alltägliches Denken, Vorstellen, Fühlen und Wollen entwickeln.»

12 *die räumlich, wenn wir wahrnehmen, ihr Gehirn zubereitet:* In der zweiten Nachschrift: «die räumlich, wie wir (es) wahrnehmen, ihr Gehirn zubereitet ...».

13 *in meinem vierten Mysteriendrama: «Der Seelen Erwachen»*: vgl. 5. und 6. Bild in *Vier Mysteriendramen* (1910-13), GA 14.

14 *was er als Folge seiner Verbrechertaten zu erleben hat:* In der zweiten Nachschrift: «was er als die Folge des Zu-früh-geboren-Werdens in einem Erdenleben tut ...».

15 Giordano Bruno (1548-1600), italienischer Priester, Dichter und Philosoph, wurde wegen Ketzerei und Magie zum Tod verurteilt, vgl. *De l'infinito, universo e mondi, Zwiegespräche vom unendlichen All und den Welten,* verdeutscht und erläutert von L. Kuhlenbeck, Jena 1904. Im zweiten Dialog äußert sich Filotheo, die zentrale Figur unter den Gesprächspartnern, z. B. so: «Ich glaube und behaupte, dass sich jenseits jenes eingebildeten Himmelsgewölbes immer noch eine ätherische Region und eine Unzahl von Weltkörpern in derselben

befindet, Gestirne, Erden, Sonnen, alle in absolutem Sinne wahrnehmbar, sowohl für sich selbst, wie für diejenigen, welche auf ihnen oder in ihrer Nähe sind, obgleich sie für uns ihrer Entfernung wegen nicht wahrnehmbar sind.»

16 *der nicht das Leben außerhalb des Leibes, im geistigen Firmament versteht:* Korrektur aufgrund Prüfung der Nachschriften. Text in bisherigen Auflagen: «der nicht das Leben außerhalb dieses [leiblichen] Firmamentes versteht.»

17 *möchte ich mit Goethe sagen*: vgl. Johann Peter Eckermann, *Gespräche mit Goethe in den letzten Jahren seines Lebens*, Gespräch vom 25. Februar 1824. Lorenzo de Medici (1449-1492), genannt der Prächtige, italienischer Politiker und Stadtherr von Florenz.

18 *wie in spanische Stiefel schnürt:* Nach V. 1913 in Goethes Faust, I. Teil (Studierzimmer, Mephisto zum Schüler).

19 *«Nicht ich, sondern der Christus in mir»*: Paulus im Brief an die Galater (Gal. 2, 20).

20 *dass ich ... ein Büchelchen gefunden habe: Die Gedankenwelt der Gebildeten. Probleme und Aufgaben,* Vortrag, gehalten auf dem 37. Kongress für innere Mission in Hamburg am 23. September 1913 von Prof. Dr. Friedrich Mahling (1865-1933, deutscher Theologe), Agentur des Rauhen Hauses, Hamburg 1914.

21 *«Merkwürdig: von der Lebensfreude ...»*: ebenda Seite 35f.

22 *«Neben der Mystik steht die Theosophie ...»*: ebenda Seite 42f.

23 *Letzthin habe ich ausdrücklich betont*: siehe den Vortrag vom 1. Dezember 1918 in: *Die soziale Grundforderung unserer Zeit. In geänderter Zeitlage*, GA 186.

24 Wladimir Iljitsch Lenin (1870-1924), russischer kommunistischer Revolutionär u. Politiker, marxistischer Theoretiker, gilt als Begründer der Sowjetunion; Leo Trotzki (1879-1940), russischer kommunistischer Revolutionär u. Politiker, marxistischer Theoretiker, Begründer der Roten Armee; Kurt Eisner (1867-1919) war ein Sozialist und Schriftsteller. Seit dem 8. November 1918 bayrischer Ministerpräsident. Er wurde am 21. Februar 1919 ermordet.

25 *Das Beispiel ... von den gleichlautenden Sätzen bei Woodrow Wilson und Herman Grimm:* Hierüber sprach Rudolf Steiner im Jahre 1918 mehrmals ausführlicher, so am 14. März, in: *Das Ewige in der Menschenseele. Unsterblichkeit*

und Freiheit, GA 67; am 30. März, in: *Erdensterben und Weltenleben. Anthroposophische Lebensaufgaben. Bewusstseins-Notwendigkeiten für Gegenwart und Zukunft,* GA 181; am 16. Oktober, in: *Der Tod als Lebenswandlung,* GA 82; am 17. August, in: *Die Wissenschaft vom Werden des Menschen,* GA 183; am 26. Oktober, in: *Geschichtliche Symptomatologie,* GA 185. Woodrow Wilson (1856-1924), amerikanischer Politiker der Demokraten, Präsident der USA von 1913 bis 1921; Herman Grimm (1828-1901), Kunst- und Literaturwissenschaftler.

26 *im Dezemberheft der «Stimmen der Zeit»:* Gemeint ist der Aufsatz «Präsident Wilson und die Freimaurerei der Vereinigten Staaten, unter besonderer Berücksichtigung der Kriegsziele der Washingtoner Hochgradbrüder 33», von Hermann Gruber S.J., in: *Stimmen der Zeit,* Katholische Monatsschrift für das Geistesleben der Gegenwart, Freiburg i. Br., 49. Jg., 3. Heft, Dezember 1918, Seite 211-220.

27 *in Basel im öffentlichen Vortrage*: Am 8. November 1918: «Sittliches, soziales und religiöses Leben im Lichte einer übersinnlichen Welterkenntnis» (nicht gedruckt).

28 Robert Michels (1876-1936), Nationalökonom, Soziologe; lehrte auch in Basel. Vgl.: *Probleme der Sozialphilosophie,* Leipzig und Berlin 1914, 10. Kap. «Zum Problem: Wirtschaft und Politik», S. 188-204.

29 Napoleon Bonaparte I (1769-1821), Kaiser der Franzosen von 1804-1814/15.

30 *Kursverlauf während unserer Weihnachtstagung ... in diesen drei Vorträgen:* Rudolf Steiner bezieht sich hier auf die Vorträge von *Die Weltgeschichte in anthroposophischer Beleuchtung und als Grundlage der Erkenntnis des Menschengeistes,* GA 233.

31 Rudolf Steiner, *Die Geheimwissenschaft im Umriss,* GA 13, Dornach 1998 (1910).

32 Aristoteles (384-322 v. Chr.), antiker griechischer Philosoph, gehört zu den einflussreichsten Philosophen der Geschichte.

33 *Aristoteles in seiner Farbenharmonie:* «Über Sinn und Sinnliches», besonders 3. Kapitel, in: *Parva naturalia.* – Vgl. auch *Goethes Naturwissenschaftliche Schriften* (1884-97), hrsg. und kommentiert von Rudolf Steiner. Nachdruck

Dornach 1975, Band IV, GA 1d, «Materialien zur Geschichte der Farbenlehre», 1. Abt., S. 28ff., die Zusammenstellung der Aussagen des Aristoteles über Farben mit den Anmerkungen Rudolf Steiners.

34 Isaac Newton (1643-1727), englischer Naturforscher und Philosoph. Legte den Grundstein für die klassische Mechanik.

35 Albertus Magnus (1193-1280), Hauptvertreter des Aristotelismus unter den Scholastikern des 13. Jahrhunderts. Siehe auch Rudolf Steiner, *Die Philosophie des Thomas von Aquino,* GA 74.

36 Immanuel Kant (1724-1804), deutscher Philosoph der Aufklärung, zählt zu den bedeutendsten Vertretern abendländischer Philosophie.

37 Hermann von Helmholtz (1821-1894), deutscher Physiologe und Physiker, vgl. Rudolf Steiner, *Die Rätsel der Philosophie, in ihrer Geschichte als Umriss dargestellt,* (1914), GA 18.

38 *ein nordischer Chemiker:* Theodor Svedberg (1884-1971), Schwede, 1926 Nobelpreis für Chemie; vgl. sein Buch *Die Materie* (1912), deutsch 1914.

39 Basilius Valentinus, Alchemist, angeblich Benediktinermönch aus dem 15. Jahrhundert. Unter seinem Namen wurden um 1600 eine Reihe alchemistischer Schriften von dem Ratskämmerer Joh. Thölde erstmals herausgegeben. Eine Art Gesamtausgabe erschien in Hamburg 1717 und 1740 in 3 Bänden.

40 *Alle Philosophie ... gehe aus von dem Staunen:* vgl. Plato, *Theätet* 155c: «... gerade den Philosophen kennzeichnet diese Gemütsverfassung, das Staunen. Denn diese, und nichts anderes, ist der Anfang der Philosophie.» – Vgl. auch Aristoteles, *Metaphysik* 982 b: «Wegen des Staunens begannen die Menschen, jetzt wie anfangs, zu philosophieren.»

41 *Vortrag über das Wesen der Pflanzen*: Am 8. Dezember in Berlin: «Der Geist im Pflanzenreich», in: *Antworten der Geisteswissenschaft auf die großen Fragen des Daseins,* GA 60.

42 *Ereignis von Damaskus:* Apostelgeschichte 9.

43 *wie wir dies schon öfter dargestellt haben:* vgl. Rudolf Steiner, *Das Ereignis der Christus-Erscheinung in der ätherischen Welt,* GA 118.

44 Rudolf Steiner, *Das Christentum als mystische Tatsache und die Mysterien des Altertums,* (1902), GA 8, Dornach 1989.

45 *in dem Vortrag «Wie begründet man Theosophie?»:* Am 29. November 1911 in Stuttgart; von diesem Vortrag ist nur eine ungenügende Nachschrift vorhanden, die nicht gedruckt ist. – Entsprechende Vorträge, die jedoch dieses Beispiel nicht wieder aufgreifen, wurden gehalten in Berlin am 31. Oktober und 7. November 1912; abgedruckt in *Ergebnisse der Geistesforschung,* GA 62. Das Gleichnis vom Kauf der Semmeln wird von Rudolf Steiner am 27. Dezember 1911 wieder aufgenommen und dort zum Ausgangspunkt des Vortragszyklus *Die Welt der Sinne und die Welt des Geistes,* GA 134.

46 *zu einem gründlichen Eingehen auf so mancherlei im Markus-Evangelium:* Diese Vorträge wurden nicht in Berlin, sondern in Basel vom 15. bis 24. September 1912 gehalten. Vgl. *Das Markus-Evangelium,* GA 139.

47 *die sonderbare Anschauung von dem psychophysischen Parallelismus:* vgl. Hermann Ebbinghaus, *Abriss der Psychologie,* (Leipzig 1908; Seite 34-40), § 3: Wechselwirkung und Parallelismus; VDM Verlag Dr. Müller, März 2007.

48 Richard Wahle (1857-1935), österreichischer Professor der Philosophie, *Das Ganze der Philosophie und ihr Ende. Ihre Vermächtnisse an die Theologie, Physiologie, Ästhetik und Staatspädagogik,* Wien und Leipzig 1894; *Über den Mechanismus des geistigen Lebens,* Wien und Leipzig 1906.

49 *ein neuerer Seelenforscher, der lange hier in Wien gelebt und gewirkt hat:* Franz Brentano (1838-1917), deutscher Philosoph und Psychologe, *Psychologie vom empirischen Standpunkt,* Band I, Leipzig 1874; siehe Kap. 1, Seite 20: «Für die Hoffnungen eines Platon und Aristoteles, über das Fortleben unseres bessern Teiles nach der Auflösung des Leibes Sicherheit zu gewinnen, würden dagegen die Gesetze der Assoziation von Vorstellungen, der Entwicklung von Überzeugungen und Meinungen und des Keimens und Treibens von Lust und Liebe alles Andere, nur nicht eine wahre Entschädigung sein... Und wenn wirklich der Unterschied der beiden Anschauungen die Aufnahme oder den Ausschluss der Frage nach der Unsterblichkeit besagte, so wäre er für die Psychologie ein überaus bedeutender zu nennen, und ein Eingehen in die metaphysische Untersuchung über die Substanz als Trägerin der Zustände unvermeidlich.» Vgl. auch Rudolf Steiner, «Franz Brentano (Ein Nachruf)» in: *Von Seelenrätseln,* (1917), GA 21.

50 Vgl. Friedrich Schiller (1759-1805), Dichter, Philosoph und Historiker, gilt als einer der bedeutendsten deutschen Dramatiker. *Votivtafeln,* «An die Astronomen»: Schwatzet mir nicht so viel von Nebelflecken und Sonnen!/ Ist die Natur nur groß, weil sie zu zählen euch gibt?/Euer Gegenstand ist der erhabenste freilich im Raume;/Aber, Freunde, im Raume wohnt das Erhabene nicht!

51 *Nur einzelne Menschen, wie Goethes Freund Knebel:* Karl Ludwig Knebel (1744-1834), deutscher Lyriker und Übersetzer, der «Urfreund» Goethes, war seit 1774 Prinzenerzieher in Weimar und arrangierte die Begegnung zwischen Herzog Karl August und Goethe; beide verband eine lebenslange Freundschaft. – Vgl. *Knebels literarischer Nachlass und Briefwechsel,* hrsg. von Varnhagen von Ense und Mundt, Bd. 3, S. 452: «Man wird bei genauer Beobachtung finden, dass in dem Leben der meisten Menschen sich ein gewisser Plan findet, der, durch die eigene Natur oder durch die Umstände, die sie führen, ihnen gleichsam vorgezeichnet ist. Die Zustände ihres Lebens mögen noch so abwechselnd und veränderlich sein, es zeigt sich am Ende doch ein Ganzes, das unter sich eine gewisse Übereinstimmung bemerken lässt. – Die Hand eines bestimmten Schicksals, so verborgen sie auch wirken mag, zeigt sich auch genau, sie mag nun durch äußere Wirkung oder innere Regung bewegt sein: ja, widersprechende Gründe bewegen sich oftmals in ihrer Richtung. So verwirrt der Lauf ist, so zeigt sich immer Grund und Richtung durch.»

Glossar

Adept: Schüler einer Geheimwissenschaft bzw. Mysterienschule

Ätherleib: eigenständige nichtsinnliche Leiblichkeit des Menschen, welche sämtliche Lebensvorgänge umfasst*

Ahriman, ahrimanische Mächte: Herr der Materie, Geist der Technik, des Irrtums und der Lüge

Angeloi, Archangeloi, Archai: Wesen der dritten Engelhierarchie*

Astralleib: eigenständige nichtsinnliche Leiblichkeit des Menschen, welche sämtliche seelischen Funktionen und Vorgänge umfasst*

Bewusstseinsseele: Seelenglied des Menschen, Träger von Funktionen der Selbstreflexion und des ideellen Denkens, wird insbesondere in der Gegenwart ausgebildet*

Dreigliederung, soziale: Konzept zu Verständnis und Gestaltung des gesamtgesellschaftlichen Lebens unter dem Aspekt einer Gliederung in drei funktionelle Sektoren: des kulturellen oder zivilgesellschaftlichen Sektors, des rechtsstaatlichen oder politischen Sektors sowie des ökonomischen Sektors

Empfindungsseele: Seelenglied des Menschen, Träger von Empfindungsfunktionen*

*Näheres dazu in der Einleitung dieses Bandes

Exusiai, Dynamis, Kyriotetes: Wesen der zweiten Engelhierarchie*

Geistesmensch: durch das Ich ins Geistige umgewandelter physischer Leib des Menschen*

Geistselbst: durch das Ich ins Geistige umgewandelter Astralleib des Menschen*

Imagination: Erkenntnisart des Übersinnlichen, erste Stufe*

Initiation: Einweihung

Inspiration: Erkenntnisart des Übersinnlichen, zweite Stufe*

Intuition: Erkenntnisart des Übersinnlichen, dritte Stufe*

Jupiterdasein: zukünftiger Erdenzustand/Verkörperung des Erdplaneten

Kulturepoche, nachatlantische: über mehr als zweitausend Jahre sich erstreckender Zeitraum in der Entwicklung der Menschheit, der sich durch einen grundsätzlich einheitlichen Kulturstil auszeichnet; insgesamt sieben nachatlantische Kulturepochen

Lebensgeist: durch das Ich ins Geistige umgewandelter Ätherleib des Menschen*

Luzifer, luziferische Mächte: Geist der Freiheit, der Kunst, der Illusion und der Selbstsucht*

Mondendasein: jüngster früherer Erdzustand/Verkörperung des Erdplaneten*

Mondenentwicklung, alte: jüngster früherer Erdzustand*

Mysterium von Golgatha, Ereignis von Golgatha: geistiger Aspekt des Todes Jesu auf Golgatha

nachatlantischer Zeitraum, fünfter: fünfte nachatlantische → **Kulturepoche**, schließt unsere gegenwärtige Zeit ein und dient insbesondere der Ausbildung der → **Bewusstseinsseele**

Okkultismus: Sammelbegriff für «Geheimwissenschaften» bzw. Geheimlehren, die sich mit Phänomenen, Vorgängen und Wesen nichtsinnlicher Art befassen

Saturndasein, saturnisches Dasein: ältester früherer Erdzustand/ Verkörperung des Erdplaneten*

Saturnentwicklung, alte: ältester früherer Erdzustand*

Sonnendasein: mittlerer früherer Erdzustand/Verkörperung des Erdplaneten*

Sonnenentwicklung, alte: mittlerer früherer Erdzustand*

Throne, Cherubim, Seraphim: Wesen der ersten Engelhierarchie*

Verstandes- und Gemütsseele: Seelenglied des Menschen, Träger von Verstandes- und Gemütsfunktionen*

Volksgeist: geistige Entität bzw. geistiges Wesen aus der Ordnung der Archai oder Geister der Persönlichkeit, welches die Individualität eines Volkes bildet → **Angeloi**

Quellennachweis

Unter der thematischen Perspektive der vorliegenden Zusammenstellung wurden für die einzelnen Vorträge zum Teil andere Titel gewählt, als sie in der Gesamtausgabe zu finden sind, beziehungsweise dort unbetitelte Vorträge mit einem Titel versehen.

Vorträge nach der Rudolf Steiner Gesamtausgabe (GA), erschienen im Rudolf Steiner Verlag, Dornach/Schweiz.

«Wie können Erkenntnisse des Überphysischen gewonnen werden?», Helsinki, 12. April 1912, in: *Die geistigen Wesenheiten in den Himmelskörpern und Naturreichen*, GA 136, Dornach ^{6}1996 (1960).

«Umstülpungen im Wesen des Menschen. Inneres wird Äußeres – Äußeres wird Inneres», Dornach, 21. Oktober 1921, in: *Anthroposophie als Kosmosophie*, GA 208, Dornach ^{3}1992 (1972).

«Empfindungen für das Karma gewinnen», Stuttgart, 20. Februar 1912, in: *Wiederverkörperung und Karma*, GA 135, Dornach ^{4}1989 (1959).

«Was hat die Geisteswissenschaft über Leben, Tod und Unsterblichkeit der Menschenseele zu sagen?», Wien, 8. April 1914, in: *Inneres Wesen des Menschen und Leben zwischen Tod und neuer Geburt*, GA 153, Dornach ^{6}1997 (1959).

«Wie kann die seelische Not der Gegenwart überwunden werden?», Zürich, 10. Oktober 1916, in: *Die Verbindung zwischen Lebenden und Toten*, GA 168, Dornach ^{4}1995 (1968).

«Grundbedingungen des sozialen Lebens», Dornach, 6. Dezember 1918, in: *Die soziale Grundforderung unserer Zeit – In geänderter Zeitlage*, GA 186, Dornach ^{3}1990 (1963).

«Das Bewusstsein der Engel», Helsinki, 5. April 1912, in: *Die geistigen Wesenheiten in den Himmelskörpern und Naturreichen*, GA 136, Dornach ^{6}1996 (1912).

«Geistige Hierarchien und das Wesen des Regenbogens», Dornach, 4. Januar 1924, in: *Mysterienstätten des Mittelalters. Rosenkreuzertum und modernes Einweihungsprinzip*, GA 233a, Dornach ^{5}1991 (1932).

«Der innere Aspekt der Erdenverkörperung des Erdplaneten», Berlin, 5. Dezember 1911, in: *Die Evolution vom Gesichtspunkt des Wahrhaftigen*, GA 132, Dornach ^{7}1999 (1916).

«Erkenntnisarten des Nichtsinnlichen und ihre Schulung», Wien, 2. Juni 1922, in: *Westliche und östliche Weltgegensätzlichkeit. Wege zu ihrer Verständigung durch Anthroposophie*, GA 83, Dornach ^{3}1981 (1927).

Über den Herausgeber

Nothart Rohlfs, Jg. 1955, Studium der Publizistik und Politologie sowie intensive Beschäftigung mit Anthroposophie. Vielfältige Berufstätigkeit u.a. in der Jugendarbeit, für Verlage, als Berater, Trainer und Veranstaltungsmanager. Heute im Großraum Berlin tätig als Coach und Mediator sowie als Berater und Lektor. www.nothartrohlfs.de

Rudolf Steiner
Wirtschaft – Ideen zur Neugestaltung
Themen aus dem Gesamtwerk 22
Vier Vorträge und acht Aufsätze,
ausgewählt und herausgegeben
von Götz E. Rehn.
265 Seiten, kartoniert

«Das Wirtschaften erhält seinen Sinn nur, wenn es sich dienstbar zeigt einem Inhalt des Menschenlebens, der über das Wirtschaften hinaus liegt und welcher von dem Wirtschaften ganz unabhängig sich offenbart.»

Rudolf Steiner

Rudolf Steiners Ideen für die sinnvolle Gestaltung einer nachhaltigen und modernen Wirtschaft sind die Grundlage mehrerer erfolgreich arbeitender Unternehmen. Sie bilden auch die geistigen Wurzeln des von Götz E. Rehn gegründeten Unternehmens Alnatura. Aus der Vielzahl von Schriften und Vorträgen Rudolf Steiners hat Götz Rehn Texte ausgewählt, die Ideen zur Neugestaltung der Wirtschaft geben.